JN440957

열대와 서구

에덴에서 제국으로

The Tropics and the Western Identity from Eden to Empire

Jong Chan LEE

이 책은 2006년도 한국학술진흥재단의 지원을 받아 수행된 저술 과제임.
(과제번호 KRF-2006-812-H00001)

열대와 서구

에덴에서 제국으로

이종찬

새물결

지은이 이종찬

존스홉킨스 대학에서 박사학위를 받았다. 하버드대학 과학사학과와 옌칭연구소, 웰컴Wellcome의학사연구소와 니담Needham연구소에서 연구를 하면서 동서양 문명에 대해 탐구하였다. 이 책과 함께 동시에 『의학의 역사』(개정판)와 『보건과 문명』(共譯)을 동시에 출간하는 저자는 『동아시아 의학의 전통과 근대』, 『醫哲學의 개념과 이해』(개정번역판), 『한국에서 醫를 論한다』를 집필했다. 저자는 앞으로 생태환경, 自然史와 예술, 환경위생 등을 세계사적 지평과 지구사적 관점에서 해석하기를 희망한다. 현재 아주대학교 의과대학 인문사회의학교실에 재직하고 있다.

열대와 서구 — 에덴에서 제국으로

지은이 이종찬
펴낸이 홍미옥 | 펴낸곳 새물결 출판사
1판 2쇄 2009년 7월 9일 | 등록 서울 제15-52호(1989.11.9)
주소 서울특별시 마포구 연남동 565-31 1층 우편번호 121-869
전화 (편집부) 3141-8696 (영업부) 3141-8697 팩스 3141-1778
E-mail: sm3141@kornet.net
ISBN 978-89-5559-268-9(93900)

차례

17세기 때 전세계를 누비고 다녔던 네덜란드 동인도회사(VOC)의 무역선

네덜란드의 식민총독 핸드릭 반 리드Hendrik van Reede가 기획했던 『말라바르의 정원*Hortus Malabaricus*』(1678-1703)의 표지

18세기 프랑스의 '태양 왕' 루이 14세에 의해 만들어진 베르사이유의 정원.

로버트 존 손튼Robert John Thornton, <식물상의 신전神殿, The Temple of Flora> (1799-1807). 의학의 신 아스클레피우스과 대지의 여신인 세레스가 린네를 환영하고 있다.

제임스 길레이James Gillray, <조셉 뱅크스> (The Great South Sea Catepillar, transformed into a Bath Butterfly, 1795). 이 그림은 나비가 되어 전세계로 날아다니고 싶어 하는 조셉 뱅크스의 욕망을 표현하고 있다.

라틴아메리카 침보라조를 탐험했던 알렉산더 훔볼트Alexander Humboldt와 에메 봉플랑Aimé Bonpland

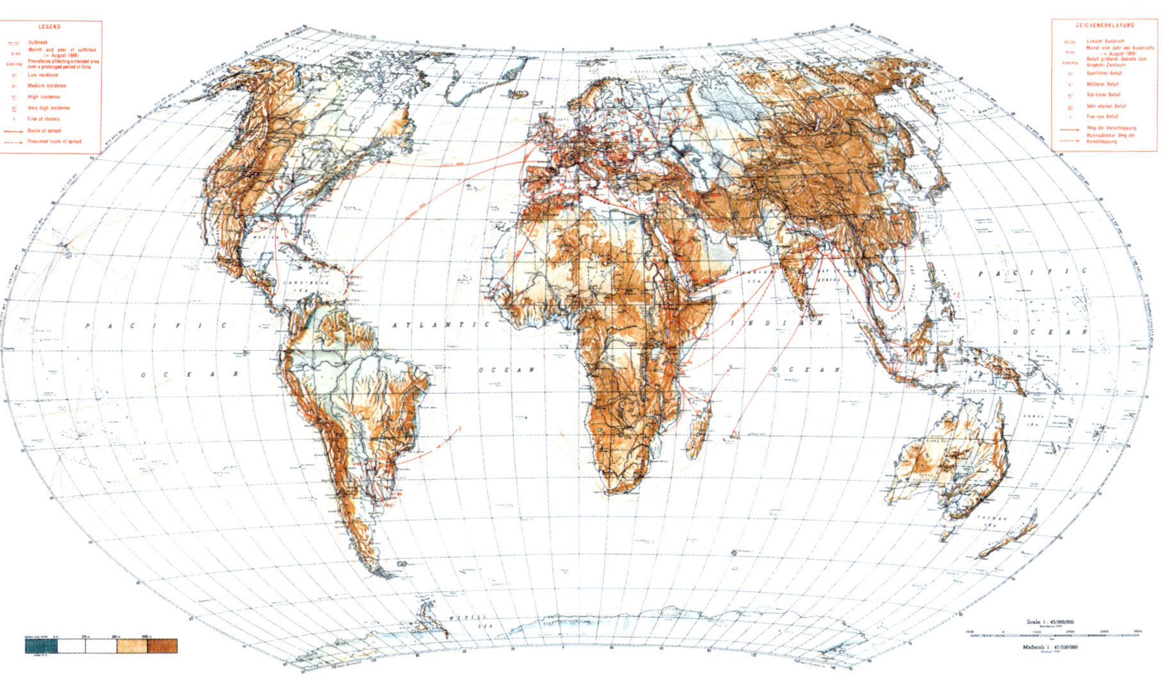

콜레라의 발생과 분포를 보여주는 세계 지도. 인도에서 콜레라가 발생하여 수에즈운하를 거쳐 유럽으로 전파되고 있음을 보여준다.

독일의 로버트 코흐Robert Koch(가장 오른쪽에 앉아 있는 군인)는 열대 질병을 연구하기 위하여 아프리카에 직접 가서 세균학적 검사를 실시하였다.

서문

30년간의 기억이 '융합'의 힘이 되다

양자역학적 도약도 아니다. 그렇다고 한 개인에게 지각변동이 일어난 것도 아니다. 올해 100세 생일을 맞은 클로드 레비스트로스의 "신석기 시대의 역설"이라는 표현을 굳이 빌린다면, 이 책이 세상 밖으로 모습을 드러낼 수 있게 된 생명력은 '1970년대의 역설' 덕택이다. 약 30여 년 전 캠퍼스 안팎에서 배웠던 교양 교육은 한 자아의 정체성을 형성하는 데 어느 정도 밑바탕이 될 수 있었을까.

김병국의 『대학 작문』은 지금까지도 글쓰기의 본보기가 되고 있으며, 김윤식과 故 김현의 『한국문학사』를 통해 한국어의 잡종적 성격에 눈을 뜨게 되었다. 열대의 자연사, 예술, 과학 사이의 관계에 주목하면서 백낙청과 염무웅이 번역했던 『문학과 예술의 사회사』를 다시 끄집어냈고, 하버드-옌칭연구소와 과학사학과에서 근대 일본사 세미나를 들으면서 불문학자 정명환이 번역했던 후쿠자와 유키치의 『문명론의 개략』을 막무가내로 읽었던 시절을 다시 떠올렸다.

열대의 자연사에 대한 공부는 근대 자연과학에 대한 이해와 맞물릴 수밖에 없다. 김준호의 생물학, 정창희의 지질학, 우종천의 물리학, 이윤형의 화학, 윤옥경의 수학은 약 30년간 기다렸다는 듯이 실타래가 한올 한올 풀리면서 의식의 전면으로 등장하였다.

70년대 한국 수출산업의 전초기지기 있던 서울 구로동의 '노동자들에게 역사의식과 사회의식을 고취시켜야 한다'는 사명감에 사로잡혀 이태진의 한국사 강의를 듣고 이기백과 차하순의 『역사란 무엇인가』, 이우성과 강만길의 『한국의 역사인식』, 리영희의 『전환시대의 논리』, 故 박현채의 『민족경제론』을 밤새도록 토론했던 기억은 아련한 추억으로 남아 있기보다, 새로운 세계를 향한 꿈으로 아침의 나를 깨우고 있다.

김현을 통해 바슐라르의 물과 공기와 꿈과 촛불에, 이명현을 통해 비트겐슈타인의 분석철학에, 故 김진균의 사회학에, 정양은의 심리학에, 김형국의 도시공간론에 접속할 수 있었기에 나의 이런 꿈이 사그라지지 않았던 것이다. 특히 故 한창기의 잡지 『뿌리깊은 나무』는 '시골뜨기'의 문화적 감수성을 한껏 깨우쳐주기에 넉넉했다.

'열대'에 관한 연구는 '1970년대의 역설'에서 퍼올린 샘물이다. 이제야 비로소 그 샘물의 본질이 학문의 '융합'임을 깨닫게 된 데는 지독히 견고한 수직적인 학문 구조가 버티고 있었기 때문이었다. 이 장애물에 걸려 경계를 넘기가 여간 힘들지 않았던 것이다. 학문의 '융합'이라 함은 바로 이러한 교양의 튼튼한 바탕에서 가능하다고 굳게 믿는다.

열대는 동양도 서양도 아니다. 기존의 지식 체계로 열대를 바라본다면 눈감고 코끼리를 만지듯 부분만 이해하게 된다. "부분의 합은 전체가 아니다." 동양과 서양의 지평을 뛰어넘는 새로운 개념, 이론, 방법, 인식론을 위해 밤잠을 설쳐야 한다. 보건의료사에서 시작한 공부가 열대를 화두로 삼고, '70년대의 역설'을 동력으로 삼으며, 생태환경사의 나침반을 갖고 어떤 파도에도 흔들리지 않는 '융합'의 바다로, 세계사적 지평과 지구사적 입장을 견지하면서 나가려고 한다. 열대학이 그 본령이 될 것이다. 부족하나마 이 책은 작은 출발이다.

이 책을 처음부터 읽어나가기를 독자들에게 부탁드린다. 중간부터 읽을 경우 열대와 서구적 정체성에 관한 큰 그림을 따라잡기가 매우 힘들 것이다. 책의 앞부분에 배치한 8컷의 그림들과 본문의 중간 중간에 삽입한 지도, 그림, 표들에 대해 특히 주목한다면 미주가 600개나 넘는 글을 읽는 즐거움은 배가될 것이다. 정성을 들여 고르고 고른 그림과 지도는 책의 핵심 주제를 상징적으로 보여준다.

이 책은 처음부터 단행본을 염두에 두고 집필한 것이다. 학계의 비판적 검증을 받기 위하여 한국서양사학회, 한국과학사학회, 대한의사醫史학회에서 각각 발표하였다. 세 학회에 감사의 마음을 표하고 싶다. 아주대학교 열대학연구소를 설립하는데 참여해준 동료 교수들과도 출간의 즐거움을 나누고 싶다.

한국의 인문 분야에서 세계적 전망을 갖고 앞서가는 새물결출판사의 조형준 주간이 넉넉한 마음으로 받아주지 않았다면, 이 원고는 독자들을 만나지 못했을 것이다. 감사와 격려를 보낸다.

'70년대의 역설'을 깨달을 수 있도록 가르침을 주셨던 모든 선생님들께 머리 숙여 깊이 감사드린다.

새해를 맞는 동심童心으로
이 종 찬

머리말

열대학을 열다

열대의 문제의식과 기본 틀

열대는 적도를 중심으로 북위 23.27도와 남위 23.27도 사이에 있는 지리적 공간이다. 나는 서구가 지리적 공간으로서의 열대를 어떻게 발견하게 되었고, 상상적 공간으로서 열대를 어떻게 발명하면서 서구적 정체성Western identity을 확립하게 되었는지를 생물지리학 및 의료지리학의 관점에서 분석하고자 한다. 열대학의 정립을 지향하는 이 연구는, 서구적 정체성을 형성하는 데 열대가 개념적으로나 지리적으로 핵심 역할을 해왔음을 강조한다. 또한 열대학의 사상적 토대로 바슐라르, 캉길렘, 푸코, 니체의 과학사 및 철학이 갖는 적합성을 논의할 것이다.

1장에서는 열대가 풍토적 차원에서 서구적 정체성의 형성에 어떤 역할을 했는지 탐구한다. 즉, 서구적 정체성이 형성되는 과정에서 열대 풍토가 역사적으로 어떤 역할을 해왔는지 분석한다. 분석의 초점은 서구 사회가 "열대를 발명"해가는 과정에서 자신의 정체성을 어떻게 만들어갔는지 지리역사적 관점에서 조망하는 데 있다. 서구가 열대를 더럽고 불결한 공간으로 인식하게 되면서 열대는 유럽 사회에 고유한 '청결함'이라는 이름의 프리즘을 통해 타자화되었다. 그 결과 "서구 : 열대 = 깨끗함 : 불결함 = 문명 : 야만"이라는 서구적 정체성의 대립 구도가 형성되었다. 서구가 비서구를 문명화해야 한다는 사명la mission civilisatrice은 이처럼 서구가 열대를 타자화하는 과정에서 생겨난 개념이다. 이렇게 볼 때, 열대는 단순히 물리적 공간이 아니라 서구에 의해 개념적·도덕적 공간의 성격을 갖게 되었다. 열대라는 지리적 공간은 개념적 공간으로 다시 발명된 것이다. 요컨대, 유럽이 열대에 대한 제국주의적 지배를 하는 과정에서 열대의 개념은 발명되었다.

2장에서는 유럽이 18세기에 식물지리학적 방법론에 입각하여 열대 지역을 어떻게 발견했는지 규명하고, 열대에 관한 식물지리학적 인식이 서구의 정체성에 어떻게 연결되었는지를 탐구한다. 알렉산더 훔볼트가 라틴아메리카를 탐방하고 기록했던 문헌은 유럽이 열대를 발견하게 된 과정과 배경을 이해하는 데 매우 중요하다. 훔볼트에 의한 생물지리학의 성립은 유럽이 열대의 자연을 이해하는 열쇠가 되었다. 특히 식물지리학에 주목했던 그는 열대 자연을 그 사회의 문화적 풍습이나 정치적 환경과 연관지어 논의했다. 훔볼트의 열대에 대한 생물지리학은 계몽주의 시대에 서구가 열대의 자연을 인식하는 프리즘으로 작용하였다. 훔볼트 못지않게 서구의 열대 인식에 영향을 준 사람은 18세기에 열대 태평양을 탐험했던 제임스 쿡과 조셉 뱅크스이다. 그들이 남겼던 태평양의 생물상에 대한 기록들은 훗날 찰스 다윈과 앨프리드 월리스가 열대의 자연을 탐구하는 데 영향을 주었다.

3장에서는 유럽이 자신의 풍경에 대한 낭만주의적 인식을 통해 열대성을 어떻게 창안하고 발명했는지 분석한다. 괴테를 중심으로 한 독일 낭만주의를 살펴본 후에, 조셉 콘래드, 루이페르디낭 셀린, 토마스 만 등의 문학 작품과 폴 고갱, 윌리엄 호지스 등의 예술 작품을 분석하여, 유럽이 열대성의 개념을 어떻게 만들어 갔는지 규명할 것이다. 서구의 예술가들은 훔볼트, 쿡, 뱅크스, 부갱빌 등이 쓴 열대의 자연에 대한 기록을 읽고 예술적 상상력을 발휘하거나, 그들 자신이 직접 열대를 여행함으로써 열대의 풍경에 대한 예술 작품들을 무수히 남겼다. 근대적 '풍경의 발견'은 서구적 정체성의 풍토적 조건을 이해하는 데 매우 적절하다. 제국의 절정기에 활동했던 작가들의 작품을 읽는 데 열대에 대한 식물지리학적 이해는 필수적이다. 열대에 관한 풍경은 서구적 정체성을 끊임없이 추구하였던 서구 문학과 미술 작품에서 미학적 중심重心을 이루어왔다.

4장에서는 열대질병의 정복이 서구 제국주의를 효율적으로 만들어 가는 데 어떤 연관이 있는지를 논의할 것이다. 서구 사회에서 '열대질병'의 원인과 병리적 기전을 본격적으로 규명했던 것은 시기적으로 1870~1910년대에 해당한다. 이 시기는 바로 '제국의 시대'와 겹치는데 이는 결코 우연이 아니다. 이 시기에 서구 사회가 어떻게 열대질병에 관심을 갖게 되었고, 열대질병의 극복을 위해 의학적·환경위생적 담론을 만들어 실천하게 된 지정학적 맥락을 분석하고자 한다. 열대질병은 지리적으로 볼 때 원래 열대에서 발생한 질병을 의미했다. 유럽 사람들이 열대 지역을 다녀가면서 조금씩 의미가 달라지기 시작했다. 열대질병에 걸려 사망한 사람들이 늘어나자 서구는 열대질병에 대해 적극적으로 개입하였다. 제국의 이해와 욕망을 충족시키기 위해 열대 지역을 개척하여 군대를 파견하고 그곳에 체류하게 되면서 점차 서구는 열대 환경위생의 필요성을 느꼈다. 서구의 열대질병에 대한 적극적 개입은 오리엔트Orient를 타자화하는 전략으로 작용하였다. 아시아발 콜레라는 이런 전략의 집중적인 열대질병으로 부각되었다. 서구는 자신의 문명을 전파하기 위해 상대적으로 불결하다고 간주했던 아시아와 이슬람에 대해 위생 및 의료 사업을 전개했다. 열대질병에 대한 서구의 생태지리적 인식은 질병에 대한 과학적 연구의 발달을 토대로 이루어졌다. 제국의 시기를 거치면서 열대질병은 서구가 아시아, 아프리카, 라틴아메리카와 태평양 및 인도양을 지정학적으로 구성하는 준거가 되었다.

열대의 역사지리적 사유

> 대지의 환희를 풍요와 중량이라 말한다면 물의 환희는 부드러움과 휴식이며, 불의 환희는 사랑과 욕망이며, 공기의 환희는 자유이다.[1]

열대는 풍토적 공간이다. 풍토climates[2]는 인간과 모든 생명체 — 세균까지도 포함하여 — 의 존재에 영향을 미치는 "기후,[3] 기상, 지질, 토질, 지형, 경관 등의 총칭"[4]을 의미한다. 바슐라르의 말을 빌리면 공기, 물, 대지, 불의 환희는 열대, 온대, 한대 지역에서 각각 다를 수밖에 없다. 풍토를 역사적 개념으로 정립했던 사상가 와쓰지 데쓰로和辻哲郎는 풍토를 인류의 문명을 구성하는 요소론적 개념이 아닌 인간과 모든 생명체 사이의 관계를 형성하는 관계론적 개념으로 파악했다.[5] 인류의 "역사는 풍토적 역사이며 풍토는 역사적 풍토이다."[6] 와쓰지의 풍토 사상에 큰 영향을 미쳤던 헤르더Johann Gottfried von Herder(1744~1803)에 의하면 사람의 감각, 상상력, 생활 방식, 감정이나 충동, 행복 등은 모두 풍토적이다.[7] 니체가 자신을 가리켜 '공기적 인간'이라고 말한 것도 인간의 풍토적 존재성을 드러내기 위함이었다.

열대학이 풍토에 관한 학문인 이상, 역사지리적 사고에 의해 토양을 가꾸고 씨를 뿌리며 꽃을 피우고 열매를 맺게 된다. 여기에서 초점은 어떤 성격의 역사지리학인가이다. 나는 열대에 대한 박물학(자연사),[8] 식물학, 의학, 문학과 예술, 지질학, 해양학 등을 역사지리적 관점에서 사유한다. 역사지리적 사유에 근거하게 되면 박물학, 인문학, 과학, 예술 등은 열대학의 유기적 총체성을 구성하게 될 것이다. 이렇게 지식을 구성하게 되는 사유 과정에서는 '나'의 민족적 정체성이 의식적으로 개입할 틈은 보이지 않는다. 열대 풍토를 인식하는 데 민족성이 드러난다면 풍토의 관계론적 개념은 붕괴된다.

서구적 정체성과 열대의 관계를 연구해왔던 과학사학자들은 '유럽 : 열대=합리주의 : 비합리주의'라는 도식에 근거하여 합리적 유럽의 비합리적 열대에 대한 승리의 역사로 인식하는 오류를 보여주었다. 이에 반해 바슐라르Gaston Bachelard(1884~1962)[9]는 대척점을 제시한다. 과학사를 '비합리주의의 패배의 역사'로 바라본다는 점에서 바슐라르는 열대학 연구의 방향성을 보여줄 수 있다.

> 과학사는 모든 역사 중에서 가장 비가역적인 것으로 나타날 것이다. 진리를 발견할 때, 과학자는 비합리성으로 가는 길을 봉쇄한다. 비합리주의는 물론 도처에서 튀어나올 수 있다. 그러나 금지된 길이 존재한다. 그래서 과학사는 비합리주의의 패배의 역사이다. 그러나 합리주의와 비합리주의 사이의 싸움은 끝이 없다.[10]

바슐라르는 과학사와 과학철학에서 관찰자와 연구자에게 대척점으로의 이동을 강조한다. 그는 비非유클리드적 수학, 비아리스토텔레스적

논리, 비뉴턴적 역학, 비데카르트적 인식론, 비결정론 등 관찰의 지점을 항상 전복시켜왔다.[11]

과학사는 연대기적으로 볼 때, 1854년에 처음으로 그 명칭을 갖게 된 인식론에 대해 어떤 철학적 관련도 없었다.[12] 초기의 과학사가科學史家들은 과학의 연속성에 대해서만 주목하였다. 이런 흐름은 20세기 들어 점점 도전을 받게 되었다. 네덜란드의 과학사학자인 얀 디크스테루이스Eduard Jan Dijksterhuis(1892~1965)는 "과학사는 과학의 기억을 만들 뿐만 아니라 인식론적 실험을 수행한다"라고 주장하면서, 과학사에서 인식론적 역할의 중요성을 강조하였다.[13] 또한 바슐라르는 우리가 과학적 행위를 숙고하는 순간에 현실성과 합리성이 동시에 충돌하기 때문에 양자의 교차점에 인식론을 배치시켜야 한다고 보았다. 이렇게 함으로써 "우리는 상반된 철학으로부터 새로운 역동성을 감지할 것이며, 따라서 과학은 현실을 단순화하면서도 인간의 이성을 복잡하게 하는 이중적 운동을"하게 된다.[14] 유럽과 열대 사이의 관계론적 사고를 역사지리적 관점에서 인식하는 데 있어 역사학자들이 기존의 사유 공간에서 대척점으로 이동하여 역사를 새롭게 조망하는 것은 대단히 중요하다.

스승이었던 바슐라르와 달리, 생물학사와 의학사를 연구했던 캉길렘Georges Canguilhem의 방법론의 특징은 물리학과 화학에 초점을 맞추었던 바슐라르의 '인식론적 단절rupture epistemologique'을 과학사 분야에서 더욱 정교화하는 작업과 동시에 과학사와 인식론 사이의 관계를 규명하는 작업을 수행하는 데 있었다.[15] 우선 캉길렘은 '과거의 과학'은 '현재의 과학'에 대한 '과거'를 의미하지 않는다고 말하면서 그 이유에 대해 다음과 같이 논의한다. 현재의 과학에 대한 과거는 일정한 시간과 공간 내에서 만들어진 자료의 집합체 안에 담겨 있기에 사람들은 이를 일정한 도서관 및 사료실에서 정리만 하면 된다. 여기서 과학사학자의 역할은 현재의 과거를 단선적으로 추적하여 과학의 연속적 발달 과정만 밝히면 된다. 하지만 '과거의 과학'은 그렇지 않다.

열대를 처음 발견했던 당시 유럽은 지금과 같이 근대과학이 발전하지 않았다. 당시에는 박물학으로 존재하고 있었다. 이 경우에 과학사학자는 과거의 과학이 어떻게 비연속적인 과정을 통해 형성되었는지 개념적으로 규명하게 된다.[16] 캉길렘의 이런 인식은 독일의 역사학자 코젤렉Rheinhardt Koselleck의 다음 논의와 일맥상통한다.

> 연대기적으로 측정될 수 있는 경험이란 없으며 그 계기에 따라 단지 연대를 알 수 있는 경험들만 있다. 왜냐하면 경험이란 언제나 자기 삶의 기억에서 그리고 다른 삶에 대한 지식에서 불러낼 수 있는 모든 것들로 구성되기 때문이다. 연대기적으로 모든 경험은 시대를 넘어서는 비약을 만드는 것이지 결코 과거가 합산되어 해독되는 의미에서의 어떤 연속성의 창출이 아니다. 오히려 경험이란 …… 세탁기의 유리문과 비교될 수 있다. 즉 커다란 통에 담겨 있는 모든 세탁물이 수시로 이런저런 혼합된 조각으로 나타나는 유리문 말이다.[17]

열대를 세탁기에 비유한다면, 독자들은 열대의 이런저런 혼합된 조각들을 끄집으면서 그것을 유기적인 총체로 인식하게 된다.

이미 널리 알려져 있다시피, 푸코의 사상은 니체에게 큰 빚을 지고 있다. 바슐라르와 캉길렘의 인식론을 계승한[18] 푸코가 의학에 깊은 관심을 갖게 된 것도 의학에 대한 니체의 철학적 입장에 연유한다. 푸코가 역사의 철학화에 매달리게 된 이유도 니체에 뿌리를 두고 있다. 철학의 바탕을 역사적 사유에 두고 있는 니체는 "절대적 진리가 없는 것과 마찬가지로 영원한 사실도 없다"고 말하면서 "역사적으로 철학하는 일"이 필요하다고 주장했다.[19] 푸코는 한 대담에서 니체의 진리에 대한 입장을 언급하면서, 지리학이야말로 진리를 파악할 수 있는 "필요한 방법론"이라고 설파하였다. 바로 이어서 푸코는 지리학은 약리학, 미생물학, 인구학 등과 같은 학문의 진리를 파악하는 데 적용될 수 있다고 말한다.[20] 의학을 지리학의 관점에서 파악하려는 푸코의 이런 인식도 니체의 다음과 같은 논의에 근거한다.

> 전체로서의 역사학, 즉 다양한 문화에 대한 지식으로서의 역사학은 치료법 이론이기는 하지만 치료 기술의 학문 자체는 아니다 …… 정신의 치료와 대비될 만한 일로서, 신체적인 관점에서 볼 때 지구의 각 지방이 어떠한 퇴화 현상과 질병을 야기하고 있는지 또 반대로 어떠한 치료 요인을 제공하고 있는지를 인류는 **의학적 지리학**을 통해 규명하도록 노력해야 한다.[21]

열대는 지리적 영토territoire이다. 서구는 과학적 합리성과 의학적 치료법을 개발하여 열대를 제국적 전망에 맞도록 영토화하였다. 열대는 서구의 지리철학地理哲學[22]을 위한 대지가 되었다. 열대에 관한 지리적 사유는 서구가 자신의 정체성을 정립하는 과정에서 중심적 방법론이 되었다. "사유는 영토와 대지와의 관계 속에서 이루어진다."[23]

01
서구적 정체성의 형성에서 풍토의 역할

열대에 관한 역사지리학적 관점

1

서구적 정체성의 형성에서 풍토의 역할
열대에 관한 역사지리학적 관점

"모든 제국帝國은 무엇보다도 풍토의 제국이다."
몽테스키외

"역사는 풍토風土的 역사이며, 풍토는 역사적 풍토이다."
와쓰지 데쓰로

오리엔탈리즘과 지리적 상상력

서구[1])가 동양 또는 아시아를 타자화他者化함으로써 자신의 고유한 정체성을 만든다는 주장은 더 이상 새삼스러운 것이 아니다. 이에 대한 논의는 다양한 방식으로 논의되었다.[2]) 서구중심주의[3])를 비판하는 이들은 제국주의가 가장 발달했던 19세기 후반에서 20세기 초기에 서구의 정체성이 확립된 것에 대해 깊은 관심을 보였다. 하지만 그들은 서구적 정체성의 핵심적 이데올로기로서의 제국주의 형성에서 열대가 중요한 역할을 했다는 사실에 별로 관심을 보이지 않았다. 다시 말해 제국주의의 풍토적 조건인 열대를 서구적 정체성의 형성과 관련한 논의들은 그들에게 거의 발견할 수 없다. 에드워드 사이드Edward W. Said를 세심히 읽어보면, 그들이 서구중심주의를 극복하기 위해 타자로서의 아시아를 분석하는 데 열대의 문제를 늘 놓치고 있는 이유를 알 수 있다. 사이드는 지리학을 "본질적으로 오리엔트에 대한 지식을 물질적으로 뒷받침해주는"[4] 학문으로 파악하면서도, 지리학의 개념과 이론을 실천적으로 수행하는 데까지 발전시키지 못했다.[5] 우선 사이드가 비판하는, 당시 영국 지리학회장이었고 인도의 제국화 사업에 깊이 개입했던 커즌George Nathaniel Curzon(1859~1925)이 1912년에 연설했던 내용을 보자.

> 오늘날 우리는 지리 지식을 일반적 지식이 가장 핵심적인 부분으로 간주합니다 …… 지리학은 지질학, 동물학, 민속지학, 화학, 물리학, 그리고 모든 과학들의 경계선과 만납니다. 따라서 지리학은 과학 중에서도 가장 먼저이고 가장 앞선 학문이라고 말씀드리는 게 당연한 것입니다.[6]

사이드는 커즌의 지리학적 오리엔탈리즘을 비판하면서도, 지리학이 다른 과학들, 특히 생물학[7]과 지질학과의 만남을 통해 오리엔트의 지리를 어떻게 만들었는지 깊이 분석하지 않는다. 예를 들어, 사이드가 창안한 '상상의 지리'[8]라는 개념은 오리엔트의 지리적 의미를 충분히 나타낸다고 볼 수 없다. 왜냐하면 그는 지리를 영토와 거의 일치시키고 있기 때문이다. 지리는 영토 이상의 의미를 갖는다. 서구인들이 오리엔트에 대해 지리적 상상력을 발휘할 때, 그들은 영토뿐만 아니라 식물, 동물, 풍토, 인종, 사회, 문화 등 모든 상상력을 총동원한다.[9] 지리에 대한 그의 개념이 이렇게 좁은 의미망을 갖게 된 것은 생물학에 대한 이해가 결여되었기 때문이다.[10] 아울러 "인도에 왔던 초기의 많은 영국 오리엔탈리스트들이 법률가이거나 선교에 대한 투철한 사명감에 불탔던 의사"[11]였던 이유에 주목할 필요가 있다. 특히 사이드는 의사들에 대해 "매우 흥미롭다"고 말하는데, 바로 여기에서 사이드는 의사들이 제국이 당면했던 열대 풍토의 문제를 해결하는 데 앞장섰음을 인식하지 못하고 있다. 뒤에서 논의하겠지만 의사들이 온 것은 결코 흥미로운 일이 아니라, 유럽의 입장에서는 매우 당연한 일이었다.

사이드의 경우를 통해서 살펴보았듯이, 서구의 정체성을 제국주의와 관련해서 논의하고 있는 많은 학자들은 열대 풍토의 중요성을 비켜갔다. 이 글의 문제의식은 여기에서 출발한다. 분석의 방법론은 역사학, 지리학, 생물학 및 의학이 서로 교차하는 학문 공간에 주목하여[12] 생물지리학을 역사적 관점에서 파악하며, 제국주의가 '발명'했던 열대의 공간을 지리역사적 시각으로 탐구한다.[13] 따라서 이 글은 서구적 정체성과 제국주의라는 기존의 함수 관계에서 '열대'라는 매개 변수를 포함하지 않는다면, 서구적 정체성의 본질을 파악하는 데 한계가 있음을 보여줄 것이다.

1장에서는 서구적 정체성이 형성되는 과정에서 풍토가 역사적으로 어떤 역할을 해왔는지를 분석하였다. 서구 사회가 "열대를 발명"해가는 과정에서 자신의 정체성을 어떻게 만들었는지를 지리역사적 관점에서 조망하였다. 한국과 서구를 막론하고 역사학 분야에서 주변적인 것으로 간주되었던 열대의 풍토를 전지구적global 맥락에서 위치시키고, 이를 서구적 정체성과 관련하여 논의하고자 한다. 아울러, 과도한 "역사주의가 [생물]지리적, 공간적 상상력을 억압하고 주변화하는"[14] 상황을 직시하면서, 열대에 대한 정확한 역사적 인식은 역사에 대한 생물지리학적 이해와 불가분의 관계가 있음을 강조한다.

서구적 정체성의 역사적 기원 — 풍토적 존재로서의 인간

고대 그리스 분야를 연구하는 역사학자들은 헤로도토스(기원전 484

~425)의 『역사』에 근거하여, 페르시아 전쟁이 고대 그리스와 야만 인종들을 구분함으로써 고대 그리스의 문화 정체성을 확립하는 데 중요한 역할을 했다고 생각한다.[15] 흔히 헤로도토스와 히포크라테스(기원전 460~380)의 생몰연도를 비교하여 전자가 후자에게 영향을 미쳤다고 생각하는 견해가 있지만, 양자 간 풍토에 대한 생각의 유사점은 그 시대에 이미 널리 알려졌던 이오니아 과학의 성취들을 공유한 데서 비롯되었다.[16] 히포크라테스가 헤로도토스와 근본적으로 달랐던 점은 풍토를 지리적 공간에 따른 사람들의 신체적·도덕적 차이에 영향을 미치는 가장 중요한 요인으로 간주했다. 헤로도토스는 인간의 건강에 미치는 풍토의 영향이 중요하다고 생각했지만 히포크라테스처럼 풍토가 인간의 성격에 결정적으로 영향을 미친다고 생각하지는 않았다.[17]

『히포크라테스 전집』에 포함된 「공기, 물, 토양」[18]은 크게 두 가지 주제로 나뉜다. 인간 존재의 풍토성이 첫 부분의 주제라면,[19] 두 번째 부분에서 저자[20]는 유럽과 아시아에 살고 있는 사람의 종족적 차이는 그 지역의 풍토적 차이에 기인한다고 주장했다. 히포크라테스 교리에 의하면 "인종은 풍토의 딸들이다."[21]

> 유럽 사람들은 신장과 체형이 서로 다르다. 유럽의 기후는 계절의 변화가 매우 심하고 잦아서 여름이 매우 덥고 겨울이 아주 추우며, 비가 많이 내리고 난 후에는 건조 상태가 오래 지속되고, 여러 유형의 바람이 불어서 기후 변화가 매우 다양하게 일어난다 …… 유럽 사람들은 아시아 사람들에 비해 체형의 차이가 심하며 신장도 각 도시 국가 내에서 큰 차이를 보인다. 왜냐하면, 계절이 빈번하게 변화하는 곳에서는 계절의 변화가 심하지 않고 비슷한 곳과 비교하여 정액이 응고할 때 부패가 쉽게 일어나기 때문이다.[22]

이렇게 인종의 차이를 풍토적 관점에서 파악하는 것에 그치지 않고 체질인류학 및 민족학ethnography의 영역까지 넓혀가는 저자의 인식은 유럽과 아시아의 정치적 제도의 차이조차도 풍토에 기인한다는 결정론적 입장까지 뻗어나갔다.

> 유럽은 아시아처럼 전제 군주를 왕으로 갖고 있지 않기 때문에, 유럽 사람들은 아시아 사람들보다 더욱 전투적이다. 왜냐하면 전제 군주 아래에서는 마음이 노예 상태가 되어 다른 사람의 힘에 의존하기 때문에 위험을 무릅쓰는 따위의 용기 있는 행동을 하지 않게 된다. 하지만, 독립적인 사람들은 다른 사람이 아닌 자신들을 위해 위험을 감수하기 때문에 기꺼이 용기 있는 행동을 취하며 승리의 월계관을 즐긴다. 그러므로 유럽 사람들이 용감한 것은 이런 제도에 기인한 바가 크다.[23]

이런 히포크라테스 학파의 풍토적 결정론은 아리스토텔레스에게도 큰 영향을 미쳤다. 의사의 아들로 성장하면서 히포크라테스 학파의 글들을 읽었던 아리스토텔레스는 『정치학』에서 이런 입장을 단호하게 천명하였다.

> 한대寒帶 지방과 유럽에 사는 종족들은 용기는 충만하나 지성과 기술이 부족하다. 따라서 그들은 자유는 비교적 잘 보전하지만, 정치적 공동체를 형성하거나 다른 종족들을 지배할 능력은 없다. 그 반면 아시아 민족들은 지성과 기술은 있지만, 용기가 없다. 따라서 그들은 항상 지배를 받으며 노예의 상태를 면하지 못한다. 그러나 양자의 중간에 위치한 그리스 종족은 양쪽의 장점을 모두 갖추고 있다. 다시 말해서, 그들은 용감한 동시에 지성도 겸비하고 있다.[24]

히포크라테스가 종족적 차이를 유럽과 아시아로 구분한 데 반해, 아리스토텔레스는 한 걸음 더 나아가 그리스, 유럽, 아시아로 구분하였다. 두 사람 모두 풍토적 존재로서의 인간을 규정하고 있다는 점에서 공통점을 보여준다. 이렇듯 유럽과 아시아를 대립적 관계로 파악하는 서구적 정체성의 역사적 기원은 히포크라테스와 아리스토텔레스의 인종에 대한 풍토적 사고에서 찾을 수 있다.

열대의 발명

> 내가 대서양과 적도를 건너서 열대 부근에 왔다는 사실을 몇몇 확실한 징표로서 알 수 있었다. 이 징표 가운데서 후덥지근한 열기는 내가 보통 때 입고 있던 모직물의 옷을 벗게 하였고, '집 안'과 '집 바깥'이라는 구별 — 우리들 문명의 징표 중의 하나라고 인식할 수 있다 — 을 없애버렸다. 반면에 완전히 인간화해버린 우리네 풍경에서는 찾아볼 수 없는, 인간과 미개척의 자연과의 대립이 이곳에 있음을 나는 곧 알 수 있었다.[25)]

열대를 여행했던 초기의 유럽인들은 콘래드Joseph Conrad(1857~1924)와 같은 종류의 소설을 쓰고 싶어 했던 레비스트로스Claude Lévi-Strauss[26)]의 이런 넋두리와 다른 생각을 갖고 있었다. 열대의 풍토병에 관해 처음으로 기술한 사람으로 알려진 영국의 해상 무역상인 웨이슨George Wateson의 글을 보면, 열대는 단지 물리적 공간에 불과했다.[27)] 서구 역사를 통틀어 "세계의 전체상과 모든 세계관을 의학에 맞추려 한 유일한 시기"[28)]에 살았던 조지 웨이슨은 열대의 풍토병이 유럽에서의 그것과 특별히 차이kind가 난다고 보지 않았다. 유럽의 열대에 대한 이런 인식은 17세기에서 19세기 초반까지 지속되었다.

그렇다면 무슨 이유 때문에 유럽은 19세기 중엽부터 다른 관점으로 바라보게 되었을까? 17세기 유럽의 전반적인 위기[29]가 열대에 대한 시각을 바꾸었다. 소빙기(1300~1850)가 끝난 후[30] 현재와 같은 풍토적 조건을 갖춘 열대가 생겨났다.[31] 탐험가, 여행가, 무역상인, 외교관, 선교사, 해군 및 해양선원, 의사, 생물학자, 지리학자, 예술가 등이 앞을 다투어 유럽에서는 경험하지 못했던 열대를 다녀오기 시작했다.[32] 네덜란드와 영국의 동인도회사가 인도에 진출하면서 이런 여행과 탐험은 더욱 가속화되었다.[33] 하지만 이들은 자국민들이 열대의 풍토 질환으로 죽는 사례가 빈번해지자 이를 그냥 보고만 있을 수 없었다. 이제 서구인들은 열대를 더 이상 '상상의 지리'만으로 간주하지 않았다. 특히 그리스도교를 땅끝까지 전파하려는 선교 의식에 불타올랐던 의사들이 열대 지역을 다녀오면서, 열대의 풍토병을 예방하고 치료하는 데 적극적으로 관심을 가졌다.[34] 18세기 의사들은 풍토 조건과 공간적 구조를 파악하는 '의료지형학medical topography'의 업무를 맡았기 때문에(4장 참고), 열대로 떠나는 사람들 중에 항상 의사들이 있게 마련이었다.[35]

모든 종류의 시선은 권력에 대한 시선이다. 그리고 지식은 시선의 양과 질을 구분한다. 유럽 사회의 열대에 대한 지형학적 시선은 유럽인들의 열대에 대한 권력 욕망을 끊임없이 부추겼다. 18세기 말엽 프랑스를 중심으로, 질병에 대한 각종 통계 자료들에 바탕을 둔 통계학적 지식과 결합된 의료지리학medical geography[36]은 열대에 대한 풍토적 지식들을 체계화하였다. 의료지리학 또는 지형학적 지식은 유럽의 열대에 대한 태도와 시각에 깊은 영향을 미쳤다.

구세계Old World는 처음부터 열대를 '부정적인' 의미 또는 '열등한' 의미로 간주하지 않았다.[37] 열대로 갔던 유럽인들이 풍토병에 이환되

<표 1-1> 1825~1845년 인구 1,000명당 사망률(%)

라틴아메리카	7.7
지 중 해	9.3
영 국	9.8
동 인 도	15.1
서 인 도	18.1
아프리카 해안	54.4

어 사망하는 사례가 많아지면서, 유럽인들은 열대를 긍정적인 의미를 갖는 풍토적 공간으로 보지 않게 되었다. <표 1-1>이 보여주듯이, 1825~1845년 사이에 영국의 국내 인구 사망률은 동인도, 서인도, 아프리카에 비해 현저히 낮았다.[38]

열대 풍토병에 대한 유럽인들의 우려와 공포심은 인도의 높은 사망률로 인해 더해갔다. "인도에서만 한 해에 130만 명이 말라리아로 사망했던 적이 있었다. 인도 육군의 30만 명 중에서 10만 명이 말라리아로 병원으로 후송되기도 했다."[39] 이렇게 열대의 사망률이 높은 상황을 주시했던 유럽인들은 열대의 풍토에 적응하지 않으면 열대를 문명화하거나 식민화할 수 없다고 보았다. 19세기 유럽인들은 자신의 문명을 유지하고 확대하기 위해서 열대 풍토를 정복하지 않으면 안 된다고 보았다.[40] 그들은 "아프리카의 문명은 암흑의 대륙에 유럽인들이 존재함으로써 달성되거나 또는 유럽인들이 아프리카를 식민화할 때 이루어진다"[41]고 믿었다. 그들은 아프리카를 문명화 또는 식민화하는 데 반드시 극복해야 할 풍토병으로 콜레라, 말라리아, 한센병, 황열병, 뎅기열dengue, 인플루엔자, 각기병을 손꼽았다. 영국의 식민성 장관 채임벌린Joseph Chamberlain(1836~1914)[42]의 명령을 받아, 제국 사업을 위해 아프리카를 둘러보았던 영국의 군의총감 무어William James Moore(1828~1896)는 "누구든지 유럽인들이 열대 풍토를 식민화할 수 없다고 의문을 제기한다면, 나는 그들에게 열대 풍토로 가서 이들 질병들을 연구하라고 말할 것"[43]이라고 했다. 유럽 제국주의가 한창 최고조에 달했을 때인 1890년대 후반, 전체 영국 의사들의 20%인 6천 명이 주로 열대에서 근무를 했을 정도로[44] 서구는 열대의 풍토를 장악하는 데 심혈을 기울였고 재정적으로 엄청난 투자를 하였다.[45] 식민지의 풍토병을 확실히 장악하는 것이야말로 제국의 통치자들에게는 아주 절실한 국가적 과제였다.[46]

열대에 관한 유럽의 이런 풍토적 관점은 유럽 사회의 내부적 상황 변화와 맞물려 있었다. 18세기부터 진행된 계몽주의와 문명화 과정[47]에서 청결[48]과 위생이 제도화되면서 19세기 유럽 사회에서 환경위생sanitation은 부르주와 계층의 도덕 가치로 확고한 위치를 갖게 되었다.[49] 영국의 경우, 벤담Jeremy Bentham(1748~1832)의 영향을 받아 위생개혁운동의 종교적 토대를 마련하였던 케이James Kay(1804~1877)와 이를 실천했던 채드윅Edwin Chadwick(1800~1890)이 앞장섰다. 여기서 주목할 점은 "도덕적이기 때문에 위생적이 아니라, 위생적이기 때문에 도덕적인 것"이라는 점이다.[50] 깨끗함은 사회적 질서의 잣대가 되었다.[51] 이 잣대는 유럽 사회 내부의 프롤레타리아 계층뿐만 아니라, 해외의 열대 주민들에게도 그대로 적용되었다. 유럽 사람들은 사람을 한순간에 죽음으로 몰아버리는 열대의 풍토병이야말로 "신체적 불결, 정신적 광기, 도덕적 타락의 신호"라고 보았다.[52] 지리적 공간으로서의 열대는 도덕적 공간으로 부각되었다.[53]

1830년대 유럽 전체를 휩쓸었던 콜레라[54]가 아시아 — 그중에서도 인도 — 에서 발생한다고 알려지면서,[55] 유럽인들은 아시아를 자신들에게 죽음을 가져다주는 지역이라고 믿게 되었다. 『죄와 벌』의 마지막

부분에서 라스콜리니코프는 "전세계가 아시아에서 유럽으로 번지는 어떤 전무후무하고 무시무시한 전염병의 희생물이 되어야 할 운명에 놓여 있는 꿈을 꾸었다 …… 도스토옙스키의 모델은 인도 벵골 지방의 풍토병이었다가 19세기 내내 급속히 퍼져나가 전세계적인 유행병이 되기 시작했던 콜레라, 즉 아시아의 콜레라라고 불리는 콜레라이다."[56] 손택Susan Sontag은 이에 대해 "유럽을 특권화된 문화적 실체로 여기는 개념이 수세기 동안 유지되어 왔던 이유는 부분적으로" 콜레라가 아시아에서 유럽으로 전파되었다고 간주하였기 때문이라고 비판한다.[57] 1870년대 서구에서만 무려 50만 명의 사망자를 초래하여 콜레라와 비교할 수 없을 정도의 사망자를 기록했던 천연두는 '비서구적 기원'을 갖지 않기 때문에 서구 사회는 천연두에 대해선 별로 기억하지 않으려고 한다.[58] 말라리아가 그리스 문명에 심각한 영향을 미쳤고,[59] 흑사병이 중세의 질서를 흔들어놓았던 역사적 경험을 뼈저리게 겪었던 유럽으로서는 제국주의가 한창 발달하고 있던 시기에 일어난 천연두에 대해선 회피하고 싶었을 것이다. 서구의 전염병에 대한 집단 기억은 항상 문명적 근거와 연관되어 형성되어왔다.[60]

서구 사람들은 열대가 인간의 몸과 마음에 부정적 효과를 주어 그리스도교 전파를 힘들게 할 뿐더러, 식량 생산에도 부적합한 기후인 데다 온갖 전염병들이 창궐한다고 믿게 되었다.[61] 다음은 이런 상황을 생생하게 보여준다.

> (유럽인들의) 영혼이 우울해지고 약해지는 아프리카 수면병이었다. 몇 년 내에 우간다에서 수십만 명이 이 병으로 죽었고, 용감한 선교사들이 저 세상으로 떠났으며, 영국의 식민지 관리들은 집에서 마지막 잠에 빠졌다. 그것은 세상에서 가장 비옥한 토양을 가진 땅을 기린과 하이에나를 위한 불모지로

다시 바꿔놓았다. 영국 식민지 관리소에는 경종이 울렸다. 영국의 주주들은 자신들의 배당금을 걱정하기 시작했다. 남겨진 원주민들은 높은 초가지붕 오두막이 있는 마을을 떠나기 시작했다.[62]

면역과 정체성

정체성은 인문학과 사회과학 분야에서만 논의되어 왔던 개념이 결코 아니다. 이 개념은 1880년대 파스퇴르Louis Pasteur(1822~1895)의 미생물학microbiology 및 코흐Robert Koch(1843~1910)의 이론에 기반한 세균학bacteriology과 베링Emil von Behring(1854~1917)과 메치니코프Elie Metchnikoff(1845~1916)—둘 다 노벨상 수상자들이다—에 의해 1890년대에 형성되었던 면역학immunology을 통해 정립되었다. 제국주의가 가장 절정에 도달했던 이 시기에 질병의 원인균을 규명하는 세균학과 생물체의 정체성을 탐구하는 면역학이 탄생하게 된 것은 세계사적 관점에서 볼 때 결코 예사로운 일이 아니다.

열대로 떠났던 서구인들이 원인모를 풍토병으로 죽는 일이 허다해지자, 서구의 제국주의자들은 처음에 열대를 식민화하는 일에 다소 비관적인 견해를 가졌다.[63] 식민화하는 데 막대한 경제적 비용이 필요했다. 예를 들어, 영국은 군인 한 명을 인도에 파송하는 데 1863년에 100파운드의 비용이 들었다. 7만 명의 군인 중에서 4,830명이 매년 죽었으며, 군진 병원에는 5,880개의 병상이 항상 군인 환자들로 가득 찼다. 그 결과 영국은 매년 질병으로만 58만 8천 파운드의 경제적 손실을 보게 되었다.[64] 열대의 영토를 제국의 영토로 만들수록 비용은 기하급수적으로 증가하였다. 세균학은 제국주의자들의 이런 심각한 고민을 덜

어주었다. 파스퇴르와 코흐를 비롯하여 아프리카 수면병의 매개체인 체체파리를 발견한 브루스David Bruce(1855~1931), 제국주의의 가장 큰 적이었던 말라리아를 옮기는 모기를 발견한 공로로 노벨상을 받았던 로스Ronald Ross(1857~1932), 중남미 지역의 황열병 연구를 주도했던 미국 군의 리드Walter Reed(1851~1902)[65]와 파나마운하[66]의 풍토적 조건을 해결하였던 고거스William Crawford Gorgas(1854~1920)[67] 등 제국의 과학자와 의학자들이 하나같이 열대질병에 매달렸던 이유는, 서구의 제국주의가 열대를 식민화하는 데 반드시 해결해야 했던 풍토병의 원인을 과학적으로 규명해야 했기 때문이다. 그들은 열대를 자신들의 실험실에 과학적으로 재현하여 풍토병의 원인을 밝혀냄으로써 제국주의 사업에 적극적으로 참여하였다. 이를 위해 직접 인도와 아프리카에 머물렀던 코흐가 실험실에서 결핵균을 '발견'하기 이전의 결핵과 '발견'한 이후의 결핵은 인식론적으로 '공약불가능한incommensurable' 서로 다른 질병임에 틀림없다.[68] 코흐는 실험을 통해 결핵균을 단지 '발견'한 것이 아니라 '발명'한 것이다. 풍토병에서 99%의 직접적 원인이 세균인 것으로 밝혀졌다. 제국주의자들과 과학자들은 열대의 풍토병을 퇴치하기 위해 더 이상 광대한 열대를 돌아다닐 필요가 없었다. 제국의 본토에서 실험실을 만들고 과학적 연구를 함으로써 열대의 풍토병을 통제할 수 있게 되었다. 그들은 식민화가 군사적, 정치적 힘으로만 가능하지 않다는 사실을 절실히 체득하였다.

> 아프리카를 힘으로 침략하려고 한다면, 당신은 곧 죽을 것이며 해변에만 머물게 될 것이다. 그러나 파스퇴르 연구소를 등에 업고 아프리카를 침략하게 된다면, 여러분은 실제로 지배할 수 있다.[69]

파스퇴르와 코흐를 비롯하여 제국의 과학자들은 물론 제국의 통치자들은 인종주의나 재래적인 전염병 퇴치 방식으로는 식민적 리바이던 Colonial Leviathan을 세울 수 없음을 인식하였다.[70] 바로 이런 이유 때문에 그들은 대문자 에스(S)로 시작하는 과학Science을 숭배하는 것이다.[71] 비서구 지역에 사는 사람들은 아직도 이런 과학이 보편적 진리를 보장해준다고 믿고 있다.

제국주의가 가장 절정이었던 시기에 세균학이 확립되고 미생물학이 태동하였다는 사실은 결코 우연의 일치가 아니다.[72] 당대의 과학적 경향에 대해 충분히 인지하고 있었던 웰즈Herbert George Wells (1866~1946)[73]의 소설 『우주전쟁』[74]은 이를 문학적으로 형상화하였다. 제국주의의 깃발을 한참 드높이고 있던 영국의 정복을 바로 코앞에 두었음에도 불구하고 화성인들이 느닷없이 죽어간 이유는, 화성인들의 몸속에 지구의 풍토병에 대한 생물학적 면역성이 결여되어 있었기 때문이다. 웰즈는 제국주의가 군사적, 정치적, 경제적 지배나 통치로만 이루어지지 않음을 웅변하고 있다. 근대 지리학에 조예가 깊었던 콘래드[75]와도 문학적 교류를 유지하였던 웰즈는 서구가 제아무리 과학적 의학을 통해 병원체를 규명하였다고 해도, 서구인들이 이에 대한 생물학적 면역성을 갖지 못하기 때문에 제국의 지배가 오래가지 못할 것이라고 경고했다. 소설은 열대의 풍토를 장악했던 제국이 열대의 생물학적 면역성 때문에 붕괴된다는 아이러니를 흥미롭게 설명하고 있다.

생물학적 면역성은 화성과 지구뿐만 아니라, 서양과 동양을 구분하는 데도 유용하게 적용되었다. 당시 영국 최고의 열대의학 전문가로서 열대위생과 질병을 담당하는 행정부서의 최고 담당자였던 스콧Henry Harold Scott(1874~1956)은 『열대의학의 역사*A History of Tropical Medicine*』에서 서양과 동양을 몸과 관련하여 풍토적 관점에서 대비시키는 기록을 홍미롭게 인용하고 있다.

> 인도의 풍토는 복부腹部 내의 질병을, 유럽의 풍토는 흉부胸部의 질병을 만드는 데 강력하게 작용한다. 지구가 자오선에 의해 동양과 서양으로 구분되는 것처럼, 인체의 복부와 흉부는 횡격막에 의해 나눠진다. 흉부에 생기는 질병은 서양의 풍토를, 복부에 생기는 질병은 동양의 풍토를 각각 재현한다.[76]

여기서 자오선은 수직선인 데 반해, 횡격막은 몸을 수평으로 가로지른다. 흉부는 횡격막의 위쪽에 복부는 아래쪽에 있는 것처럼, 서양은 동양의 상위에 있다. 결핵과 질병은 흉부에서 발생하며, 말라리아나 콜레라와 같은 전염병은 복부에서 발생한다는 병리적 현상을 교묘하게도 상하의 개념으로 바꾸어 서양과 동양을 대비하는 데 적용하고 있다. 이 인용문이 주목을 끄는 이유는, 열대의 풍토가 서구적 정체성을 형성하는 데 핵심적 역할을 하고 있음을 몸의 메타포를 통하여 보여주고 있기 때문이다. 신체 기관 사이의 경계가 서구와 동양의 경계로 비유되듯이, 열대는 서구적 정체성의 경계를 짓는 지정학적 조건으로 작용한다.[77] 뿐만 아니라, 열대는 서구적 정체성을 내면적으로 형성해왔다.

인종의 생물지리학

몽테스키외(1689~1755)는 『법의 정신*De l'esprit des lois*』에서 아시아는 열대이며, 유럽은 온대라고 말한 뒤에 아시아와 유럽을 다음과 같이 대비시키고 있다.

아시아에서는 강한 민족과 약한 민족이 서로 대립하고 있다. 즉, 용감하고 활동적인 민족이 유약하고, 게으르고 소심한 민족과 바로 이웃하고 있다. 따라서 한쪽은 정복당해야 하며, 다른 한쪽은 정복자가 되어야 한다. 이에 반해 유럽에서는 강한 나라들이 서로 마주보고 있어서 서로 간에 비슷한 정도의 용기를 갖고 있다. 바로 이러한 이유 때문에 아시아는 약하고 유럽은 강하며, 아시아는 노예로 살아왔으며, 유럽은 자유롭게 살아온 것이다.[78]

몽테스키외의 이런 견해는 인종주의적 주장을 담고 있지만, 18세기 중엽만 하더라도, 유럽인들은 열대에서 자신의 동료들이 원인 불명의 질병으로 죽어가는 것을 보면서, 사람마다 거주하는 지역이 다르기 때문에 생겨날 수 있는 '정도degree'에 불과하다고 보았다.[79] 하지만 1820년대와 1830년대를 지나면서 상황은 달라졌다. 1805년부터 1820년까지 소빙하기 중에서도 혹독하게 추웠던 시기[80]를 보낸 유럽인들은 열대로 대규모 이주를 감행했다. 영국인들은 인도의 열대 풍토에 적응하기가 어렵다고 판단하여[81] 풍토병이 자연의 질서뿐만 아니라 제국의 질서를 해치는 근본적인 원인으로 간주하였다. 또한 '인간'이 어떤 특정한 풍토에 적응할 수 없는 것을 정당화하기 위해[82] 그들은 풍토병이 특정한 '인종'에게 유별나게 사망률이 높다는 통계 자료들을 만들었다. 밀James Mill(1773~1836)의 『인도사*The History of British India*』[83]를 읽고 그의 공리주의 철학에 크게 감동을 받았던 마틴James Ranald Martin(1796~1874)은 열대의 풍토 조건을 이유로 어떤 '인종'은 유럽처럼 발전을 할 수 없다고 주장하였다.[84]

영국의 인종주의가 인도를 타자화하면서 성립되었다면 프랑스는 알제리를 통해 인종주의가 형성되었다. 1830년대에 프랑스가 알제리를 식민화하면서 프랑스의 군진 의사들이 알제리에 진출하였다.[85] 이들은 프랑스로 돌아와서 1859년에 파리에서 인류학회Ecole d'Anthropologie de Paris를 설립하는 데 주도적인 역할을 맡았다.[86] 그들의 일부는 1821년에 설립된 파리지리학회에도 참여하였다. '위생을 통한 문명화'라는 캐치프레이즈를 내걸었던 이들은 알제리에 횡행했던 수음獸淫이 이슬람 종교에 근거한 성행위라고 몰아세우면서, 알제리 사람들에 대한 인종차별의 위생적 근거를 제공하였다.[87] 의학이 인종주의의 과학적 원리를 제공한 것은 독일의 경우에도 마찬가지였다.[88] 인종주의는 군사적, 의학적, 도덕적, 종교적 수준에서 형성되었으며, 열대라는 풍토적 조건에 따라 인종주의의 형식과 내용이 형성되었음을 알 수 있다.

근대 인종주의의 역사적 기원과 성격에 대해서는 헤아릴 수 없을 정도로 많이 논의되었고, 한국에서도 마찬가지이다.[89] 그런데 근대 인종주의의 출발을 '생물학적 인종주의'이라고 말할 때,[90] 그것은 열대의 생물지리학에 대한 정확한 인식을 요구한다. 다시 말해서, 당시 유럽의 여러 나라에서 제국의 영토를 확장하는 데 경쟁적으로 열대에 관한 생물지리학적 지식을 어떻게 활용했는지에 대한 역사적 이해에 근거할 때,[91] 생물학적 인종주의를 명확하게 인식할 수 있다. 예를 들어, 스코틀랜드 계몽주의의 중심지였던 에든버러의 해부학자 및 체질인류학자였던 녹스Robert Knox(1791~1862)가 영국인과 인도인의 두개골의 크기를 비교했던 것처럼 인종간의 생물학적 차이 자체는 인종주의의 생물학적 근거가 될 수 없었다. 박물학, 생물지리학, 체질인류학의 관점에서 열대의 식물상과 동물상, 그리고 인종을 종합적으로 파악함으로써 인종주의의 생물학적 기원을 찾을 수 있다.

열대와 서구의 문명화 기획

열대는 풍토적 개념이다. 그것은 아시아, 아프리카, 라틴아메리카 대륙과 인도양, 태평양 모두를 포괄한다. 시간을 정확하게 측정할 수 있는 시계와 달리 공간을 측정할 수 있는 도구가 확실하지 않았던 상황에서도 서구 사회는 이루 헤아릴 수 없는 여행, 탐험, 방문 등을 통해서 열대의 공간을 지리적으로 발견하였다. 그렇지만 당시 정밀하지 않은 지도에 의존하다 보니 '문명 대 야만'이라는 이분법 구도에 근거한 문명화 사업을 달성하기에는 충분하지 않았다.

서구 사회는 자신의 문명화 기획에 맞게 열대를 변화시켜 나갔다. 첫째, 서구 사회에서 전통적으로 발달되어 왔던 박물학에 대한 지식만으로는 부족했다. 열대의 공간과 자연을 지배하기 위해 근대 지리학에 기반한 생물학에 대한 인식이 절실히 요구되었다. 생물지리학을 통하여 대서양에서 인도양으로, 그리고 태평양으로 이어졌던 서구의 열대에 대한 인식과 전망은 지구적 차원에서 이루어지게 되었다. 둘째, 열대의 풍토병은 서구 사람들의 생물학적 면역성에 대한 심각한 도전이었다. 세균학은 열대의 도전에 대한 서구 과학의 해결 방안으로 제시되었다. 불결한 병원체가 득실거리는 열대에서 풍토병의 원인균들을 찾아내는 데 서구 과학이 온통 동원되었다. 서구는 열대를 조작 가능한 실험 공간으로 축소시킬 수 있었다. 이런 두 가지 과정을 거치면서, 열대는 서구의 욕망에 맞게 다시 발명되었다. 그 욕망은 문명의 이름으로 포장되어 다양한 제국주의적 방식으로 분출되어 가면서, 서구적 정체성도 이에 맞게 형태가 만들어지고 내용이 채워졌다.

02
유럽의 열대 자연에 대한 식물지리학적 발견

2

유럽의 열대 자연에 대한 식물지리학적 발견

"생물학자들 중에서 역사학자인 경우도 드물고 역사학자들 중에서
생물학자인 경우도 드물다. 그래서 생물사학자生物史學者들은
소량의 금덩어리를 얻기 위해서는 아주 많은 광석을 캐내어야 한다."[1)]
알프레드 크로스비

"18세기의 (유럽) 문명은 식물적이며 자연적인 기반 위에 식물과
그 활용의 문화를 설치했다."[2)]
프랑수와 다고네

과학적 유럽의 역사

일반적으로 '과학적 유럽'[3)]의 성립은 유럽의 문화 정체성을 형성하는 데 매우 중요한 요인이며, 과학혁명은 과학적 유럽의 형성에서 가장 중요한 역할을 한 것으로 이해되어 왔다. 과학혁명에 대한 '전통적' 관점이든 '새로운' 관점이든지 간에[4)] 이런 입장을 취하는 거의 모든 연구들은 갈릴레이와 케플러가 천문학에서, 베이컨이 실험 방법에서, 하비가 생리학에서, 데카르트와 라이프니츠가 기하학과 수학에서, 보일이 화학에서, 뉴턴이 고전 역학 등에서 새로운 '패러다임'을 정립한 것으로 이해하고 있다.

그런데 '과학-제국-식민주의'의 관계를 다루는 연구들[5)]은 과학적 유럽의 성격을 새로운 관점에서 규명하려는 입장을 보여주고 있는데, 과학혁명에 대한 연구와는 달리 이런 새로운 연구들은 크게 세 가지 초

점에 맞추어져 있다. 하나는, 과학혁명에 대한 연구가 주로 수학, 물리학 및 역학, 화학에 치중해 있다면 새로운 입장은 박물학과 지도학cartography에 일차적인 초점을 맞추고 있다. 다른 하나는, 전자가 영국, 프랑스, 독일, 이탈리아 등의 국가들을 중심으로 전개되었던 과학의 성취를 주로 다룬다면, 후자는 기존의 과학혁명 연구자들이 주변부로 제쳐놓았던 이베리아 국가들, 네덜란드, 스웨덴 등의 북유럽 국가들에서 이루어졌던 과학적 성과까지도 포괄하고 있다. 마지막으로, 과학혁명 연구자들이 과학이 서구에서 비서구로 전파된다는 바살라George Basalla[6]의 입장을 암묵적으로 수긍하는 데 반해, 과학적 유럽에 관한 새로운 입장을 취하는 연구자들은 유럽 과학의 제국주의적, 식민주의적 성격을 강조한다. 전자는 서구의 과학이 비서구 지역으로 자연스럽게 확산된다는 '전파론'적 입장이며, 후자는 서구 과학은 식민주의적 침략과 팽창을 통해 비서구로 확대되었다는 '이식론移植論'적 입장이다.[7]

제국이 열대에 대한 지식을 과학적으로 장악할 수 있게 된 것은 유럽의 과학 자체에 있었던 게 아니라, 제국의 무역이 일차적인 원동력이 되었기 때문이다. 유럽이 아시아와의 무역을 통해 받아들인 것은 코코넛, 오렌지, 가자訶子, 대황, 대마, 아편, 앵무새, 극락조, 코끼리, 코뿔소 등 동식물에 걸쳐 매우 다양했다.[8] 처음에는 이베리아 반도의 포르투갈과 스페인이, 그리고 네덜란드와 잉글랜드, 프랑스 등의 유럽 국가들이 서로 치열한 경쟁을 벌이면서 열대 자원들을 획득하는 데 혈안이 되어 있었다. 과학사학자, 역사지리학자, 의학사학자들은 15~18세기에 이르기까지 유럽 제국들이 보여주었던 이런 경쟁에서 박물학이 전략적으로 얼마나 중요했는지에 대한 연구들을 수행해왔다.[9]

무엇보다도 유럽 사회가 열대의 식물에 대해 호기심을 갖게 된 까닭은 열대 식물들의 의약적 효용성 때문이었다. 15세기부터 17세기까지

지리학과 계통과학

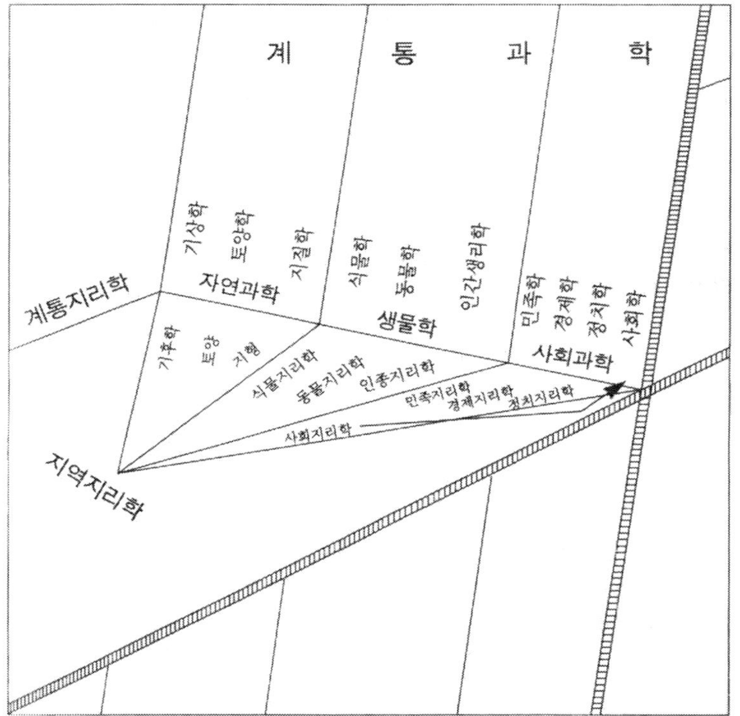

〈그림 2-1〉 식물지리학의 학문적 위상

식물학자, 의사, 본초학자herbalists들의 일들이 서로 중첩되는 경우가 많았다.[10)]

과학적 유럽의 형성에 관한 새로운 연구 경향을 비판적으로 수용하고 있는 2장의 목적은 유럽이 18세기에 식물지리학적[11)] 방법론에 입각하여 열대 지역을 어떻게 발견했는지를 규명하는 데 있다. <그림 2-1>이 보여주듯이, 식물지리학은 생물학과 지리학이 만나는 지점에서 형성된다.

이를 위해 먼저 이베리아 반도의 국가들과 네덜란드가 항해와 탐험을 통해 지도학과 박물학을 어떻게 발달시켰으며, 그리스도교적 정체성을 유지해왔던 유럽 국가들이 열대 식물상flora을 통해 에덴동산을 어떻게 발견하려고 했는지 분석할 것이다. 이에 근거하여 2장에서는 18세기 유럽은 자연을 어떻게 분류하려고 했고, 이런 분류 방식으로 열대 자연의 질서를 어떻게 체계화하려고 했는지를 조명할 것이다. 마지막으로 본 연구는 유럽이 탐험을 통해 열대 지역에 대한 식물지리학적 지형도를 어떻게 만들어나갔는지를 탐구할 것이다.

이베리아 제국의 '항해지도학'

유럽의 팽창은 항해와 함께 시작되었다. 포르투갈이 항해를 통한 대발견의 시대를 주도해 나갔다. 1415년에 모로코의 세우타Ceuta를 차지하였던 포르투갈은 금, 향신료, 노예들을 더 많이 얻기 위해 대서양에서 아프리카 해안으로 더욱 내려갔다. 무역상들과 항해가들은 1473년에 적도까지 내려갔고, 1488년에는 디아스Bartholomew Dias가 희망봉을 발견하면서 '오리엔트'로 가는 항해로가 있음을 알게 되었다. 포르투갈의 식민지 개척은 이웃 나라 스페인에게 영향을 미쳤다. 1492년에 콜럼버스Christopher Columbus가 신대륙을 '발견'하면서 두 나라 사이에 식민지를 개척하려는 경쟁은 더욱 치열해졌다. 양국의 배들은 대서양 곳곳에서 부딪쳤다. 이를 해결하기 위해 교황 알렉산더 6세가 중재에 나서 결국 포르투갈과 스페인 사이에 토르데시야스Tordesillas 조약이 1494년에 체결되었다. 조약의 핵심은, 대서양의 가운데 위치한 베르데Verde 군도 서쪽 끝의 곶에서 대서양 쪽으로 370리그leagues[12] 떨어진 자오선을 따라 지구를 둘로 나누어 포르투갈은 동쪽의 섬들을, 스페인은 서쪽의 섬들을 지배한다는 내용이었다. 이 조약은 포르투갈의 입장을 대변했던 페레이라Duarte Pacheco Pereira[13]의 폭넓은 해양 및 지리에 관한 경험과 검증된 지식이 책에 의한 박학다식에 토대를 둔 스페인의 전통적인 학문에 대해 거둔 승리를 의미했다.[14]

1498년은 포르투갈의 세계 항해에 있어 획기적인 해이다. 한편으로, 바스코 다 가마Vasco da Gama는 향신료를 찾아 1498년에 인도의 서부 해안의 항구도시인 캘리컷Calicut에 도착하였다. 이미 이슬람 상인들이 지배하고 있었기에 이 도시의 부에 매료되었던 포르투갈 항해가들은 향신료를 얻고 리스본으로 돌아오는 데 만족할 수밖에 없었다. 다른 한편으로, 페레이라는 브라질을 발견하였다. 카브랄Pedro Álvares Cabral이 1500년에 브라질 항해를 개척했다고 알려졌지만, 포르투갈 왕조의 비밀문서 정책[15]으로 인해 페레이라에 의한 발견은 최근에 와서야 알려지게 되었다.[16]

포르투갈 항해사인 마젤란Ferdinand Magellan(1480~1521)이 향신료가 노다지로 산출되는 인도네시아의 몰루카Moluccas 군도[17]를 발견하면서 양국 간의 갈등이 다시 터졌다. 토르데시야스 조약이 지구 전체를 포함하지 않았기 때문이다. 양국 사이에 사라고사 조약Treaty of Saragossa이 1529년에 다시 체결되었고, 포르투갈이 스페인에 무려 35만 두카트ducats[18]를 지불하는 조건으로 스페인은 몰루카에 대한 권한을 양도했다. 양국이 향신료 무역 시장을 장악하기 위해 항해 경쟁을 했지만 신대륙을 개척하는 방식에는 차이가 있었다. 포르투갈이 인도에서 동아시아로 향하는 항해를 개척하면서 자국의 무역을 수월하게 하기 위한 무역항과 조차지租借地를 필요로 했던 데 반해, 스페인은 아메리카 신대륙에 자국의 이익을 재생산할 수 있는 사회구조를 만들어갔다.[19]

이베리아 제국들의 항해에서 특이할 만한 점은 항해사들이 프톨레마이오스Claudius Ptolemaeus의 『지리학Geographia』[20]에 의존하지 않고 항해를 했다는 점이다. 그들은 자신들의 항해에 맞게 지도를 새로 제작하였다. 예를 들어, 콜럼버스의 항해사였던 코사Juan de la Cosa는 신세계의 지도를 처음으로 만들었다. 당시 이베리아 사회에서는 자신들의 지식이 고대 그리스-로마 시대의 지식보다 앞섰다고 생각하는 분위기가 팽배해 있었다.[21] 리스본의 항해 훈련학교에서는 세비야의 무역상사, 포르투갈의 아프리카 점령 지역인 기니, 인도의 고아Goa 등의 사무소와 연계하여 해도를 제작하고 있었다.[22] 항해를 통한 지도학의 발달은 기존 지식의 참과 거짓을 검증하는 중요한 계기가 되었다. 인쇄술의 발달[23]에 힘입어 이베리아 지도학은 유럽 전역으로 급속히 퍼져나갈 수 있었다. 이베리아 제국들이 항해를 통해 무역을 진흥시키고 식민지를 개척할 수 있느냐 없느냐는 지도학의 지식을 어떻게 진작시키느냐에 달려 있었다.

세계를 항해하고 지도를 제작하고 대지를 측량한다는 것은 새로운 공간의 창출을 의미했다.[24] 이베리아 제국들의 항해를 통한 공간의 생산은 다시 지도학의 발달로 이어졌는데, 16세기 후반에는 유럽 인쇄술의 중심지였던 네덜란드 안트워프Antewerp가 지도학에서 앞장서 나갔다. 세계를 하나의 원기둥으로 나타내는 새로운 투영 기법인 메르카토르Mercator 도법이 1569년에 이 도시에서 등장했다. 이 도법은 "포르투갈과 스페인의 제국주의를 강조하기 위해 …… 열대 지역의 대륙을 축소시키는 대신에 온대 지역의 대륙을 엄청나게 확대했다."[25] 유럽이 세계 지도의 중심에 놓이게 된 것이다.

에덴동산과 열대 식물상의 발견

> 하느님께서는 동쪽에 있는 에덴이라는 곳에 동산을 마련하시고 당신께서 빚어 만드신 사람을 그리로 데려다가 살게 하였다. 하느님께서는 보기 좋고 맛있는 열매를 맺는 온갖 나무를 그 땅에서 돋아나게 하셨다. 또 동산 한가운데는 생명나무와 선과 악을 알게 하는 나무도 돋아나게 하셨다.[26]

그리스도교적 세계관에서 볼 때, 낙원paradise은 '동산garden'과 동의어이다.[27] 고대 페르시아어에서 그리스어로 옮겨진 용어인 낙원이 유대-그리스도교 전통에서 볼 때 최초의 동산인데, 그것은 바로 '에덴동산'을 의미했다. 일찌감치 고대 그리스부터 에덴동산을 '오리엔트'에서 발견할 수 있다는 생각은 중세까지 지속되었고, 르네상스 초기 유럽에서는 페르시아에서 시작되었던 조로아스터교로부터 이런 생각이 전해져서 이슬람 세계를 통해 널리 퍼져나갔다.[28] 다른 한편으로, 인도의 식물학 지식이 아랍의 의학 서적으로 녹아 들어갔는데, 이슬람의 위대한 사상가인 이븐 시나Ibn Sīnā(Avicenna, 980~1037)가 이러한 지식 체계를 『의학정전醫學正典, *Kanun*』에 집대성하였다. 이 책은 12세기 후반 시칠리에서 라틴어로 번역되었고, 베네치아 공화국이 지배했던 지역에서 식물원이 발달하는 데 기본 텍스트가 되었다.[29] 뿐만 아니라 이슬람에서 발달했던 원예 전통과 기술도 르네상스 시대로 연결되었다. 중세 유럽에서 낙원이 실제로 지구에 존재한다는 생각은 만데빌John Mandeville의 『여행기』[30]에 의해 더욱 유포되었다. 만데빌은 1322년부터 낙원을 찾기 위해 유럽에서 '오리엔트'로 무려 30여 년이나 여행을 하였다고 전해진다.

흑사병으로 인해 수도원 중심의 의학 지식과 의술 행위가 효과를 거두지 못하자, 중세 사회는 대안적인 치유 방식을 약용 식물들medicinal plants에서 찾았다. 이것들이 치유 효과를 발휘하자 르네상스 사람들은 한곳에 모아 재배하기 시작했다. 그들은 이렇게 만든 식물원이 에덴동산을 다시 회생시킬 수 있는 공간이 될 것이라고 믿었다. 파도바와 플로렌스를 시작으로 르네상스 유럽의 곳곳에서 식물원들이 등장했다.[31] 독일 함부르크나 튀빙겐이 이 도시들보다 먼저 식물원을 시작할 수도 있었겠지만 "연구, 교육, 미술, 건축이 새로운 르네상스 세계관으로 합쳐진" 최초의 식물원은 아무래도 파도바와 플로렌스임에 틀림없다.[32] 베네치아 의회의 재정 지원을 받아 1591년에 포로Girolamo Porro가 설계했던 파도바 식물원[33]은 <그림 2-2>와 <그림 2-3>이 보여주듯이 유럽, 아프리카, 아메리카, 아시아의 식물들로 채워질 수 있도록 설계되었다.[34] 식물원의 네 개 구역은 "서로 다른 기후 및 지형 조건으로 구성되는 시뮬라크라simulacra"를 재현하는 것이다.[35]

실제로 실론 지방에 에덴동산이 존재할지도 모른다는 생각에 인도로 떠나는 유럽인들이 나타났다. 콜럼버스는 이베리아 반도에서 서쪽으로 항해를 하면 에덴동산이 있는 '오리엔트'에 도착할 것이라고 믿었다.[36] 콜럼버스와는 달리, 라틴아메리카 지역에 에덴동산이 있다고 기대했던 이베리아 국가의 탐험가들도 많았다. 예를 들어, 베스푸치Amerigo Vespucci는 탐험에서 발견했던 식물상들을 통해 에덴동산이 아메리카 지역에 존재한다고 믿었다.[37]

처음으로 열대 인도의 식물상에 대해 처음으로 기록을 남긴 유럽인은 포르투갈의 오르타Garcia d'Orta(1501~1568)이다.[38] 스페인의 대학에서 의학과 자연철학을 공부한 후에 리스본 대학에서 자연철학 교수 경험을 갖고 있던 그는 포르투갈 총독의 의사로서 인도의 고아에 정착하여 약용 식물을 광범위하게 수집하였고 포르투갈과 무역을 하였다.

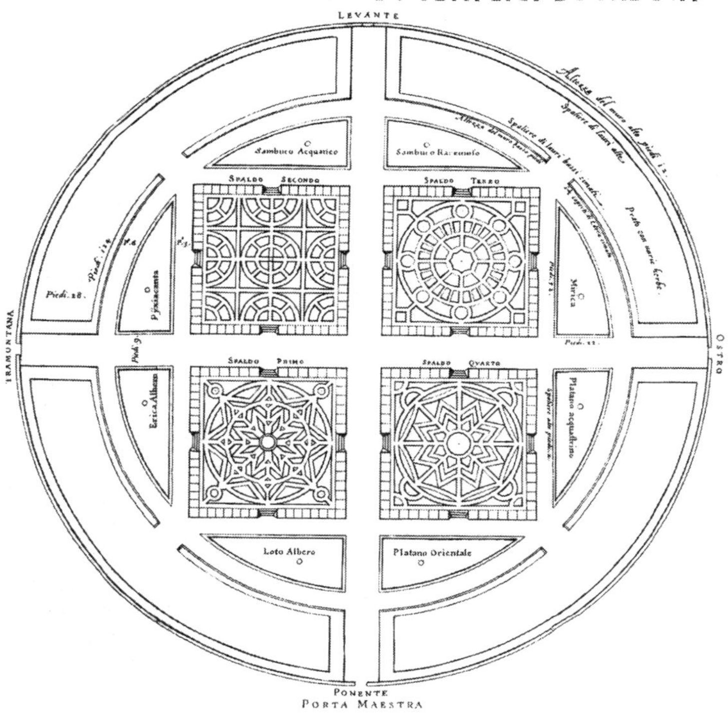

〈그림 2-2〉 파도바 식물원의 디자인은 '시뮬라크르' 를 재현하고 있다.

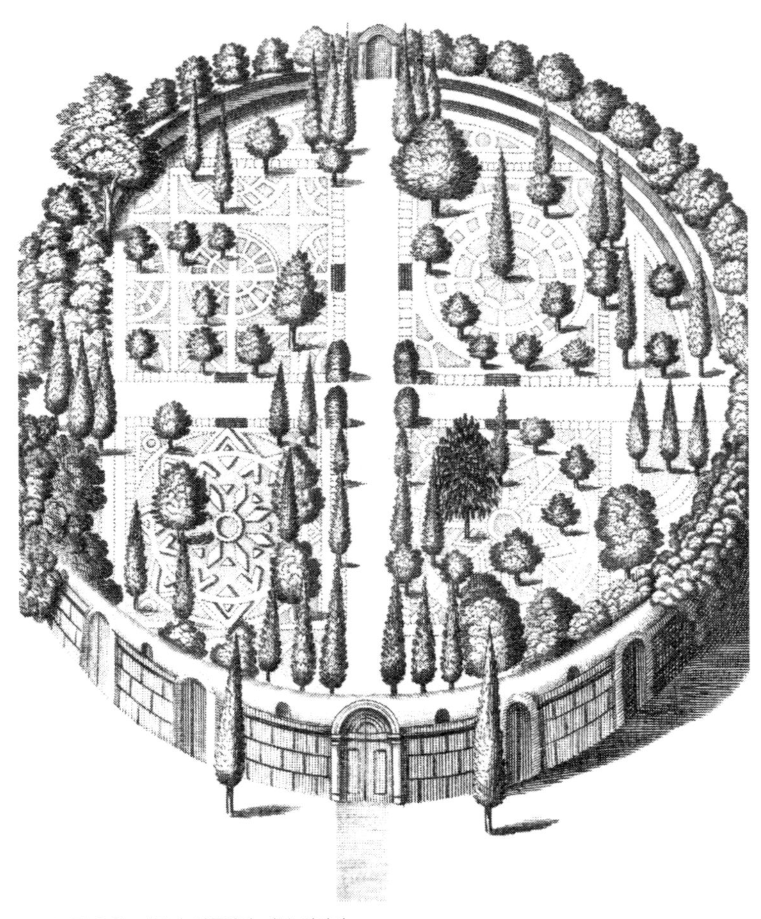

〈그림 2-3〉 파도바 식물원의 내부 디자인

이 과정에서 그는 유럽에서 오랫동안 가장 권위 있었던 약용 식물 서적, 디오스코리데스Dioscorides의 『약물론*De Materia Medica*』이 당대의 식물상을 기술하기에는 적합하지 않다는 사실을 알게 되었다. 그래서 오르타는 자신이 눈으로 직접 보고 수집한 식물상을 기록한 『인도에서 수집한 약용 제재』를 1563년에 고아에서[39] 발간하였다. 오르타는 스페인의 대학을 졸업한 가상의 인물 — 루아노Ruano — 을 설정하여 — 책의 내용을 전개하였다.

루아노: 무슨 이유 때문에 당신이 최고 권위를 지닌 고대의 의사들을 불신하는지를 모르겠네요.
오르타: 디오스코리데스나 갈레노스Galenos를 들먹여서 나를 겁주지 마세요. 왜냐하면 나는 오직 진실과 내가 아는 사실만을 말할 뿐입니다. 두 분은 내가 본 열대의 식물상에 대해 다루지 않았습니다 …… 나는 눈으로 직접 본 사실이 모든 의사들과 의학의 아버지들의 증언보다도 가치가 있다고 생각합니다.[40]

오르타의 책은 클루시우스Charles d'Ecluse(1526~1609)에 의해 1567년에 라틴어로 번역되었다. 클루시우스는 1573년에 비엔나 제국 식물원을, 1593년에 라이덴Leiden에 식물원을 설립했던 본초학자이다.[41] 어느 역사학자가 "르네상스 식물학의 헬레니즘 중심주의를 흔들어놓았던 코페르니쿠스"[42]라고 불렀던 클루시우스는 열대 아시아로부터 튤립을 비롯한 많은 식물들을 유럽으로 소개하는 데 앞장섰다. 오르타가 열대 인도에서 직접 식물상의 지식을 탐구했다면, 클루시우스는 이런 지식을 유럽에 유통시키는 역할을 담당하였다. 오르타와 클루시우스의 이런 밀접한 관계는 네덜란드 동인도회사의 설립(1602) 이후 더욱 힘을 받아서 본격적인 유럽 식물원의 등장으로 이어졌다.[43] 이후에 파리, 옥스퍼드, 에든버러 등 유럽의 곳곳에서 새로 만들어진 모든 식물원들이 라이덴 식물원을 모델로 하였다.[44]

오르타의 열대 식물상에 대한 기록과 클루시우스의 식물원은 지식의 사회학[45]과 과학의 지리학[46]이라는 관점에서 매우 중요한 점을 말해준다. 우선, 오르타는 자신이 바라본 열대의 식물상이 고대 그리스-로마 지식 체계와 맞지 않는다는 지적에 대해 눈으로 본 지식이야말로 진실이라고 당당하게 맞섰다. 자신의 눈으로 직접 확인한 시각vision에 근거한 지식이야말로 기존의 권위보다도 더 중요하다는 것이다. 다음으로, 유럽의 열대 공간에 관한 지리적인 발견은 식물상에 대한 새로운 지식으로 이어졌다는 점이다. 지리학과 생물학에 대한 지식은 열대를 통해 서로 교차하는 계기를 갖게 되었다. 게다가, 오르타의 열대 식물상에 관한 지식과 클루시우스의 식물원은 이베리아 제국들이 아프리카를 거쳐 인도로 진출하려고 했던 제국의 욕망과 맞물려 있음을 알 수 있다. 유럽 각 나라가 앞다투어 설립했던 동인도회사는 이런 욕망을 실현하기 위한 매개체였다.

네덜란드는 이 점에서 유럽의 어느 국가보다도 인도에 대한 박물학적 관심을 가장 분명하게 표명하였다. 17세기 네덜란드의 열대 식물상에 대한 발견으로 라이덴에서 인도의 말라바르Malabar로 연결망이 구축되었다. 1663년에 네덜란드 동인도회사[47]는 포르투갈이 식민지 수도로 삼고 있었던 고아를 피해 군대를 앞세워 전략적 무역 요충지였던 말라바르를 차지하였다. 1670년부터 말라바르를 다스리기 위해 반 리드Van Reede[48]가 식민총독으로 임명되었다. 당시 네덜란드의 동인도지역 식민 정책 본부가 있었던 바타비아Batavia는 반 리드에게 말라바르의 식물상을 조사하고 수집하라고 명령했다. 이런 명령은 네덜란드가 장악하고 있었던 모든 동인도 지역에도 전달되었다. 말라바르 지역에 살고 있던 '원주민'들의 언어와 식물상에 대한 지식을 배워가면서, 반 리드는 『말라바르의 정원*Hortus Malabaricus*』[49]을 출간하기 시작하였는데, 그의 저술은 그가 바타비아를 거쳐 네덜란드로 돌아갈 때까지 지속되었다.[50] 그는 오르타로 상징되는 이베리아 제국들의 식물학과 라이덴의 식물학에 근거하여 말라바르의 식물상을 이해하려고 하면서도, 말라바르 지역의 식물학자나 의사들과의 교류를 통해 인도의 전통적인 식물학적 지식도 흡수하였다.[51] 다시 말해서, 반 리드는 말라바르의 식물상을 유럽 식물학의 틀에만 맞추지 않고 인도 고유의 식물학적 관점에서도 이해하였다. 수많은 식물들을 지시하는 명칭으로 라틴어는 물론이거니와, 네덜란드어를 비롯한 유럽의 각 언어들, 말라바르 지방의 언어 등이 혼재되어 사용되었다. 17세기까지만 하더라도 유럽인들은 자신의 지식에만 의존하지 않고 아시아의 열대 식물학을 배우려는 개방적 입장을 취했다.[52]

'자연의 경제'에 대한 전지구적 탐험

스웨덴이 대북방 전쟁Severnaia Voina[53]에서 러시아 연합군에 패배하여 발틱 해를 러시아에 내줄 수밖에 없었던 사건은 웁살라에서 의학과 박물학을 공부했던 린네Carl von Linné(1707~1778)[54]의 인생을 결정짓는 데 심리적 배경으로 작용하였다.[55] 웁살라 대학에서 의학과 박물학을 공부했던 린네는 당시 네덜란드, 영국, 프랑스가 스웨덴보다 앞섰다고 보았다.

런던보다 더 화려하고 많은 병원이 어디에 또 있는가? 파리보다 더 품위 있게 외과 수술이 이루어지는 곳이 어디에 또 있는가? 라이덴보다 더 밀도 있게 신체 해부가 이루어지는 데가 또 있을까? 옥스퍼드보다도 더 식물원이 잘되어 있는 곳이 어디 있는가?[56]

하지만 린네는 독일식 중상주의mercantilism인 관방주의cameralism야말로 스웨덴의 국부國富를 향상시킬 수 있으며 '자연의 경제'를 일차적인 국가 정책으로 간주하였다. "자연을 경제에 적용할 줄 알고, 동시에 경제를 자연에 적용할 줄 아는"[57] 지혜가 린네의 중상주의적 사고방식의 알파이며 오메가였다. 린네가 창립 회원으로 참여했던 스웨덴 과학아카데미(1739)는 일명 스웨덴 '과학경제 아카데미'로 불릴 정도로, 린네 학파에게 자연과 경제는 동전의 양면으로 간주되었다. '자연의 경제'라는 개념이 유럽 사회에 등장하게 되었다.

1735년 4월 독일 함부르크에 잠깐 체류했던 린네는 6월에 암스테르담으로, 1736년 7월과 8월에 런던과 옥스퍼드에 잠깐 체류한 것을 제외하고는 1738년 5월까지 네덜란드에 계속 머물렀다.[58] <그림 2-4>가 보여주듯이, 린네는 『자연의 체계』를 1736년 7월에 라이덴에서 라틴어로 출간하였다. 책의 서문은 린네가 자연의 질서를 어떻게 인식하고 있는지를 잘 보여준다.

나는 그He가 걸어간 자취 속에서 전지전능하고 무한한 신God을 보았으며 어지러운 현기증을 느꼈다. 나는 자연의 뜨락에서 그의 발자국을 따랐고, 도처에서 무한한 지혜와 힘, 그리고 헤아릴 수 없는 불가해한 완벽성을 보았다.[59]

CAROLI LINNAEI
EQVITIS DE STELLA POLARI,
ARCHIATRI REGII, MED. ET BOTAN. PROFESS. VPSAL.
ACAD. VPSAL. HOLMENS. PETROPOL. BEROL. IMPER.
LOND. MONSPEL. TOLOS. FLORENT. SOC.

SYSTEMA
NATVRAE
PER
REGNA TRIA NATVRAE,
SECVNDVM
CLASSES, ORDINES,
GENERA, SPECIES,
CVM
CHARACTERIBVS, DIFFERENTIIS, SYNONYMIS, LOCIS.
TOMVS I.

PRAEFATVS EST
IOANNES IOACHIMVS LANGIVS
MATH. PROF. PVBL. ORD. HALENS. ACAD. IMP. ET BORVSS. COLLEGA.

Numeros et Nomina

AD EDITIONEM DECIMAM REFORMATAM HOLMIENSEM.

HALAE MAGDEBVRGICAE
TYPIS ET SVMTIBVS IO. IAC. CVRT. MDCCLX

〈그림 2-4〉『자연의 체계』의 표지

린네는 '인간'을 식물과 동물의 분류 속에 포함함으로써 인간의 생물학적 존재성을 분명히 하였다. 『자연의 체계』의 초판에서 그는 다명법多名法을 사용하여 '인간'에 대해 '속屬'인 호모Homo와 '종種'인 사피엔스sapiens라고 명명했다. '호모 사피엔스'는 다시 네 부류로 나뉘어 '유럽인', '아메리카인', '아시아인', '아프리카인'이라고 각각 명명하였다.[60] 유럽인은 "잘생겼고, 혈색이 좋으며, 근육질"이고, 아메리카인은 "구릿빛이고 성마르며", 아시아인은 "그을린 피부에 우울하고 융통성이 없으며", 아프리카인은 "흑인으로 담즙질에 느슨한 성격의 검은 곱슬머리"를 갖고 있다. 린네의 이런 분류는 식물원을 네 가지 유형의 '시뮬라크라'로 분류하였던 16세기 르네상스의 사고방식을 그대로 계승하였지만 거기에 머무르지만은 않았다. 그것은 유럽의 신세계 발견 이후로 '지리적 공간'을 '인간의 공간'으로 담아내려는 인식론적 전환을 반영한다.[61] 다시 말해서 유럽, 아메리카, 아시아, 아프리카 대륙의 지리적 공간에 각각 해당하는 인간의 유형을 설정하고 있는 것이다. "하느님이 세계를 창조했다면, 린네는 이를 분류하였다."

라틴어를 포함하여 영어, 프랑스어, 독일어, 스페인어 등으로 번역된 『자연의 체계』의 초판 발행 이후, 1740년에 린네는 자신이 "해외에서는 뉴턴, 라이프니츠, 갈릴레오에 비견된다"고 과감하게 말했다. 『축우 먹이용 식물*Pan Suecius*』에서 린네는 처음으로 이명법binomial nomenclature[62]을 제시하였고, 『식물철학*Philosophia Botanica*』에서 이명법을 더욱 다듬었다. 린네는 플리니우스Pliny the Elder(23-79)의 『자연사*Naturalis Historia*』로부터 점점 거리를 두면서 중상주의로 경도되어 갔다.[63] 중상주의의 정신을 일관되게 지켜왔던 린네는 자신의 '사도들Apostles'에게 한결같이 "세상에서 경제학보다 더 발전되고, 필요하고, 유용한 과학은 없다. 왜냐하면 모든 사람들의 물질적 행복은 경제학에 기초하기 때문

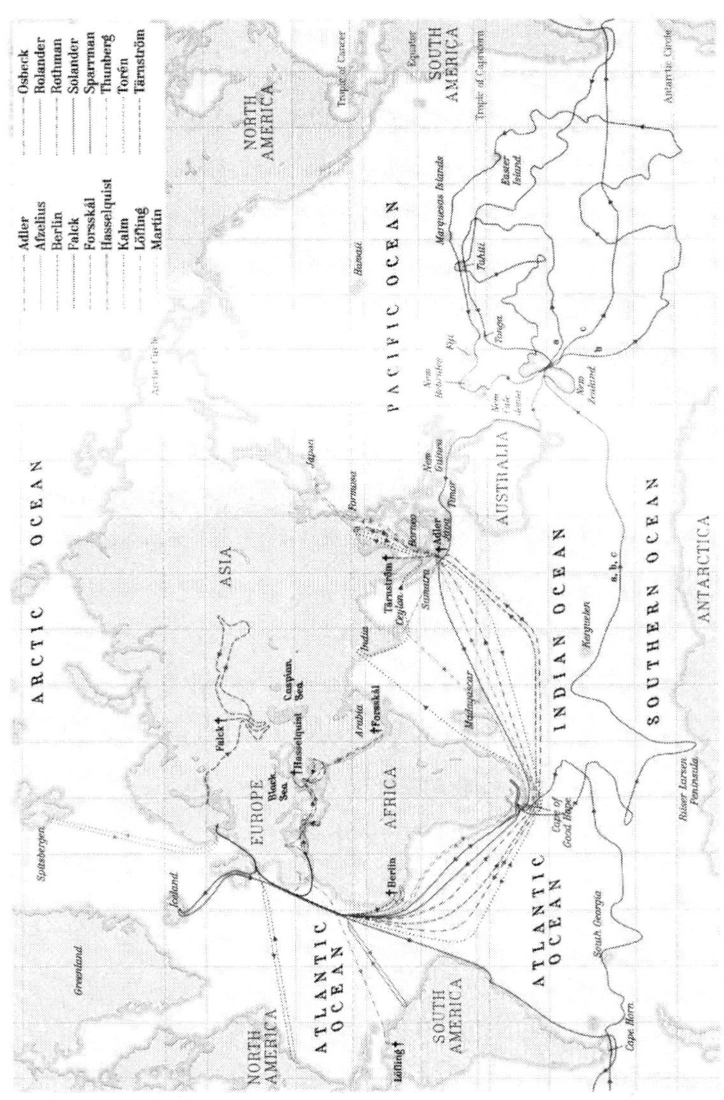

〈그림 2-5〉 지도 오른쪽 상단의 이름들은 린네의 '사도들'로서, 세계 곳곳의 나라들을 탐험하면서 린네의 식물학을 더욱 발달시켰다.

이다"[64]라고 강조했다.

19명이나 되는 린네의 사도들이 1745년부터 1792년 사이에 유럽 밖의 세계로 자연을 탐험하기 위해 나섰다. 린네 자신은 이 탐험을 스웨덴의 '발명'이라며 자랑스러워했다.[65] <그림 2-5>는 린네의 '사도들'이 '자연의 경제'를 연구하기 위해 탐험했던 나라들을 보여준다. 솔란더Daniel Solander는 제임스 쿡James Cook(1728~1779)의 1차 항해에서 식물학자로, 스파르만Anders Sparrman은 쿡의 2차 항해 식물학자로 각각 참여하였다.[66] 그리고 무티스José Mutis는 멕시코에서, 쾨니히Johan Gerhard Koenig는 인도 남부에서 식물학 연구를 수행하였다.[67] 튠베르그Carl Peter Thünberg는 네덜란드 동인도회사의 외과의사로서 자바와 스리랑카를 거쳐 일본에 체류하면서 박물학을 탐구하였다.[68] 이외에도 린네의 사도들은 세계의 열대를 구석구석 다니면서 중상주의적 관점에서 자연의 지식을 체계화하려고 노력하였다. 린네 학파는 이런 박물학 탐험을 통해 지구의 모든 식물상들은 서로 유기적인 연관성을 갖는다는, 식물상에 대한 '전지구적인 의식'을 갖게 되었다. 린네 사도들의 열대 탐험에는 또 다른 이유가 있었다. 실론이 에덴동산이라는 생각에 반대했던 린네는 적도 아래 아프리카 지방이 낙원이라고 보았다.[69]

린네 학파의 자연에 대한 전지구적 탐험은 자연에 대한 중상주의적 세계관에 초점이 맞추어졌으면서도, 린네는 자신의 제자들이 각 열대지역의 자연에 대한 고유한 지식을 수집하는 것을 중요하게 생각하였다. 그는 자연에 관한 새로운 지식이 스웨덴을 비롯한 유럽의 지식과 열대지방의 고유한 지식 사이의 통문화적通文化的 융합을 통해 형성된다고 믿었다. 이렇게 생겨난 '새로운 과학'은 지식을 아는 방법이자 도구가 되었다.[70] 린네의 중상주의적 기획은 당대 스웨덴에서 여러 장벽에 부딪혀 좌절되었지만, 그를 통해 유럽 국가들은 자연의 경제에 대한 지식의 획득이 열대의 땅과 자원을 지배하기 위한 핵심적인 국가 정책임을 인식하게 되었다.

열대 태평양의 박물학

18세기 유럽이 반드시 해결해야 했던 과학적 난제 중의 하나는 금성이 태양면을 언제 어떻게 통과하는지를 정밀하게 관측하는 일이었다.[71] "런던왕립학회Royal Society of London의 요청을 받아 1768년 3월에 영국 정부는 금성이 태양면을 어떻게 통과하는지를 관찰하기 위해 가장 편리한 지역으로 배를 보내기로 결정하였다."[72] 이미 프랑스는 1761년에 르장틸Guillaume Legentil이 관찰을 위해 인도양으로 항해에 나섰던 터였다.[73] 이를 위해 런던왕립학회는 항해에 경험이 많은 제임스 쿡에게 항해를 의뢰했다. 당시 유럽 국가들 사이에서 지구와 태양 사이의 거리를 측정하기 위한 경쟁이 심해, 금성이 태양면의 어느 지점을 정확하게 통과하는가에 대한 관찰과 측정은 중요한 국가적 의제로 떠올랐다.

제임스 쿡의 1차 항해를 계획하고 항해에 참여했던 뱅크스는 7년 전쟁에서 프랑스가 영국에 패배하자 프랑스의 자존심을 회복하기 위해 프랑스의 부갱빌Louis-Antoine de Bougainville (1729~1811)[74]이 식물학자 코메르송Philibert Commerçon[75]과 함께 1766년에 태평양으로 출발하였다는 소식에 크게 자극을 받았다.[76] 당시 해외 항해와 탐험에 관심이 있었던 사람이라면 누구나, 1735년에 지구의 자오선을 측정하기 위해 스페인 왕조의 도움을 받아 에콰도르와 아마존을 탐험하고 10년 만에 돌아왔던, 라 콩다민Charles Marie de La Condamine (1701~1774)의 여행기 『국왕의 명을 받들어 이루어진 적도 여행기』[77]를 읽게 마련이었다. 라 콩다민은 아마존에서 "새로운 사람, 새로운 식물, 새로운 동물을 만났다."[78] 그의 탐험을 통해 스페인, 프랑스, 영국, 네덜란드 등의 나라들은 열대 지역의 항해와 탐험을 과학적이면서도 학술적으로 인식하게 되었다. 서구 과학의 열대 아메리카에 대한 여행기를 분석한 프래트Mary Louise Pratt는 1735년에 동시에 일어난 두 사건 — 린네의 『자연의 체계』와 라 콩다민의 탐험 — 은 유럽이 '제국의 눈'으로 열대를 어떻게 '발명'해나갔는지를 보여주는 역사의 출발점이라고 말한다.[79] 당시 열대 아메리카를 지배했던 스페인의 협조에 의해 이루어진 라 콩다민 탐험은 "과학이야말로 유럽을 경쟁적인 다른 비유럽 국가보다 높은 단계로 올려놓는 힘"이라는 사실을 명백히 보여주었던 주목할 만한 사례에 해당한다.[80] 유럽이 열대 지역을 지배하려는 제국의 욕망을 실현하는 데 '식민적 과학'은 중심적인 위상을 차지하였다.[81]

당시의 탐험가와 항해가들에게 매력 있게 다가왔던 또 다른 책은, 프랑스과학원 회원이었던 드 브로스Charles de Brosses[82]가 1756년에 쓴 『오스트랄라시아에서의 항해 역사*Histoire des navigations aux Terres australes*』이었다. 왜냐하면 그는 이 책에서 '아시아의 남쪽'에 '오스트랄라시아'라는 대륙이 있을 것이라고 확신했기 때문이다.[83] 이 지역을 탐험하지 않고도 이 지역이 존재한다고 주장할 수 있었던 것은 이른바 '상상의 지리imaginative geography'[84] 때문에 가능했다. 여기서 중요한 것은 오스트랄라시아가 실제로 존재하는지의 여부가 아니라, 유럽의 상상력을 통해서 새로운 지역이 언급되고 있다는 점이다. 왕의 절대 권력에 반대했다고 해서 두 번이나 프랑스에서 추방당했던 그는 왕의 권위와 영광은 전쟁의 승리를 통해서가 아니라 항해와 발견을 통해서 드높여야 한다고 주장했다.[85]

쿡 선장과 뱅크스의 일기를 비교해 보는 것은 매우 의미가 있다. 왜냐하면 똑같은 인데버Endeavour호를 타고 항해와 탐험을 했으면서도 두 사람의 일기는 서로 다른 관점에서 태평양에 사는 사람들과 자연을 바라보고 있기 때문이다. 쿡 선장 일행은 1769년 4월 15일에 타이티 섬의 북쪽 해변에 있는 마타바이 만Matavai Bay에서 금성의 태양면 통과를 관찰할 수 있는 장소를 발견했다.[86] 쿡은 이내 "뱅크스, 솔란더, 그린Charles Green[87]과 함께 텐트를 치고 금성의 태양면 통과를 관찰할 준비를 하였다."[88] 금성이 태양면을 통과하는 광경을 관찰했던 1769년 6월 3일자 쿡의 일기는 오로지 금성의 태양면 통과에 초점이 맞춰져 있다. 쿡은 자신과 솔란더, 그린의 관측 결과가 "원래 예상했던 것보다 더 크게 차이가 났"[89]던 것에 대해 의아해했다.[90] 이에 비해, 뱅크스의 같은 날짜 일기는 그가 관측소로 가기는 했지만 직접 관찰을 하지 않았음을 보여준다. "우리가 알고 지내던 원주민들에게 금성의 태양면 통과를 보여주었고 우리가 바로 이런 목적으로 오게 되었다는 사실을 원주민들이 이해하도록 했다." 뱅크스는 대신에 "하루 종일 타이티 섬에서 자라나는 생물들과 물품들을 살피는 데 시간을 보냈다."[91]

두 사람 사이에 관찰의 시선이 달랐던 것은 항해와 탐험에 대한 서로 다른 입장에 기인한다. 쿡이 선장으로서 항해 임무를 안전하게 완수하는 데 일차적 관심이 있었다면, 무역업에 종사했고 런던왕립학회에서 과학자로 활동했던 뱅크스는 박물학의 상품적 가치에 이해관계가 더 있었다. 쿡의 일기가 태평양을 항해하는 데 필요한 정확한 항해 정보를 중심으로 구성되었다면, 뱅크스는 태평양 열대의 식물, 동물, 광물, 식품, 의류, 생활 습관, 언어 등에 관심을 갖지 않은 것이 없을 정도로 자신이 눈으로 보고 느낀 '감각들'에 근거하여 적어놓았다.

쿡의 1차 항해의 원래 목적이었던 금성의 태양면 통과에 관한 관찰은 그 뒤로도 계속 논쟁이 되었지만, 1차 항해는 식물학, 지리학, 동물

〈그림 2-6〉 James Gillray, 〈조셉 뱅크스〉 The Great South Sea Catepillar, transform'd into a Bath Butterfly, 1795.
이 지역에서 나비가 되어 전세계로 날아다니고 싶어 하는 뱅크스의 욕망을 재미있게 표현하고 있다.

학, 인류학에서 괄목할 만한 성공을 거두었다.[92] 그중에서도 가장 큰 성취는 "쿡 선장 일행이 노란가오리를 엄청나게 잡았다고 해서" 원래 '노란가오리 만Stingray Bay'이라고 이름을 붙인 뉴 사우스 웨일즈 지역에서 일어났다. 1770년 5월 6일자 일기에 쿡 선장은 "뱅크스와 솔란더가 가장 많은 양의 식물을 수집하는 바람에 나는 '식물학 만Botany Bay'으로 이름을 바꾸었다"고 기록하였다.[93] 이는 한 지역의 이름이 단순히 바뀐 것으로 끝나지 않는다. 그것은 뉴질랜드 해안의 뉴 사우스 웨일즈가 영국의 식물학을 상징하는 공간으로 자리매김했다는 것을 의미한다. <그림 2-6>은 이 지역에서 나비가 되어 전세계로 날아다니고 싶은 뱅크스의 욕망을 재미있게 표현하고 있다.

제국에 봉사하는 식물학

쿡의 1차 항해 후에, 런던왕립학회 내에서 뱅크스가 태평양 열대 항해를 통해 얻었던 생물지리학과 인류학의 지식들이 알려지면서 뱅크스는 중요 인물로 급부상하였다. 런던왕립학회는 공식적인 정부 기관은 아니었지만, 정부 내의 각종 기관들과 연결되어 있었다. 뱅크스는 '권력의 지렛대'를 지혜롭게 활용할 줄 알았다. 그는 당대의 권력가였던 몬태규John Montagu[94]를 설득하여 쿡 선장의 항해를 물심양면으로 도왔을 뿐만 아니라, 조지 3세 국왕의 과학 자문관으로 임명되어 왕실과도 교분을 쌓을 수 있었다.[95] 정치적으로는 어느 쪽에도 서지 않았던 뱅크스의 영향력이 정부와 런던왕립학회에서 점점 커져가는 과정에서 쿡 선장의 2차 항해(1772~1775) 및 3차 항해(1776~1779)가 이루어졌다. <그림 2-7>은 세 차례에 걸친 쿡의 세계 탐험을 보여준다.

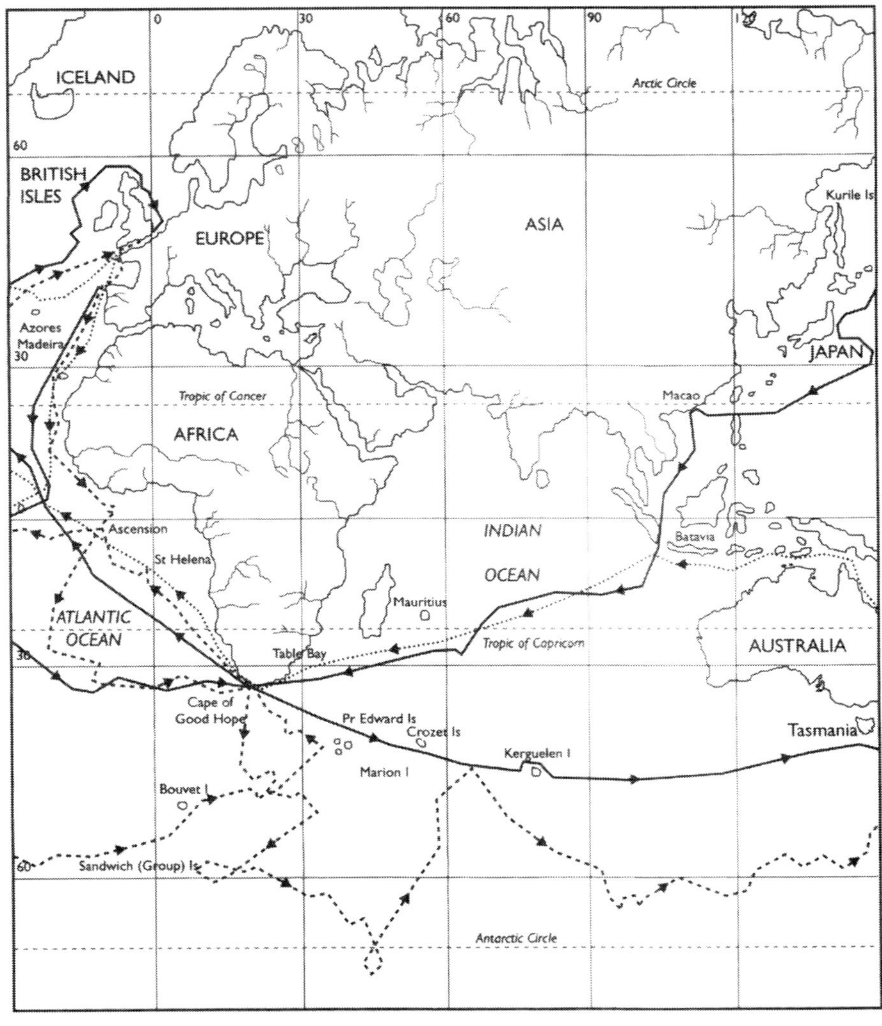
ICELAND
Arctic Circle
BRITISH ISLES
EUROPE
ASIA
Kurile Is
Azores
Madeira
JAPAN
Tropic of Cancer
Macao
AFRICA
Ascension
INDIAN
OCEAN
Batavia
St Helena
Mauritius
ATLANTIC
OCEAN
Tropic of Capricorn
AUSTRALIA
Table Bay
Cape of Good Hope
Pr Edward Is
Crozet Is
Tasmania
Kerguelen I
Marion I
Bouvet I
Sandwich (Group) Is
Antarctic Circle

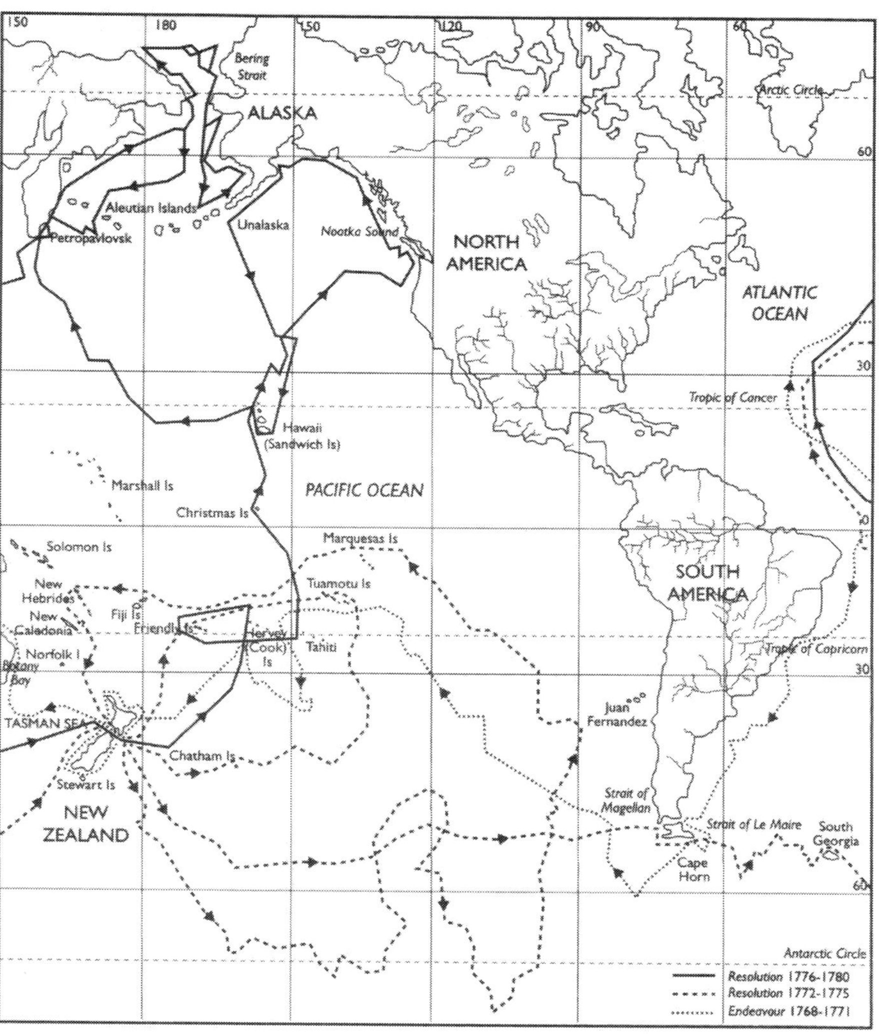

150
180
150
120
90
60
Bering Strait
ALASKA
Arctic Circle
60
Aleutian Islands
Petropavlovsk
Unalaska
Nootka Sound
NORTH AMERICA
ATLANTIC OCEAN
30
Tropic of Cancer
Hawaii (Sandwich Is)
Marshall Is
PACIFIC OCEAN
Christmas Is
Solomon Is
Marquesas Is
New Hebrides
Tuamotu Is
SOUTH AMERICA
New Caledonia
Fiji Is
Friendly Is
Hervey (Cook) Is
Tahiti
Norfolk I
Botany Bay
Tropic of Capricorn
30
TASMAN SEA
Juan Fernandez
Chatham Is
Stewart Is
NEW ZEALAND
Strait of Magellan
Strait of Le Maire
South Georgia
Cape Horn
60
Antarctic Circle
Resolution 1776-1780
Resolution 1772-1775
Endeavour 1768-1771

<그림 2-8>은 이를 입체적으로 보여주고 있다. 그야말로 두 항해 모두 뱅크스가 기획한 작품이었다. 뱅크스는 더 많은 박물학자들이 2차 항해에 참여하도록 하였다. 나중에 알렉산더 훔볼트에게 영향을 미칠 포르스터 부자[96]도 2차 항해에 참여하였다.

1778년에 런던왕립학회 회장으로 선출된 뱅크스는 자신의 역할을 새롭게 찾기 시작했다. 그는 영국이 대서양, 인도양, 태평양 등에서 유럽 국가들과 무역 경쟁에서 우위를 갖기 위해서는 과학이 더욱 발달되어야 한다고 믿었다. 그가 주목했던 점은 박물학에 대한 책들이 유

〈그림 2-8〉 쿡의 세 차례 탐험을 입체적으로 보여준다

럽의 18세기를 통해 계속해서 증가하고 있는 상황이었다. 어느 역사학자는 영국의 경우 박물분류학 분야의 책들이 "17세기에는 97종, 18세기의 처음 20년간은 27종, 1720년대는 15종, 1730년대는 23종, 1740년대는 24종, 1750년대는 32종, 1760년대는 28종, 1770년대는 57종, 1780년대는 66종, 1790년대는 104종"이나 되었다고 보고하였다.[97] 영국이 이런 상황이었다면 아마 뱅크스는 유럽 전역에 대해 미루어 짐작할 수 있었을 것이다. 특히 뱅크스는 프랑스와의 경쟁에서 이기기 위해서 영국이 프랑스로부터 박물학을 더 배워야 한다고 주장했다.

뱅크스는 상황을 정확하게 꿰뚫고 있었다. 프랑스의 박물학은 결코 영국에 뒤지지 않았다. 아니, 오히려 어떤 점에서는 프랑스가 영국을 앞섰다. 루이 14세의 재상이었던 콜베르Jean- Baptiste Colbert는 기존의 왕립식물원Jardin du Roi(1635)과 자신이 직접 설립을 주도했던 프랑스과학원Académie des Sciences(1666)과 프랑스 동인도회사[98]를 통하여 열대 지역에서 가져온 식물과 동물들을 체계적으로 수집하였다. 특히 루이 15세 때의 식민총독이면서도 자신이 원예가였던 프와브르Pierre Poivre(1719~1786)는 인도양에서 후추, 계피, 정향, 육두구 등 제국에 유익한 무역 상품들을 두고 영국 및 네덜란드와 치열한 경쟁을 벌였다.[99]

린네식의 '분류학적 식물학'으로는 열대의 광대한 식물상에 대한 제국의 이해관계를 충족시킬 수 없었다. 새 술을 담기 위해서는 새 부대가 필요했다. 식물상의 경제적 가치를 평가할 수 있는 새로운 식물학, 즉 '경제적 식물학'으로의 변화가 대내외적으로 일어났다. 프랑스는 1760년대가 되면서 대내적으로는 왕립농업학회[100]를 만들었고, 대외적으로는 세인트 도미니크, 모리셔스Mauritius,[101] 일 부르봉Ile Bourbon, 카옌

Cayenne 등 자신의 식민지들에 대규모 식물원을 일구어갔다.[102] 린네의 분류법을 반대했던 뷔퐁Georges-Louis Leclerc de Buffon(1707~1788)[103]은 드 브로스와 아당송Michel Adanson[104]의 지원을 받으면서 왕립식물원과 식민지 국가들의 식물원 사이의 연결망을 구축해나갔다.[105] '경제적 식물학'을 통하여 제국의 물질적 토대를 다져나가고 있던 프랑스의 변화를 뱅크스가 그냥 놓칠 리가 없었다.

양국 간에는 정치적으로 미묘한 기류가 흐르고 있었지만 뱅크스는 난관을 돌파하기로 결심했다. 미국 독립전쟁의 발발과 보나파르트의 등장으로 영국이 프랑스로부터 침략을 받을 가능성이 더 커져서 프랑스와 서신을 교환하는 것은 법률적으로 엄격히 금지되었음에도 불구하고, 뱅크스는 당시 수상이었던 피트William Pitt에게 편지를 보내어 런던 왕립학회와 프랑스국립연구원Institut National 사이의 교류를 허가해 달라고 요청을 하였다.[106] 허락을 받은 뱅크스는 결국 양 학회 사이의 교류를 성사시켰다.[107] 뿐만 아니라, 그는 린네의 아들 및 미국의 과학을 주도했던 프랭클린Benjamin Franklin과도 교류를 지속하면서 과학의 세계적 경향을 항상 이해하려고 노력했다.[108]

식물원은 뱅크스가 가장 공들인 과학적 공간이다. 그는 쿡 선장의 1차 항해를 통해 식물학이 영국의 중상주의적 이익을 크게 향상시킬 것이라는 믿음을 가졌다. 뱅크스는 조지 3세 국왕의 도움을 받아 서인도, 동인도, 실론, 희망봉, 뉴 사우스 웨일즈의 열대 세계를 아우르는 식물원들의 전지구적 네트워크를 형성하기 위한 중심지로 큐 왕립식물원Royal Botanical Garden at Kew[109]을 선택했다.[110] 큐 식물원은 영국의 과학적 위상을 한층 더 높일 뿐만 아니라, 제국의 이익을 실현할 수 있는 중심 기관으로 부각되었다. 뱅크스는 에덴동산이 18세기 계몽주의 시대에 큐 식물원으로 재현될 수 있다고 믿었을 것이다. 비엔나 식물원을 유일한 경쟁 상대로 간주했던 그에게는 식물학을 포함하는 박물학이야말로 열대 지역을 지배할 수 있는 '경제적 식물학'이었다. 그 다음에는 박물학이라는 과학 지식을 제국의 무역 사업으로 전환할 수 있는 제도적 장치가 필요했다.

원래 영국 동인도회사와 런던왕립학회는 서로 비공식적인 관계로 유지되고 있었다. 그런데 뱅크스가 등장하면서 사태가 달라졌다. 서로 연관된 두 가지 이유 때문에 동인도회사로서는 뱅크스의 개입을 필요로 했다. 하나는 1780년대에 동인도회사는 엄청난 적자에 허덕이고 있었다. 1784년에 동인도회사의 인도 무역 적자는 무려 8백만 파운드에 달했고, 1786년에는 인도 적자가 거의 1천만 파운드에 육박하였다.[111] 동인도회사는 정부에 막강한 영향력을 끼치고 있던 뱅크스의 지원을 기대하였다. 다른 하나는, 동인도회사는 인도 무역을 개선하기 위해서는 인도에 대한 박물학 사업을 더욱 진작시켜야 한다고 생각하였다. 열대 인도는 그야말로 박물학의 보고寶庫였다. 동인도회사는 뱅크스의 박물학에 대한 지식과 경험이야말로 인도의 무역을 크게 개선시킬 것이라고 내다보았다. 뱅크스는 1787년에 당시 전쟁성 장관이었던 욘지George Yonge에게 보낸 편지에서 영국 정부가 식물원을 통해 인도의 무역을 더욱 향상시켜야 하는 이유를 설명하고 있다.

> 캘커타Calcutta의 주지사와 식민위원회는 장관님께서 캘커타 식물원의 설립에 대해 애국적인 소망을 보여주실 것이라고 기대하고 있습니다…… 네덜란드 정부는 말라바르 해안을 세밀히 조사하여 식물학에 관한 총서인 『말라바르 정원』를 발간했습니다…… 고인이 된 쾨니히[112]박사는 [영국] 정부가 좀 더 지원을 해주었더라면 과학과 대중적 공리를 위해 더 많은 일을 했을 것입니다…….[113]

뱅크스의 동인도회사에 대한 개입은 두 가지 결과로 나타났다. 우선, 그동안 정부와 공식적인 연결 고리가 없었던 동인도회사는 정부의 통제를 받게 되었다. 그리고 동인도회사를 통한 영국 정부의 인도 사업은 뱅크스와 같은 전문적인 박물학자들에게 더욱 의존하게 되었다.[114)]

풍토적 역사와 식물지리학의 성립 공간

계몽주의 시대의 사상가들 중에서 헤르더Johann Gottfried von Herder(1744~1803)만큼 풍토적 역사를 강조한 사상가는 없었다. 헤르더는 『인류 역사의 철학에 대한 이념들』[115)]에서 사람의 감각, 상상력, 실천적 이해, 감정이나 충동, 행복 등은 모두 풍토적 성격을 갖는다고 보았다.[116)] 그는 "풍토와 시대에 따라서 우리 인류의 발생과 변화를 취급하는 물리지리학의 역사에 대한 희망을 피력하고 있다."[117)] 그에게 모든 역사는 풍토적 역사이다. 헤르더의 영향을 받았으며 훔볼트와도 교류를 했던 지리학자 리터Carl Ritter(1779~1858)는 역사학과 지리학의 관계에 대해 다음과 같이 말했다.

> 일찍이 베이컨이나 라이프니츠가 구상하고 헤르더에 의해 전개된 역사철학의 흐름은 최근 다양한 방향으로 발전하고 있는데, 거기에서도 지리적 요소, 즉 지구의 공간적 관계의 중요성이 점차 큰 의미를 갖기에 이르고 있다 …… 지리학은 예부터 역사학의 동반자가 되어왔다.[118)]

칸트Immanuel Kant(1724~1804)는 헤르더의 풍토적 역사관을 매우 "직관적이고 유비적"[119)]이라고 비판하였다. 뿐만 아니라, 칸트는 린네

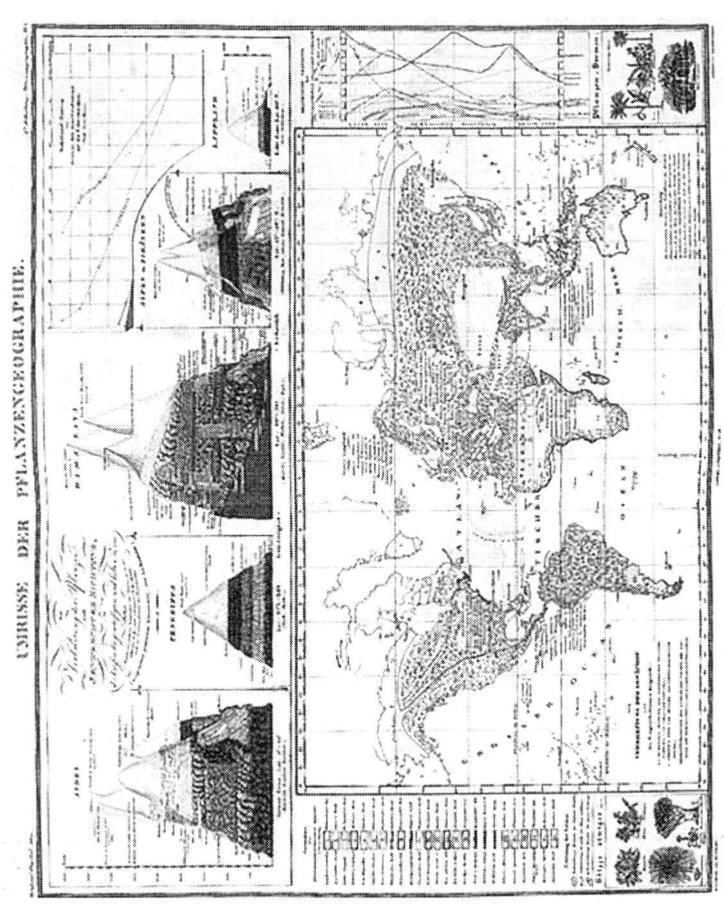

〈그림 2-9〉 훔볼트의 열대 풍토에 대한 지도

의 자연 분류법에 대해 "임의적"이라며, 자연의 유기체적 총체성을 보여주지 못한다고 반대하였다.[120] 1756년부터 4년 이상 쾨니히스베르크Königsberg 대학에서 "물리지리학Physische Geographie"[121]을 강의했던 칸트는 18세기 후반 유럽 자연과학이 급속하게 발달하는 과정[122]을 자연지리학 강의에 포함시키려고 하였다.[123]

18세기 말 독일 지리학의 중심지로서 최초의 지리학연구소가 있었던 괴팅겐 대학에는 자연철학자 요한 포르스터가 재직하고 있었다. 그는 괴팅겐 대학의 다른 교수들처럼 칸트의 물리지리학적 입장을 좇았다.[124] 포르스터는 유기물과 무기물 사이의 관계에 주목하면서 지질학의 중요성을 인식하게 되었고, 물리적 환경이 식물에 미치는 영향을 이해하기 위해 식생植生, vegetation의 개념이 일차적임을 파악하였다. 식생은 포르스터에게 자연과 인간을 연결하는 고리로 다가왔다.[125] 왜냐하면 필사적으로 인간은 자신의 거주 환경을 고려하는 데 식생을 제일 중요한 요인으로 간주해왔기 때문이다. 게오르그 포르스터[126]는 아버지의 영향을 받아 괴팅겐 대학에서 지리학을 공부하였고, 1789년에 바로 이 대학에서 훔볼트Alexander von Humboldt (1769~1859)를 만나게 되었다.[127] 게오르그는 1790년에 훔볼트와 함께 벨기에, 네덜란드, 영국, 프랑스 등을 여행하면서 젊은 훔볼트에게 자신의 열대 탐험에 대한 체험을 들려주었다.[128] 훔볼트는 포르스터 부자와의 만남을 통해 식생의 개념에 눈을 뜨게 되었으며, 식물지리학에 대한 지식들을 섭렵하게 되었다.

훔볼트는 이집트와 아프리카로의 탐험 계획이 좌절되는 우여곡절을 겪으면서 알프스산맥을 등반했는데, 이런 경험은 나중에 안데스산맥의 지질학적 구조를 이해하는 데 좋은 교훈이 되었다.[129] 6년간 탐험 준비를 같이해왔던 봉플랑Aimé Bonpland과 함께 훔볼트는 라틴아메리카를 지배하고 있던 스페인으로 가서 국왕의 허락을 받고 1799년 6월 5일에 베네수엘라로 떠나게 되었다. 그는 라틴아메리카에서 체류한 후에 1804년에 파리로 돌아올 때까지 프랑스 해군, 동인도회사의 의사들, 러시아의 행정 관료들, 스페인의 군지휘관들, 독일의 외교관들 등 유럽의 광범위한 계층의 인사들과 서신을 교환했던 내용들을 『자연의 관점 *Ansichten der Natur*』[130]과 『코스모스*Cosmos*』[131] 두 권의 책에 기록하였다. 훔볼트 일행이 열대 아메리카 탐험 중 수집했던 광범위한 종류의 박물학 관련 자료들을 힘들게나마 운송할 수 있게 된 것에 대해, 그는 "유럽의 정치적인 긴장 속에서도 모든 나라들의 과학자들 사이의 유대를 위해 온갖 노력을 마다하지 않았던 런던왕립학회장인 뱅크스에게 크게 빚졌다"고 고백했다.[132]

귀국 후에 훔볼트는 자신의 탐험 기록을 근거로 연구를 계속 진행하기 위해 장소를 독일이 아닌 파리를 선택했다. 자신이 여행을 떠나기 전과 비교할 때 프랑스혁명 이후 파리의 과학은 더욱 발전하고 있었다.[133] 무엇보다도 훔볼트가 자신의 연구를 수행하는 데 가장 적합했던 "파리의 국립자연사박물관Musée national d'histoire naturelle은 유럽에서는 필적할 만한 기관이 전혀 없었다."[134] 파리는 "세계 과학의 수도"[135]로서 자리를 잡아가고 있었다. 어느 프랑스 시인의 말대로, 19세기 초 파리의 역사는 "국립식물원Jardin des Plantes에서 시작하여 식물에서 동물로, 동물에서 사람으로, 마지막으로 파리 사람으로 진행하는"[136] 그런 도시였다. 국립식물원을 관장했던 국립자연사박물관에는 지질학자 퀴비에Georges Cuvier, 진화론자 라마르크Jean Baptise Lamarck, 식물학자인 쥐시외Antoine Laurent de Jussieu와 동물학자인 생틸레르Geoffroy Saint- Hilaire 등 당대를 주름잡았던 자연과학자들이 모여 있었기에 훔볼트는 이들과의 교류를 통해 19세기 초 급격히 변해갔던 박물

학 연구를 주도할 수 있었다.[137]

식물지리학에 의한 '열대의 자연도自然圖'

훔볼트는 열대 아메리카 여행 후 무려 30권에 달하는 『신대륙의 적도 여행기』[138]를 프랑스어로 써서 출간했다. 그는 분명히 1809년부터 1818년 사이에 20권으로 발간된 『이집트 박람기*Description de l'Égypte*』[139]를 의식했던 것이 틀림없다. 훔볼트가 파리로 돌아온 후에 처음으로 출간한 책이 『식물지리학에 관한 에세이*Essai sur la géographie des plantes*』[140]라는 점은 매우 중요하다. 왜냐하면 이 책은 그의 라틴아메리카 여행의 원래 목적이 어디에 있는지를 명확하게 보여주기 때문이다. 이 책이 출간되고 난 뒤 6년 만에 나폴레옹 왕실이 『이집트 박람기』를 출간했는데, 이 중에서 상당 부분이 이집트의 물리지리학과 박물학을 다루고 있다.[141] 원래 이집트 탐험 계획을 세웠지만 여러 가지 이유로 달성하지 못했던 훔볼트는 아마 심리적 갈등 때문에 자신의 여행기를 전면적으로 수정했을 것이다. 이후 1834년에 마지막 여행기를 집필하기까지, 그의 여행기 30권 중에서 16권은 식물학과 식물지리학을, 2권은 동물학을, 2권은 천문 및 기상 측정을, 7권은 지리학 및 지정학을, 3권이 여행 과정을 다루었다.

훔볼트는 자연지리학의 최고 목표에 대해 "다양성 속에서의 통일성을 인식하는 것이며, 지상의 여러 현상에서 볼 수 있는 공통성과 내적 관련을 탐구하는 것"[142]이라고 말하면서, 자연지리학은 "생물 분류의 법칙과 지리적 분포의 법칙 사이에 상호 대응 관계"를 규명해야 한다고 생각하였다. 이렇게 볼 때 "모든 생물체는 기후대나 등온선의 분포에 의해 질서가 이루어진다."[143] 하지만 훔볼트는 자연지리학에 만족하지 않았다. 그는 『식물지리학에 관한 에세이』에서 스스로 가장 근본적인 프로그램이라고 간주했던 '식물지리학'의 개념과 방법을 창안하였다. 훔볼트에게 "식물지리학은 단지 박물학의 한 분야가 아니었다. 그것은 자연과학과 인간과학 사이의 핵심적인 연결고리였다."[144]

그의 식물지리학은 몇 가지 점에서 주목을 요한다. 첫째, 그의 자연에 대한 관점은 시간적으로나 공간적으로나 '전지구적global'이다. 시간적으로 "식물지리학을 통하여 우리는 지구의 초기 단계에서의 자연을 어느 정도 확실하게 추측할 수 있다."[145] 공간적으로 식물지리학은 유럽, 아메리카, 아시아, 아프리카 등에서 공통으로 볼 수 있는 식물을 기후대나 고도대별로 나타내준다. 둘째, 훔볼트의 식물지리학은 다윈Charles Darwin의 진화론을 위한 예비 단계를 보여주고 있다. "식물지리학은 매우 다양한 식물 형태의 배후에 어떤 원초적 형태를 인정할 수 있는지, 나아가서는 종의 다양성을 진화 또는 퇴화(우연히 생긴 변종이 시간이 지나면서 안정되는 과정)의 과정으로 볼 수 있는지"를 검토한다.[146] 셋째, 훔볼트는 식물지리학에서 가장 중요한 핵심 단어로 식생을 손꼽으면서, "온갖 종류의 자연의 풍경을 전개하는" 열대 아메리카와 "식물을 눈뜨게 하는 봄의 부드럽고 온화한 감각을"[147] 경험할 수 있는 온대 유럽 사이의 독특한 식생을 구별하였다. 마지막으로, 그는 식생이 "민족의 취향이나 독창성"에도 영향을 미치게 된다고 하면서 "식물지리학을 정치사나 문화사와 결부시킨다."[148]

훔볼트의 열대 아메리카 여행 중 백미는 그가 "태평양 해면에서부터 안데스산맥의 정점에 이르기까지의 자연 현상의 총체를 한 장의 지도에 요약"한 데 있다. 먼저 훔볼트가 뉴 그레나다New Grenada(현 콜롬비아)에 도착하던 당시의 상황을 보자. 1760년부터 1808년까지 스페인 국왕들은 무려 57회에 걸쳐 라틴아메리카의 식물상을 조사하기 위한 탐험대를 보냈다. 린네의 제자인 뢰플링Pehr Löfling이 1752년에 참여했던 오리노코Orinoco 탐험부터 스웨덴 정부는 린네의 분류법을 신세계를 포함하여 모든 지역의 분류법으로 공포했다.149) 린네의 분류법은 스페인 제국이 지배하였던 라틴아메리카 지역 내에 존재하는 모든 '사물의 질서'를 정립하는 데 매우 편리했다. 린네의 식물학은 스페인이 라틴아메리카를 지배하기 위한 생명정치biopolitics의 권력이 되었다.150) 하지만 뉴 스페인New Spain(현 멕시코)의 크레올Creoles들은 린네의 분류학에 대해 처음부터 동의하지 않았다. 왜냐하면 뉴 스페인 지역의 생물들 중에는 린네의 분류법에 따라 이름을 붙일 수 없는 종들이 너무 많았기 때문이다.151) 린네의 명명법을 따르게 되면, 열대 아메리카에서 오랫동안 사용되어 왔었던 고유한 이름들이 배제될 수밖에 없었다. 그렇게 되면 열대 사회의 전통적인 약초 재배자들이나 본초학자들은 힘을 잃게 되고, 스페인 제국에서 건너온 식물학자들이 권위를 가질 수 있게 되었다. 열대 식물에 대한 린네의 이명법은 정치적 성격을 담보하게 되었다.152) 이렇게 린네의 분류법을 둘러싸고 스페인 본국과 식민지 사이의 끊임없는 논쟁이 이루어지고 있던 시기에 훔볼트가 뉴 그레나다에 왔던 것이다.

당시 영국과의 7년 전쟁에서 패배했던 스페인의 부르봉 왕조는 영국과 네덜란드가 박물학 탐험을 통해 동인도제도에 대한 독점적 지배를 관철했던 것과 같이 라틴아메리카 지역을 지배하기 위해 박물학 탐험대를 계속 보냈다. 이런 탐험 정책을 추진했던 오르테가Casimiro Gómez Ortega가 인도 제도의 장관으로 있던 드 갈베즈José de Gálvez에게 보낸 다음의 편지는 이런 사정을 잘 보여준다.

〈그림 2-10〉 훔볼트는 안데스 산맥의 풍토를 한 장의 지도에 모두 담았다

> 우리들이 지배하고 있는 지역에 12명의 식물학자들이 오게 되면, 10만 명의 군인이 스페인 제국의 땅들을 위해 싸우는 것과는 비교가 안 될 정도로 큰 결과를 갖다줄 것입니다.[153]

안데스산맥이 있는 콜롬비아는 부르봉 왕조의 최대 관심 지역이었다. 원래 이집트로의 탐험 계획을 세웠다가 스페인에서 힘들게 라틴아메리카 탐험으로 방향을 바꿨던 훔볼트가 부르봉 왕조의 이런 정책을 모를 리 없었다. 콜롬비아는 계피, 정향, 차, 후추 등 최대의 무역 상품을 만들어낼 수 있는 '경제적 식물학'의 낙원이었다. 훔볼트로서도 콜롬비아의 식물 자원이 갖는 무역적 가치를 전략적으로 선택하였다.

훔볼트에게 안데스는 '식생 제국Vegetable Empire'의 특성을 가장 완벽하게 드러낸 곳이었다. <그림 2-10>이 보여주듯이, 그는 이 지도 한 장에 "식생, 동물, 지질, 농경, 기온, 만년설의 한계선, 대기의 화학조성, 전하電荷의 상황, 기압, 중력의 감소, 하늘의 청도淸度, 대기를 통과하는 데 따른 광선 강도의 감소, 수평굴절률, 물의 비등온도"를 모두 담았다.[154] 훔볼트가 '열대 지역의 자연도'라고 불렀던 이 지도를 구성하는 요소들은 안데스에만 해당하는 것이 아니라, 북위 10도와 남위 10도 사이에 속하는 모든 열대 지역을 바라보는 '지리적 인식론'[155]의 틀이 되었다. 이 지도는 소위 '훔볼트과학Humboldtian Science'[156]의 상징적 기호이다. 훔볼트에게 이 지도는 에덴동산의 메타포였을 것이다. 훔볼트과학은 식물학, 광물학, 동물학, 지질학, 기후 및 기상학, 지구과학, 화학, 지형학, 측정학 등 당대의 모든 자연과학적 성과를 압축한 것이다. 이 지도는 유럽 제국이 라틴아메리카를 지배할 수 있는 새로운 권력의 정당성을 제공했다.[157] 훔볼트는 이 지도가 지리적 상상력과 과학적 정신을 결합할 줄 아는 '숭고한' 인류 지성에게 큰 기쁨을 알릴 것이라고 말했다.

> 산맥의 산복사면에서 전개되는 다양한 사상事象은 모두 우리의 상상력에 작용하여 우리를 가장 숭고한 이념의 높은 곳으로 이끄는 힘을 지니고 있다. 이들 사상이란 예를 들면, 각각의 고도나 기압에 적응한 생물의 다양한 구조이(다.)[158]

<그림 2-11>에서 왼쪽은 당시 라틴아메리카에서 유럽인들이 정상에 올랐던 가장 높은 침보라소Chimboraso인데, 괴테는 훔볼트가 산의 정상에 서 있는 모습을 그렸다. 오른쪽은 몽블랑 산인데, 물리학자이자 유명한 산악인이었던 소쉬르Horace-Benedict de Saussure가 서 있다. 괴테는 유럽과 라틴아메리카 사이의 대서양 대신에 큰 암석을 집어넣고 여

〈그림 2-11〉 구세계와 신세계를 비교하고 있는 괴테의 드로잉

기에 '알렉산더 훔볼트'의 이름을 새겨 넣었다. 괴테 자신이 그린 이 그림은, 당시 유럽의 라틴아메리카에 대한 인식이 훔볼트라는 프리즘을 통해 이루어지고 있었음을 확실하게 보여준다.

유럽 문명의 새로운 에피스테메

에덴동산을 열대 자연에서 찾으려고 했던 유럽의 항해와 탐험은 이베리아 제국들에서 시작되었다. 유럽 사회는 스코틀랜드 경제학자 아담 스미스Adam Smith(1723~1790)가 "인류 역사상 최대의 사건"[159]이라고 불렀던 아메리카의 발견과 희망봉을 경유하는 동인도제도의 항로 발견을 통해 열대 식물의 무역상품적 가치를 발견하였다.

유럽은 열대 동남아시아의 무역에 긴요한 식물상을 지배하기 위해서는 반드시 말래카를 통과해야 했다. 열대 자연의 경제는 유럽의 해외무역 및 권력과 밀접히 연관되어 있었다. 후추를 포함한 향신료, 설탕, 커피, 면, 고무, 기나, 사이잘 등 열대 자연의 경제는 유럽의 자본주의 시장에서 중요한 위치를 차지하였다. 유럽의 어느 나라와 계층이 열대의 어떤 식물상을 차지하고 있는가에 따라, 동인도회사의 해외 무역으로 인한 유럽 각국들의 경제적 이익과 정치적 권력의 판도가 달라졌다.

18세기가 되면서 유럽은 '열대의 풍요로움'에 더욱 빠져들었다. 북아메리카보다 열대지방에 있는 나라를 더 '신세계'라고 볼 정도였다.[160] 열대 자연을 탐구하려는 박물학은 식물과 동물을 백과사전식으로 분류하고 그것들을 지리적 연관성 속에서 파악하였다. 헤르더나 칸트와 같은 계몽주의 사상가들은 빠르게 변해가고 있던 18세기 자연과학의 성과들을 지리학으로 흡수할 수 있었다. 따라서 열대 자연의 특징은 지리적 박물학에 의해 더욱 명확해졌다. 이베리아 반도와 네덜란드의 항해를 통한 열대에 대한 '지도적 공간'[161] 인식에 근거했던 콩다민, 부갱빌, 쿡, 뱅크스 등의 열대 탐험이 본격적으로 이루어지면서 세계에 대한 전지구적인 의식이 자연스럽게 제국의 통치자와 박물학자들에게 스며들었다.

18세기 중엽까지만 하더라도 린네의 분류학적 식물학이 주류를 이루었지만, 유럽 국가들이 동인도회사를 통해 중상주의적 이익을 증진하는 과정에서 경제적 식물학의 성격을 띠게 되었다. 분류학적 식물학의 기준에 맞게 불렸거나 열대 지역 원주민들의 언어로 불렸던 열대 식물들의 이름이 경제적 식물학의 기준에 맞게 바뀌기 시작했다.

괴팅겐에서 물리지리학과 지질학을 섭렵했던 홈볼트의 열대 아메리카에 관한 식물지리학이 성립된 공간은 파리의 자연사박물관이었다. 그는 파리의 박물학자들과 학문적으로 밀접하게 교류하면서 자신의 식물지리학을 정립해나갔다. 즉, 그는 괴팅겐에서 배운 이론을 열대 아메리카라는 실험실에서 작업하여 파리에서 식물지리학을 완성시켰다.

푸코는 18세기 말에서 19세기 초 사이의 유럽 문명에 대해 다음과 같이 말했다.

> (이 시기의) 유럽 문명은 생물의 기본적인 공간화를 철저하게 뒤바꿔놓았다 …… 역사성이 자연 — 아니 오히려 생물의 영역 — 안으로 도입되었다 …… 생물에 대한 역사성의 성립은 유럽 사고에 지대한 영향을 미쳤다.162)

비록 푸코는 훔볼트를 지적하지 않았지만 훔볼트는 생물의 기본적인 공간화를 바꾸는 선구적인 역할을 했다. 푸코의 말을 빌린다면, 훔볼트는 유럽 문명의 새로운 '에피스테메episteme'의 담지자였다.

결론적으로, 유럽의 열대에 관한 식물학적 지식과 제국의 팽창은 서로 맞물려 있었다. 처음에는 열대 식물상의 분류학에 관심을 가졌던 유럽은 무역을 통해 서로 각축전을 벌이면서 식물의 경제적 효용성을 중시하게 되었다. 식물지리학은 유럽이 열대 자연을 발견하는 방법론으로 자리를 잡았다.

03
유럽의 풍경에 대한 낭만주의적 인식과 열대성의 발명

미술과 문학 작품에 관한 식물지리학적 관점

3

유럽의 풍경에 대한 낭만주의적 인식과 열대성의 발명
미술과 문학 작품에 관한 식물지리학적 관점

"시, 회화, 정원예술은 자연을 아름답게 꾸미고 장식하는 세 자매이며,
새로운 미美의 세 여신으로 간주될 것이다."
호레이스 월폴

유럽의 풍경화와 나무 숭배

풍경이라는 것은 조망되는 자연 측에 존재하는 것이 아니라, 조망하는 인간 측에 존재하는 것이다. 조망하는 인간이 없다면 풍경이라는 것은 존재하지 않는다.[1)]

이렇게 볼 때, 풍경은 인간의 외부에 실재하지 않고 인간의 심상에 의해 선택되어 만들어진 역사적 산물이 된다.[2)] 사람들은 언어적 기호보다는 회화적 기호에 의해 풍경을 더욱 생생하게 표현한다. 문자 언어로 이루어진 텍스트가 아니라 이미지를 보여주는 회화에 의해 풍경은 묘사되어왔다. 이런 이유로 풍경화는 도상학iconology과 만날 수 있게 되었다.[3)]

유럽에서 종교화나 신화의 배경으로 존재해오던 풍경이 독립적인 주제로 등장하게 된 것은 16세기 초였다.[4)] 식물과 동물을 포함하는 풍경에 대한 인식은 유럽에서 민족의 정체성이 나타나는 데 중요한 근거를

제공하였다.[5] 16세기 베네치아에서 발달했던 풍경화의 두 주제는 자연의 생동감과 목가적 감성을 담은 전원 풍경화와 농부들의 농경 생활을 담은 농업 풍경화였다.[6]

발레리Paul Valery에 따르면, 서양의 회화사는 풍경화가 침투해 들어가 지배하는 과정이다.[7] 일본의 문학평론가 가라타니 고진은 네덜란드의 정신의학자인 반덴베르크Jan Hendrik Van den Berg의 견해를 좇아서 유럽에서 처음으로 풍경을 풍경으로 설정한 작품은 레오나르도 다빈치의 <모나리자>라고 했다. 모나리자의 배경은 "풍경이기 때문에 풍경으로 그려진, 최초의 풍경인 것이다. 그것은 순수한 풍경이고, 인간 행위의 단순한 배경이 아니다."[8] 반덴베르크의 이런 주장에도 불구하고, <모나리자>를 풍경화라고 볼 수는 없다. 이 그림에서 풍경은 어디까지나 모나리자라는 한 여인의 배경으로 작용하기 때문이다. 오히려 풍경은 플랑드르 화가들이 '발명'했다.[9] 반에이크 형제[10]들과 같은 화가들의 '역사화historical painting'에서 가장 중심적인 주제는 나무이다. 나무를 중심으로 풍경화가 구성되어 있다.[11] "나무는 풍경으로 나가야만 했다."[12]

알트도르퍼Albrecht Altdorfer(?1480~1538)의 <다뉴브의 풍경>이나 브뤼헐Pieter Brueghel(1525~1569)의 <수확> 등에 묘사된 플랑드르의 전원 풍경들은 나무를 중심으로 전개되고 있다. 그렇다고 해서 이들의 그림을 풍경화로 볼 수는 없다. <그림 3-1>이[13] 극명하게 보여주듯이, 16세기는 역사화의 시대였다. 역사화에서 풍경화가 독립된 장르로 구분되어 등장한 것은 유럽의 시대 상황과 맞물려 있었다. "콜럼버스, 바스코 다 가마, 알바레즈 카브랄에 의한 중앙아메리카와 남아시아, 브라질의 발견과 스페인과 포르투갈, 이탈리아, 플레밍 상인들에 의한 향료와 약재의 광범위한 무역, 1544년과 1568년 사이에 파도바와 피사,

〈그림 3-1〉 알트도르퍼의 〈알렉산더의 전투〉(1529)

<표 3-1> 푸생의 사계 시리즈

봄	찬란히 만개한 수많은 나무들	아담과 이브	탄생의 아침
여름	밀밭 위의 몇 그루 나무 그늘 아래서	보아스와 룻	젊음의 정오
가을	열매를 맺은 사과나무	가나안의 포도	성숙의 저녁
겨울	잎들을 떨군 몇 그루 나무들	대홍수	노년의 죽음의 밤

볼로냐에서의 식물원의 설립은 …… 미술가들로 하여금 확실히 이국적인 산물들의 매우 다양한 형태에 대해 눈을 뜨게 만들었다."[14] 특히 17세기에 이탈리아에서 빈번하게 발생한 폭풍우는 당대 자연과학자들의 연구 대상이 되었을 뿐만 아니라 미술을 포함하여 17세기 유럽 사회의 모든 분야에 큰 영향을 미쳤다.[15]

푸생Nicholas Poussin(1594~1666)과 로랭Claude Lorrain(1600~1682)은 이런 새로운 흐름에 가장 빠르게 대응했다.

<표 3-1>이 보여주듯이, 푸생의 <사계절> 연작에 해당하는 <봄 : 아담과 이브>는 숲 한가운데서 이브가 아담에게 지혜의 나무를 가리키고 있음을 보여준다. 젊음의 정오를 의미하는 <여름 : 룻과 보아스>와 마찬가지로, 푸생은 <사계절>을 통해 성경 속에 나오는 에덴의 풍경을 보여주고자 했다. 인생에서 성숙을 의미하는 <가을 : 가나안의 포도>는 사과나무가 열매를 맺는 풍경을 보여주며, 노년의 죽음을 상징하는 <겨울 : 대홍수>에서는 나뭇잎들이 떨어진 몇 그루의 나무들이 그려져 있다.[16] 로랭은 <모세와 타오르는 덤불숲의 풍경>[17]에서 떡갈나무를 통해 다윗과 모세를, 버드나무를 통해 야곱과 라반 등을 묘사하고 있다. 유럽의 여행자들은 로랭이 죽은 지 거의 한 세기가 다 되었을 때에 로랭이 떡갈나무와 버드나무에 의미를 부여한 방식대로 자신이 본 풍경들을 판단하기 시작했다.[18]

유럽의 나무 숭배는 오랜 역사를 통해 이루어져왔다. 여기서 한 걸음 더 나아가 프레이저James George Frazer는 이를 신화와 주술의 차원으로까지 끌어올렸다. 그의 대표작인 <황금가지>[19]는 터너Joseph M.W. Turner(1775~1851)의 같은 이름인 풍경화 <황금가지>에서 시작한다. 컨스터블John Constable(1776~1837)과 함께 19세기 전반기 영국의 대표적인 풍경화가로 손꼽히는 터너의 이 풍경화는 네미Nemi라는 숲에 있는 작은 호수를 묘사하고 있다. 유럽의 나무 숭배에 관한 프레이저의 논의는 '숲의 왕'에서부터 시작한다. 그에 따르면, 영국, 프랑스, 독일, 보헤미아, 덴마크, 스웨덴, 러시아 등 유럽 전역에 걸쳐서 5월이 되면 동네마다 숲에 가서 나무 — '오월제 나무'로 불린다 — 를 잘라 집집마다 걸어놓는 축제가 벌어졌고, 이런 축제를 통해 유럽의 나무 숭배 문화는 뿌리를 내리게 되었다. 봄이 되면 유럽 사람들은 새로 움트는 식물의 정령을 맞이할 준비를 한다.[20]

에덴동산과 밀턴의 『실낙원』

나무에 대한 유럽의 인식은 그리스도교의 성서적 기원에 맞닿아 있다. 나무는 에덴동산의 공간적 구도에서 중심을 차지하고 있다. 밀턴John Milton(1608~1674)은 『실낙원』에서 에덴동산을 '숲의 극장'에 비유한다. "머리 위로는 삼나무, 소나무, 전나무, 가지를 치는 종려나무 등 매우 키가 큰 수목들이 하늘 닿는 높이까지 자라서 올라가, 삼림의 장면이요, 숲 위에 숲으로 층층이 올라갔으니 아주 장엄한 숲의 극장이다."[21] <그림 3-2>는 극장의 광경을 보여준다. 생명의 나무가 '숲의 극장'의 한복판에 서 있다.

〈그림 3-2〉 에덴동산의 모습. 아담과 이브가 무대의 중앙으로 걸어나오고 있으며, 동산에서 전세계로 4개의 강이 흘러나오고 있다.

지상의 천국이 인간 감각의 온갖 기쁨 앞에
펼쳐져 있음을, 이 동산이 바로 에덴의 동쪽에
하느님이 만드신 행복의 동산이었으니.
널리 뻗은 에덴은 그 윤곽이 아우란으로부터
동쪽으로 그리스 왕들이 세운 대도시 셀레우키아의
왕탑에 이르기까지, 또는 옛날 에덴의
아들들이 살던 텔라살 근처까지
이 유쾌한 땅에 하느님은 한층 더 유쾌한
동산을 세우셨다. 이 풍요한 땅에서
보기 좋고, 향기 있고 맛 좋은 온갖
고귀한 종류의 나무들을 자라게 하셨다.
그 한복판에 생명의 나무가 서 있다.
뛰어나게 키가 크고, 식물성 황금이 맛 좋은
과실이 주렁주렁 열리는. 생명의 나무 옆에는
우리의 죽음인 지혜의 나무가 서 있다[22]

에덴동산에 대한 밀턴의 묘사는 계속된다. 「창세기」 제2장 10~14절의 구절대로, 그는 에덴동산에서 네 줄기의 강이 갈라져나와 많은 나라들을 누빈다고 한 후에, 전원 풍경에 대해 다음과 같이 묘사하고 있다.

풍성한 자연이 아낌없이 쏟아내는 꽃,
산에, 골짜기에, 들에, 아침 해가 비로소 따뜻이
들판에 내리비치는 그곳에, 또는 햇빛 안 드는
숲 그늘로서 대낮에도 정자가 어두워지는 그곳에,
이렇게 이곳은 각양각색의 경치가 있는 행복한 전원 지대.[23]

밀턴의 『실낙원』[24]은 두 가지 점에서 관심을 불러일으킨다. 하나는, 이 작품은 17세기 유럽의 자연에 대한 그리스도교 정체성을 확실히 보여준다. 『실낙원』은 창세기를 소재로 삼아 '인간의 낙원 상실과 구원'을 보여주고 있는데, 밀턴은 자연을 매개로 서사시를 전개하고 있다. 『실낙원』에서 자연은 그리스도교와 관련을 가짐으로써 그 의미가 더욱 명확해진다. 아담이 헤브론의 계곡에 묻히고 난 후 그의 시신에서는 성삼위를 상징하는 세 그루의 나무 — 즉 성부를 상징하는 서양삼나무, 성자의 실편백, 성령의 소나무 또는 종려나무 — 가 생겨났으며 이후 하나의 나무로 되었는데, 이는 삼위일체를 의미했다. 이 나무는 성자의 속죄를 통해 레바논산 삼나무의 형태로 다시 태어나 '낙원의 나무' 자체가 되었다.[25] <그림 3-3>이 보여주듯이, 파킨슨John Parkinson의 『유일한 낙원Paradise in Sole』(1969)은 밀턴의 『실낙원』에 대한 설명을 수용하고 있는데, 이 그림에는 동물은 전혀 없으며, 오직 식물들만 보여준다.

아담과 이브의 타락에 대해 말하고 있는 제9편에서 사탄은 자신이 숨을 곳을 다음과 같이 찾는다.

> 모두 인간 안에서 뭉쳐지는, 그 성장·감각·이성의
> 점진적 생명이 들어 있는 생물을, 풀·나무 또는
> 한층 높은 생물의 형태로 생산하는 그 알려진 힘은
> 그것들 자신에게서가 아니라, 너에게 나타난다.
> 너를 순회하는 것이 얼마나 즐거우랴,
> 내 과연 즐길 수 있는 몸이라면 — 아름다운
> 변화, 산과 골짜기, 강과 숲, 그리고 들,
> 때로는 육지, 때로는 바다, 숲이 없는 해안,

〈그림 3-3〉 낙원으로서의 에덴동산

바위 · 굴 · 동굴! 그러나 나는 어느 곳에서도
살 곳이나 숨을 곳 찾을 수 없구나.[26)]

또 다른 하나는 『실낙원』은 17세기 유럽의 지리적 인식의 범위를 여실히 보여준다. "17세기는 문자 그대로 '꽝'하는 소리와 함께 시작되었다."[27)] 17세기 중에서도 전반기는 "유럽사에서 가장 불안정했던 시기, 심지어는 광란으로 점철되었던 시기로 간주"[28)]되었다.[29)] 유럽이 17세기에 직면했던 '위기'는 "인간의 모든 활동, 즉 경제, 사회, 정치, 종교, 과학, 예술 등 모든 면에서 …… 지속적"[30)]으로 진행되었다. 16세기에 증가했던 유럽 인구는 17세기가 되자 감소하기 시작했다.[31)] 앞으로 2세기 동안 닥쳐올 '소빙기Little Ice Age'로 인해 미증유의 흉작 사태가 발생한 것이다. 유럽의 이런 기상 변화는 밀턴에게도 영향을 미쳤는데, 밀턴은 『실낙원』 곳곳에서 그의 자연과학적인 인식을 문학적으로 표현하고 있다. 1638년에 파리, 제네바, 이탈리아 등을 여행하는 중에 로마에서 갈릴레이를 만나기도 했던 밀턴은 지축이 궤도에 대해 23도 30분의 경사를 이루고 있음을 『실낙원』에서 다음과 같이 묘사하고 있다.

하느님이 그의 천사에게 지극地極을
태양축에서 20도 이상 기울일 것을 명령하자,
그들은 온 힘을 다하여 중심구를
비스듬히 밀었다고 어떤 이는 말한다,
태양이 그만한 폭을 춘분과 추분의 길에서
방향을 바꾸도록 명령받았다[32)]

이와 같이 기후가 변화하는 원인을 경사 때문이라고 생각했던 밀턴은 당시 유럽의 잦은 폭풍우를 몸소 체험하면서 이를 문학적으로 형상화하였다. 다음 구절은 당시 유럽에 얼마나 심한 바람이 몰아쳤는지를 잘 보여준다.

…… 얼음과 눈,
우박, 사나운 질풍, 모진 바람으로 무장하고,
북풍, 동북풍, 소리 높은 서북풍, 그리고
북서풍이 숲을 가르고, 바다를 뒤엎으면,
남쪽에서 역풍으로 그것들을 뒤집는 것은
세랄리오나 지방의 뇌운雷雲으로서 시꺼먼
남풍과 서남풍. 가로질러 역시 사납게
돌진하는 것은 일출풍과 일몰풍,
옆에서 부는 소리 나는 동풍과 서풍,
동남풍과 서남풍……[33]

『실낙원』을 읽어보면, 밀턴이 17세기 유럽의 전지구적 발견과 항해에 대해 익히 알았음을 알 수 있다. 희망봉을 지나 이슬람을 통하는 항해로에 대해서도 말하고 있는[34] 밀턴의 지리적 의식은, 오스트레일리아 지역을 제외하고 인도, 중국의 북경, 모스크바, 몸바사, 콩고, 앙골라, 시베리아, 캐나다, 멕시코, 페루, 엘도라도 등 지구 전체를 망라하고 있다.[35]

밀턴이 묘사하고 있는 자연의 모습을 읽어가노라면 푸생과 로랭을 비롯하여 밀턴과 동시대의 풍경화가들이 그린 풍경화와 거의 흡사하다는 점을 알게 된다. 괴테와 헤르더를 비롯하여 18세기 계몽사상가들에게 큰 영향을 미쳤던 레싱Gotthold Ephraim Lessing(1729~1781)이 회화와 문학의 경계를 설정하면서, 회화가 공간 사이의 물체의 형태를 표현하는 데 반해 문학은 시간 사이의 행동 양식을 표현한다고 논의했지만,[36] 밀턴의 『실낙원』은 우주적 공간과 자연에 대해 문학적으로 형상화하고 있다.[37] 비록 『실낙원』이 작품이 씌었던 시기의 상황이 지나서 발행되긴 하였지만,[38] 에덴동산에 대한 밀턴의 묘사는 18세기 유럽 계몽사상의 자연 인식을 형성하는 데 큰 영향을 미치게 되었다.

괴테의 박물학과 독일 낭만주의

실비우스Aeneas Sylvius(1405~1464)는 17세기 풍경화가였던 푸생과 로랭의 영향을 받은[39], 괴테Johann Wolfgang von Goethe(1749~1832)보다도 먼저 "이탈리아 풍경의 장엄함을 즐겼을 뿐 아니라 세부에 이르기까지 열광적으로 서술한 최초의 사람"[40]이었다. 부르크하르트Jacob Burckhardt(1818~1897)는 『이탈리아 르네상스의 문화』에서 실비우스의 자연에 대한 감정을 풍부하게 소개하고 있다. 우주형상지形狀誌, cosmography에 해박한 지식을 갖고 있었던 그는 알반산맥의 가장 높은 봉우리에서 광대하게 펼쳐져 있는 풍경의 파노라마를 황홀하게 바라보았다. 1458년에 교황Pius II의 자리에 오른 실비우스는 추기경 회의를 밤나무나 올리브 옆에서 열었을 정도로 풍경의 아름다움에 일찍이 눈을 떴다.[41] 실비우스의 뒤를 이어 레오나르도 다빈치(1452~1519)도 식물과 풍경에 주목하면서 "태양은 식물에 영혼과 생명을 주고 토양은 습기로 이들을 기름지게 한다"[42]고 말했다.

괴테는 실비우스와 다빈치의 풍경에 대한 이런 인식을 익히 알고 있었을 것이다. 『이탈리아 기행』[43]은 18세기 유럽의 자연에 대한 인식을 이해하는 데 중요한 역사적 사료이다. 괴테는 당시 유럽의 귀족과 예술가들에게 유행되고 있었던 '그랜드 투어Grand Tour'의 유혹을 받고 있었다.[44] 무엇보다도 괴테는 이미 반세기 전에 이탈리아 여행을 다녀왔던 아버지의 여행에 영향을 받았다.[45] 이 저작에는 괴테 자신이 박물학, 그중에서도 식물의 자연사를 적극적으로 배우려는 강한 의지가 잘 나타나 있다. 괴테는 라이프치히의 대학 시절부터 할러Albrecht Haller(1708~1777)[46], 린네(1707~1778), 뷔퐁(1707~1788)을 통해 당시의 박물학과 의학에 대해 익히 알고 있었다.[47]

그는 이탈리아를 여행하면서 스웨덴의 린네가 쓴 책을 갖고 다녔다고 한다.[48] 훔볼트 형제와 지적인 교류를 해왔던 괴테는 여행 초기부터 식물지리학에 대해 깊은 관심을 보였다. "내가 좀 더 주의 깊게 주목한 것은 산의 고도가 식물에 영향을 미치는 것 같다는 점이었다. 거기서 나는 새로운 식물들만을 발견한 것이 아니라, 낯익은 식물들의 자라난 형태가 변화된 것도 발견했다."[49] 괴테의 식물지리학에 대한 관심은 지질학적 관심과도 깊이 연관되어 있었다.

> 내가 여기까지 가로질러 온 알프스의 석회암은 잿빛에다, 아름답고 특이하며 불규칙한 형태를 띠고 있어서, 금방이라도 바위가 이런저런 층으로 나눠지지 않을까 싶을 정도이다 ……. 호수 위쪽 지대에서도 그와 같은 종류의 변화를 발견했다. 석영이 많이 박힌 암녹색과 암회색의 운모 편암에 기대어 하얗고 조밀한 석회석이 서 있었는데, 그 떨어져나간 면이 운모 같았으며 균열이 무척 심하기는 했지만 커다란 덩치로 노출되어 있었다.[50]

괴테의 식물학적 상상력은 파도바에서 절정에 이르렀다. 괴테의 식물학에 대한 근본적인 개념은 괴테 자신이 심취했던 파라셀수스

Paracelsus(1495~1541)[51]가 일찍이 다녀갔던 파도바 식물원에서 생겨났다. 괴테는 린네의 식물분류학과 같은 기계론적 방법으로는 생장 주기를 지닌 유기체로서의 식물을 인식할 수 없다고 생각했다. 괴테는 신플라톤주의적 소우주론을 신봉한 파라켈수스가 확립하고자 했던 연금술이나 비학秘學과 같은 방법이야말로 이런 한계를 극복할 수 있다고 믿었다. 파도바 식물원에 그대로 남아 있는 열대 종려나무[52]를 세심하게 관찰하면서, 식물이 자라면서 변화하는 형태는 '잎'이라는 하나의 구조가 결국 변화하는 것임을 알게 되었다.[53] 파도바에서 가까운 베네치아는 괴테의 박물학적 상상력을 더욱 크게 고양시켰을 것이다. 괴테는 계절의 변화가 식물의 색깔 변화에 미치는 효과에 대해 감탄했다.

> 모든 것이 식물학에 대한 나의 관심을 한층 고취시켜준다. 아무것도 아닌 것처럼 보이면서도 그렇게 어마어마한 자연이 단순한 것으로부터 아주 다양한 것을 발전시키는 것과 같이 나는 새롭고 아름다운 관계를 발견해나가는 과정에 있다.[54]

자신의 1차 이탈리아 여행을 마무리했던 팔레르모의 식물원에서 괴테는 무수한 형태로 발전할 수 있는 초감각적 힘을 가진 '원형 식물 archetypal plant, *Urpflanze*'의 개념을 착안하기에 이르렀다.

> 이 가지각색의 새로운 형상들을 보고 있으려니, 내가 이 무리들 중에서 원형 식물을 발견할 수 있지나 않을까 하는 생각이 머릿속에 다시 떠올랐다. 식물의 원형은 분명히 존재할 것이다! 식물들이 하나의 원형에 따라 형성되지 않았다면, 무슨 근거로 내가 이런 형상 저런 형상의 것들을 식물이라고 인식할 수 있겠는가?[55]

자연계마저도 자신을 '시기'한다고 말했던 괴테는 원형 식물의 '모델과 열쇠'를 통해 식물의 존재를 무한히 새롭게 파악하게 되었다고 흥분하였다. "원형 식물이야말로 식물의 왕국 전체를 제어하고, 모든 형태를 창조하는 자연의 예술가적 수완에 가치를 부여한다."[56] 괴테에게 잎은 줄기에서 떡잎, 꽃잎, 암술, 수술, 열매까지 성장하는 식물의 모든 부분들에 대한 원초적 형태를 의미했다. 이런 개념에 근거하면, 유럽에서는 '실제로 존재하지는 않지만' 유럽이 아닌 열대 지역에서는 '존재할 수 있는 식물'이 있게 된다. 이럴 경우, 원형 식물이라는 개념은 열대 풍경에 관한 유럽의 회화와 문학에서 그 이미지가 드러나게 될 것이다.

괴테의 원형 식물 개념은 당대의 과학자들로부터 주목을 받았다. 동물 해부학자인 생틸레르(1772~1844)는 1831년에 괴테의 과학에 대해 "우주의 장엄함을 다른 형태로 찬미하려고 했던 시인"의 작업이라고 존경을 표했다. 괴테가 잎에서 식물의 원형을 찾았다면, 생틸레르는 척추에서 동물의 원형을 찾았다.[57] 괴테의 형태주의적 과학은 동물의 복잡성과 다양성을 척추라는 원형으로 환원하려고 했던 생틸레르에게 영향을 끼쳤다.

괴테가 1787년 5월 17일부터 6월 3일까지 나폴리를 여행하면서 쓴 기록은 '헤르더에게'라는 부제가 붙어 있다. 헤르더(1744~1803)는 "식물적인 발전의 순환을 출발점으로 하여 모든 현상을 씨앗이 싹터서 꽃피고 활짝 피었다가 시들어 떨어지는 과정으로 해석하는 …… 형태학적 역사관"[58]의 주창자로서, 독일 낭만주의의 정립에 크게 기여하였다. 괴테는 헤르더와의 만남을 운명적으로 생각했다.[59] 이탈리아를 여행하면서 괴테는 헤르더와 계속 서신을 교환했다.[60] 나폴리에서 쓴 기록은 헤르더에게 보내는 편지 형식으로 되어 있다. 고대 로마보다도 그리스 시대를 더 '훌륭하다'고 생각해왔던[61] 괴테는 자신의 식물, 기후, 지질, 풍토, 자연 등에 대한 인식이 호메로스의 『오디세이아』에 근거하고 있음을 고백하고 있다.

> 이 모든 것, 즉 해안과 산맥, 만과 곶, 섬과 지협, 바위와 모래사장, 관목으로 뒤덮인 언덕과 부드러운 초원, 비옥한 들판과 잘 꾸며진 정원, 잘 손질된 나무들과 줄줄이 매달린 포도덩굴, 구름이 맴도는 산정과 언제나 청명한 평원, 절벽과 제방, 그리고 그처럼 다양하게 변화하는 바다 주변의 모든 것들이 내 마음속에 현실감 있게 간직되어 있는 지금에야 비로소 『오디세이아』의 진정한 의미를 깨닫게 되었습니다.[62]

괴테처럼 당시에 알프스산맥을 횡단했던 여행가들은 "아무도 지나치지 않은 바위들, 끝도 없이 보이는 빙하벽과 경계가 없이 펼쳐진 광대함"[63]에 모두 빠져들었다. 그들은 바로 '산맥의 시학'을 문학과 예술로 표현하기 시작했다.

괴테의 헬레니즘 예술 인식은 독일의 미학자 및 미술사가인 빙켈만 Johann Joachim Winckelmann(1717~1768)에게 큰 영향을 받았다.[64] 그리스와 로마 예술의 차이를 처음으로 구분하고자 했던 빙켈만이 괴테를 비롯하여 헤르더와 레싱 등 당대의 독일 사상가들에게 미친 영향은 의심의 여지가 없다.[65] 비엔나 미술사학파의 비크호프Franz Wickhoff(1853~1909)에 의하면 빙켈만은 "유럽의 예술적 감성을 송두리째 바꿔 놓았다. 그는 미술이 유기체적 생명을 가지며, 심지어 식물이 싹이 텄다가 꽃을 피우면 죽는다고" 보았던 "최초의 위대한 학자였다."[66] 미술사가로서 괴테가 볼 때,[67] 그리스인들은 어느 누구보다도 생명에 형태를 부여하는 방법을 잘 이해했던 사람들이었다.[68] 괴테 사상의 그리스적 기원을 분석하였던 역사학자 트레블리안Humphrey Trevelyan에 의하면, 괴테는 '유럽주의의 상징'이라고 했다. 여기서 유럽주의란 그리스 문화를 유럽인뿐만 아니라 모든 인류의 이상적 문화로 간주하는 사고를 의미한다.[69] 괴테는 빙켈만이 "스스로 고대 그리스와 가까움을 느꼈고 그의 전성기 때는 고대 그리스와의 행복한 결합을 체험했다"[70] 고 말했다. 괴테의 유럽주의는 실로 고대적인 정신을 소유했던 빙켈만에 근거하고 있다. 괴테는 이탈리아 여행을 통해 생명의 형태를 헬레니즘 정신에 따라 추구하려는 의지를 더욱 갖게 되었다.

이탈리아의 예술과 자연에 대한 감각을 체득하고 돌아온 괴테는 자연과학과 색채의 문제에 대해 더욱 천착하였다. 괴테는 "박물학이 점차 높은 차원의 자연 현상들을 다루는 분야로 발전"[71]할 것이라는 희망을 품으며 "생동하는 자연의 의미를 생생하게 표현하기" 위해 "천문학, 우주론, 지질학, 박물학, 심지어는 종교와 신비주의까지 불러내"야 한다고 말했다.[72] 이와 같은 언어학적 관점에서, 괴테는 인간과 자연이 감각을 매개로 서로 연결되어 있는 것으로 파악하였다.

> 전체 감각 세계에 있어서 모든 것은 대상들 사이의 관계, 특히 가장 중요한 지상의 존재인 인간과 여타 존재들 사이의 관계에 의해 좌우된다. 이로써 세계는 두 부분으로 나누어지며, 인간은 주체로서 객체에 마주 선다.[73]

괴테의 이런 관계론적 사고는 인간의 감각과 대상을 서로 분리된 별개의 것으로 파악하는 뉴턴의 광학이론과 정반대의 입장에 놓여 있었다.[74] 괴테는 18세기 유럽의 주류 자연과학에 대해 확실히 비판적이었다. "라이프치히 대학에 있을 때부터 괴테는 과학을 여러 경쟁적인 분야로 세분화시키는 지식의 독단적인 구분에 반발을 느끼고 있었다."[75]

괴테가 볼 때, 당시의 자연과학자들을 포함하여 유럽의 지식인들은 "다양한 지식을 각각 다루는 과정에서 산만해지고 통일성이 없는 지식들 속에서 자신을 상실한 위험에 처했기 때문"[76]이다. 그는 뉴턴에 대해서 뿐만 아니라, 린네의 '체계' 개념에 대해서도 수긍하지 않았다.

> 자연의 체계란 말은 모순된 표현이다. 자연은 어떤 체계를 가지고 있지 않다. 그것은 생명을 갖고 있고 또 생명체, 알려져 있지 않은 하나의 중심으로부터 나온 결과이자 인식 불가능의 경계선을 향해 가고 있는 생명체이다.[77]

자연에 대한 하나의 체계가 아닌 무수한 체계를 상정했던 괴테의 이런 생각은 비슷한 시기를 살았던 프랑스의 박물학자 아당송이 제안했던 자연에 대한 65개의 체계와 일맥상통하였다.[78] 여기서 한 걸음 더 나아가 괴테는 린네의 체계를 그대로 인정하더라도, 하나의 속屬이 다른 속과 동일한 방식으로 취급될 수 없다고 말했다.[79] 여기에서도 단 하나가 아닌 여러 개의 속이 있다는 것이다. 괴테는 아마 '라틴어의 장례 행렬'과도 같은 명명법이라는 장막에 갇혀버린 분류법에 분명히 지겨워했을 것이다.[80]

괴테의 식물형태학은 18세기 후반 독일 낭만주의의 사상적 맥락에서 형성되었다.[81] 계몽주의에 대한 최초의 반격은 독일에서 시작되었다. 독일 낭만주의는 식물에 관한 기독교적 의미를 갖고 있는 중세의 시Poesie[82]에 기원을 두고 있다. 여기서 식물이란 바로 그리스도의 피로부터 피어났다고 알려진 수난초Passionsblume이다.[83] 독일 낭만주의는 확실히 1760년대에서 1830년대 사이에 소위 '질풍노도'를 주도하였던 하만Johann Georg Hamann(1730~1788), 슐레겔 형제,[84] 실러Johann Christoph Friedrich Schiller(1759~1805), 노발리스Novalis(1772~1801),[85]

〈그림 3-4〉 헤켈이 직접 손으로 그린 폴리시타리아(polycyttaria) 버섯의 원형 상태

셸링Friedrich Wilhelm Joseph Schelling(1775~1854), 헤르더, 레싱, 괴테 등에 의해 확실하게 뿌리를 내렸다.[86] 이성 중심의 계몽주의를 비판했던 독일 사상가들은 '자연철학Naturphilosophie'을 통해 자연의 유기적 통일성을 추구하고자 했으며, 셸링은 이런 입장을 이끌어나갔다. 생물학은 셸링에게 패러다임의 역할을 하는 과학으로서, 자연의 객관적 세계와 자아의 주관적 세계를 유기적으로 인식할 수 있는 틀을 의미했다. 이렇게 볼 때 생물학자는 미학적 상상력을 발휘해야 자연을 파악할 수 있다.[87] 자연에 대한 독일 낭만주의적 세계관에서는 과학적 객관성과 미학적 상상력이 하나로 합쳐진다. 한편, 셸링은 빙켈만에 근거하여 "형태의 충만함이 형태 자체를 지양하는 숭고한 아름다움"이 예술론에서 유일한 척도로 간주될 수 있다고 말했다. "오로지 형태가 완성됨으로써만 형태는 무화될 수 있으며 …… 단연코 예술의 최종 목적"이라는 것이다.[88] 괴테는 셸링의 이런 형태적 미학을 받아들여 원형 식물에 몰입했다. 당시 괴테가 영향을 받거나 그와 교류했던 사상가들 중에서도 셸링은 괴테의 낭만주의적 박물학에 가장 큰 영향을 미쳤던 인물로 평가되고 있다. 낭만주의 사상가들의 이런 '식물적 상상력'[89]은 문학적·미술적 상상력으로 연결되어 확대되어 갔다.

헤켈Ernst Heinrich Philipp August Haeckel(1834~1919)은 독일의 생물학자들 중에서 괴테의 원형 식물 개념에 가장 크게 영향을 받은 학자라고 볼 수 있다. 원형 식물의 개념을 동물에 적용한 헤켈은 1904년에 쓴 『자연에서의 예술 형태*Kunstformen der Natur*』[90]에서 자연의 미학적 형식을 세밀히 탐구하였다. <그림 3-4>가 보여주듯이, 헤켈은 자연을 '아라베스크arabesque'로 환원함으로써, 그가 추구했던 자연의 형태는 예술의 형태와 동의어가 되었다.[91] 독일의 조각가이자 사진가인 블로스펠트Karl Blossfeldt(1865~1932)는 <그림 3-5>가 보여주듯이 헤켈의 연구

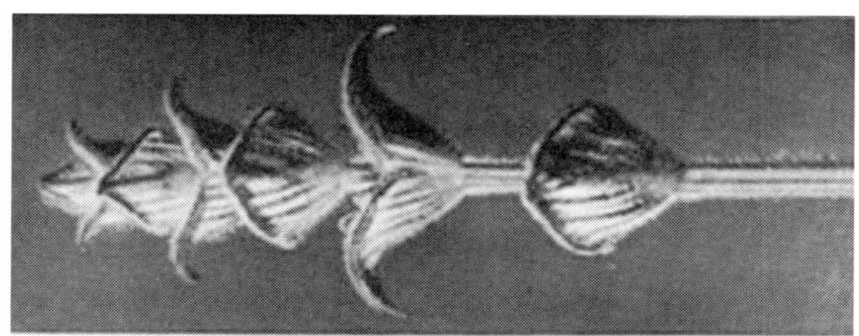

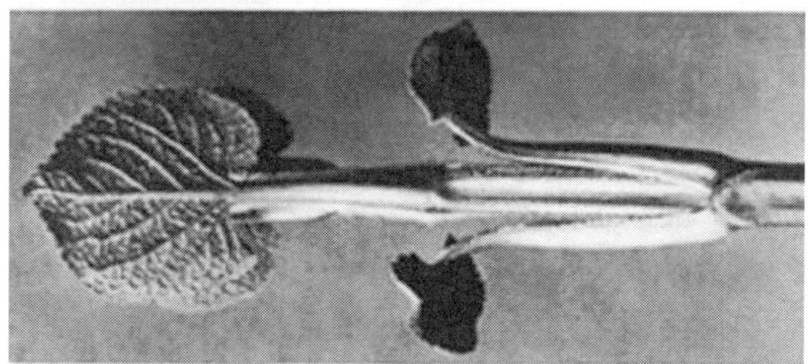

〈그림 3-5〉 블로스펠트의 '예술의 원형' 에 대한 작품들

를 이어받아 1928년에 『예술의 원형식*Urformen der Kunst*』[92)]에서 식물이 예술의 원형임을 논의하였다.[93)]

열대 풍경의 숭고함

18세기 유럽의 미학을 이해하는 데 있어서 가장 핵심적인 개념은 '숭고'와 '아름다움'이라고 볼 수 있는데, 버크Edmund Burke(1729~1797)와 칸트는 이 두 개념을 정립하는 데 중요한 역할을 하였다. 독일의 철학자 바움가르텐Alexander Gottlieb Baumgarten(1714~1762)이 1750년에서 1758년에 걸쳐 라틴어로 『미학*Aesthetica*』의 집필에 골몰하고 있는 사이에, 버크는 『숭고와 아름다움의 이념의 기원에 대한 철학적 탐구』를 1756년에 출간하였다. "과학적 정신과 예술적 정신의 차이를 철학적으로 형식화"[94)]했던 바움가르텐의 미학은 레싱의 『라오콘』을 통해 괴테의 『시와 진실』로 이어졌다.[95)] 이렇게 바움가르텐이 미학을 체계화하고 있는 시기에 버크는 인간이 느낄 수 있는 가장 강한 감정이 숭고라고 하면서, 그 원천을 고통이나 위험의 관념을 불러일으킬 수 있는 공포라고 말했다.[96)] 버크가 볼 때, "자연 속에 존재하는 거대한 숭고한 사물이 불러일으키는 가장 강력한 감정은 경악astonishment"이다.[97)] 이렇게 숭고한 감정은 자연의 규모가 거대하고 무한할 때만 가능하다.[98)] 그렇다면 웅장하고 광대한 자연이야말로 숭고함을 불러일으키기에 가장 적합한 대상이다.

호메로스를 "처절하도록 숭고하다"고 생각했던 칸트는 『아름다움과 숭고함의 감정에 관한 고찰』(1764)에서 숭고함을 세 가지 유형으로 나누었다.

숭고함의 감정은 때로는 어떤 전율이나 우울함을, 또 어떤 경우에는 단순히 고요한 경탄을, 그리고 또 다른 경우에는 숭고한 평원 너머로 펼쳐진 미美까지도 수반한다. 나는 맨 앞의 것을 공포의 숭고함이라 부르고, 그 다음 것을 고상한 숭고함으로, 그리고 맨 마지막 것을 화려한 숭고함이라 부르고 싶다.[99)]

이런 맥락에서, 터너나 호지스William Hodges(1744~1797)와 같은 18세기 풍경화가들이 유럽과 열대의 자연 풍경을 통해 느낀 숭고함을 자신들의 예술 작품에 재현하려고 했던 문제의식을 이해할 수 있다. 낭만주의 화가들은 "풍경화를 미술의 중요한 장르로 주목했던 최초의 미술가들"이었다.[100)] 터너는 괴테의 『색채론』을 수용하여, 여러 색들의 결합들이 보여주는 감정을 자신의 풍경화에서 표현하려고 했다. 예를 들어, 성서 속의 주제인 대홍수는 18세기 영국에서 가장 대중적이었던 숭고의 주제였는데, 터너는 <빛과 색(괴테의 이론) — 대홍수 후의 아침 — 창세기를 쓰는 모세>(1832)와 <그림자와 어두움 — 대홍수> (1843)에서 괴테의 색채론에 따라 숭고를 표현하였다.[101)] 터너와 같은 시대의 독일의 낭만주의 화가인 프리드리히Caspar David Friedrich (1774~1840)의 풍경화는 "슈베르트의 가곡을 통하여 우리가 보다 친숙하게 알고 있는 당시의 낭만적 서정시의 분위기를 반영하고 있다."[102)] 영국의 풍경화가 윌슨Richard Wilson(1714~1782)이 "밀턴과 린네가 팔짱을 끼고 걷는" 모습을 그렸을 때, 컨스터블은 윌슨에 대해 시적 감수성과 과학적 탐구를 결합시킨 풍경화가라고 평했다.[103)]

버크와 칸트가 논의했던 숭고함에 대한 인식은 알렉산더 훔볼트의 열대 인식에도 큰 영향을 미쳤다. 당대의 자연과학은 물론이거니와 인문학에도 해박한 지식을 갖고 있었던[104)] 훔볼트는 『코스모스*Cosmos*』에서 열대 자연의 웅장함과 광대함을 생생하게 묘사했다. 열대 아메리카를 탐험했을 때, 훔볼트는 원주민들에 대해서보다도 자연의 장엄함에 대해 감동을 더 받았다. 그가 열대의 "무궁무진한 보물이 풍경화가에 의해 열리지 않은 상태"[105]로 남아 있다고 말했을 때, 처치Frederick Edwin Church(1826~1900)는 훔볼트의 말을 가장 빨리 경청했던 화가였다. 미국의 풍경화가 처치는 훔볼트가 세상을 떠났던 1859년에 <안데스의 중심The Heart of Andes>(1859)을 그렸는데, 이 그림은 열대 아메리카의 광대하고 장엄한 풍경을 묘사하고 있다. 처치가 살았던 시대에 미국의 화가들은 라틴아메리카를 여행하면서 열대의 풍경들을 작품으로 남겼으며, 대중들은 이들의 작품을 통해 열대의 풍경을 감상하고 열대의 공간을 상상하게 되었다.[106] 훔볼트의 영향을 받아 1848년에 브라질을 향해 떠났던 월리스Alfred Russell Wallace는 4년간 아마존 유역을 탐험하면서 아마존의 웅장함과 숭고함에 깊은 인상을 받았다.

> 버팀이 되는 거대한 나무, 갈라진 줄기, 이상하게 밖으로 나와 있는 뿌리, 비틀어지고 쭈글쭈글한 덩굴식물, 우아한 야자나무 잎은 주의를 끌고 마음을 찬탄과 놀람과 경외심으로 채운다.[107]

밀턴에게서 자연의 감각을 발견하였던[108] 다윈(1809~1882)도 어린 시절부터 훔볼트의 낭만주의적 식물지리학Romantic biogeography을 흠모하였다.[109] 다윈은 대서양과 남태평양을 일주하고 "장점과 단점과 고통과 기쁨"을 이야기하는 과정에서 자신이 열대의 장엄한 경치로부터 받았던 인상은 훔볼트가 쓴 『나의 적도 여행기』[110]를 통해 읽었던 내용에 근거한다고 말했다.[111]

열대성의 발명

18세기 말부터 19세기 초까지의 낭만주의가 유럽 사회에 미친 영향 중에서 이 글의 문제의식과 상통하는 점은 크게 두 가지인데 그 둘은 서로 관련되어 있다. 첫째, 유럽 사회가 "낭만주의적 위기와 비슷하거나 이보다 더 심각한 위기를 여러 차례" 경험한 적은 있지만, 이때처럼 유럽이 스스로 "절박감에 빠져든 적은 일찍이 한 번도 없었다." 유럽은 "자신들이 지닌 문화의 의미와 존재 이유를 문제시하고 과연 자기들의 문화가 독자성을 요구할 권리가 있는지, 그리고 자기들의 문화가 인류 문화 전체에서 필수불가결한 구성요소가 될 수 있는지,"[112] 다시 말해 자신의 정체성에 대해 처음으로 의문을 제기한 것이다. 둘째는 먼 타국을 향해 떠나고자 하는 열망 및 무한한 동경과, 유럽의 풍토와 다른 지방을 여행하면서 이국적인 원형들을 추구하려는 의지와, 온갖 형식의 몽상에 대한 탐닉 등에 대한 대중들의 관심이 열대 지역에 대한 예술 작품을 통해 유럽에 널리 퍼져나갔다는 점이다.

유럽인들은 에덴동산과 같은 낙원이 지구상에 실제로 존재한다고 믿었다. 그들은 낙원이 실론과 같은 동인도 지역이나 라틴아메리카와 같은 지역에 존재할 것이라고 믿었다.[113] 여기서 공통점은 바로 열대라는 지리적 공간이다. 유럽은 자신의 정체성에 대한 문제를 제기하고 이에 대한 답을 열대 지역을 여행하고 탐험함으로써 찾을 수 있다고 생각했는데, 풍경에 대한 낭만주의적 인식은 이런 답을 찾기 위한 준거로 작용하였다.

사이드에 의해 회자되었던 '오리엔탈리즘'에 관한 연구의 선구자로 알려진 슈왑Raymond Schwab(1884~1956)이 『오리엔트 르네상스*Renaissance orientale*』에서 "오리엔트 지역에서 낭만주의는 최고의 꽃을 피웠다"[114]

고 말했을 때, 오리엔트는 바로 열대 인도를 가리킨다. 여기에서 초점은 열대에 대한 식물지리적 상상력이다.[115] 유럽의 풍경에 대한 낭만주의적 관점은 유럽이 열대의 본질을 만들어가는 인식론적 틀이 되었다. 사이드에 의하면, 슈왑의 논점은 18세기 후반부터 19세기 초 사이에 오리엔트에 대해 새로 만들어진 담론을 모른다면 낭만주의를 이해할 수 없다는 것이다.[116] 오리엔트 지방으로의 여행은 열대성을 만들어가기 위한 출발이다. 괴테의 『서동 시집』은 이런 상황을 명확하게 보여준다. 18세기 유럽에만 한정되었던 '그랜드 투어'는 세기의 후반이 되면서 미지의 열대 지역 여행으로 더욱 확대되었다. 열대로의 여행은 18세기 후반 이래로 유럽에서 '유행'이 되었다. 괴테는 18세기와 19세기의 여행가들에 대해 언급하면서, 그들 덕택에 유럽인들이 "동화 속의 나라로만 알려져 있던 인더스 강의 양쪽에 위치한 지역들을 히말라야 산맥으로부터 훤히 굽어볼 수 있게 되었으며 …… 인도 반도를 지나 자바 섬까지도 시야를 넓"힐 수 있어서 "동양Orient의 세계로 통하는 문"을 두드리게 되었다고 말했다.[117] '동양학자Orientalist'로서의 괴테 모습이 확연히 드러나고 있다.

한 걸음 더 나아가 열대 남태평양이 낭만주의와 과학의 승리에 기여했던 요인이라고 볼 때,[118] 낭만주의와 열대성[119]은 상보적 관계의 국면으로 접어들었다. 다시 말해서, 낭만주의가 열대 지역에 대한 새로운 담론, 즉 열대성을 만들어갔던 만큼 열대성도 낭만주의의 형식과 내용을 규정하였다.[120] 이 논의를 괴테와 훔볼트에 적용하면 다음과 같이 말할 수 있다. 동양학자로서의 괴테와 헤르더가 라틴아메리카를 탐험하고 여행했던 훔볼트의 식물지리학에 깊이 영향을 끼쳤지만,[121] 훔볼트는 독일 낭만주의를 단순히 열대 아메리카에 적용하는 데 그치지 않았다. 그는 식물지리학을 통해 열대 아메리카를 다시 '발명'[122]한 것이다.[123] '훔볼트 과학'은 열대성을 창안하는 데 새로운 과학적 형식과 내용을 제공하였다.

콘래드[124]의 『암흑의 핵심』과 셀린의 『밤끝으로의 여행』은 두 작가가 열대 지역을 몸소 여행한 다음에 쓴 작품들로서 이들이 '열대성'을 어떻게 발명했는지를 이해하는 데 매우 중요한 작품이다.[125] 『암흑의 핵심』에서 커츠라는 인물은 국제야만풍습억제협회에 대해 열대 '원주민'의 행태를 조사해달라고 부탁했던 "과학과 진보의 사자(使者)"[126]이다.[127] 제국은 과학과 진보로 무장된 유럽과 동일시되었다. 제국의 목표인 "세계의 정복이라고 하는 것이 대부분 우리들(유럽인들)과는 피부색이 다르고 우리(유럽인들)보다 코가 약간 낮은 사람들을 상대로 자행하는 약탈 행위"임을 말로우는 부인하지 않았다.[128] 말로우는 제국주의가 아프리카를 어떻게 타자화시키고 있는지를 보여준다. 여기서 중요한 점은, 유럽의 제국주의자들은 물론이거니와 '원주민'들조차도 이해할 수 없었던 커츠의 죽음이 열대의 생물지리학과 깊이 연루되어 있다는 데 있다.

소설가 콘래드가 커츠의 눈을 통해 바라본 열대의 '자연'은 인류학자 레비스트로스가 바라본 유럽의 '풍경'과 근본적으로 다르다. 먼저 레비스트로스가 바라본 유럽의 풍경을 보자.

> 우리는 인간의 손이 가해지지 않은 야성 그대로의 자연에 대해서는 아무것도 아는 것이 없다. 왜냐하면 우리들 자신이 알고 있는 풍경이란 우리들의 욕구와 필요에 의해 전적으로 복종되어 있기 때문이다 …… 유럽의 풍경 가운데서 가장 야성적인 것이라고 할지라도 거기에는 질서와 조화를 나타내는 점이 있다. 푸생은 이와 같은 방식으로 자연을 해석한 사람들 가운데 가장 전형적인 사람이라 하겠다.[129]

이와 달리 콘래드가 묘사한 열대의 자연은 다음과 같다.

> 강의 상류 쪽으로 올라가는 일은 마치 이 세상이 처음 시작되던 시대로 되돌아가는 것 같았다네 …… 하나의 텅 빈 강, 거대한 정적, 그리고 침투하기 어려운 숲 등이 바로 그런 느낌을 주었지. 공기는 덥고 진했으며 무겁게 맥이 빠져 있었어. 햇빛은 눈부셨지만, 그 속에서 아무 즐거움도 찾아볼 수는 없었지. 사람들의 왕래를 볼 수 없던 그 긴 수로水路는 밀림으로 덮여 있는 머나먼 오지의 어둠 속으로 뻗어나 있었어.[130]

이와 같이 "식물과 물과 정적으로 구성된 기이한 세계"에 압도된 커츠는 평화로움과는 전혀 닮지 않은 생명체의 정적靜寂이 마치 복수라도 할 듯한 표정으로 자신을 바라보고 있음에 대해 경악할 수밖에 없었다.[131]

커츠가 죽어가면서 내뱉었던 "무서워라! 무서워라!"의 대상은 바로 이와 같은 무서운 열대의 자연 공간을 뜻했다. 마치 파스칼이 『팡세』에서 "무한한 공간의 침묵이 나를 두렵게 한다"라고 말했던 것처럼,[132] 커츠는 자신이 발견했던 암흑의 공간이 자신을 눌러내리는 공포감을 견딜 수 없었을 것이다. 소설의 제목을 다시 풀이하면 '암흑 : 심장 = 열대 : 공간'인 셈이다. 커츠가 목격하고 체험했던 공간은 서구의 계몽주의와 제국주의가 그동안 쌓아올렸던 이념과 세계관으로는 "도저히 침투할 수 없는 암흑"[133]의 공간이었다. 말로우와 커츠는 바로 이 공간의 '문턱'에서 서로 작별했다. 콘래드는 제국주의나 인종주의보다도, 당시의 서구적 정체성에 충실했던 인물이 암흑의 공간을 장악하지 못하고 그 앞에서 무너지는 상황을 묘사하고 싶었을 것이다. 커츠가 누구이던가? 다름 아닌 "온 유럽이 기여"[134]해서 함께 만들어낸 사람이다.

즉, 서구적 정체성의 화신이었다. 콘래드에 의하면, 열대성의 본질은 바로 '암흑의 핵심'이다.

프랑스 소설가인 셀린(1894~1961)의 『밤끝으로의 여행』은 열대 지역을 식민화하려는 유럽인들이 열대질병에 대한 감염으로 얼마나 고통스러워하는지를 생생하게 묘사하고 있다. 먼저 셀린은 열대가 뿜어대는 다양한 색채와 밤의 풍경을 적나라하게 보여준다.

> 열대의 사람들이나 사물들을 평정한 의식을 가지고 바라보기는 어렵다. 그것들에게서 발산되는 다양한 색채 때문이다. 색채들이건 사물들이건 모두 비등 상태에 있다. 작은 정어리 통조림 깡통 하나가 열려서 한낮 길 한복판에 놓이면 어찌나 다양한 빛을 발산하는지, 그것을 바라보는 눈에는 커다란 사고만큼이나 중대하게 보인다. 그곳에서는 사람들만이 히스테릭해지는 것이 아니라, 사물들 역시 그러하다. 밤이 되었다 해서 삶이 그다지 견딜 만해지는 것이 아니라, 어둠이 내려앉기가 무섭게 그 어둠을 모기떼가 점령해버린다. 하나, 둘, 혹은 백이 아니라 수 조兆에 이르는 모기들이다. 그러한 조건에서 무사히 빠져나오는 것이 종족 보존을 위한 하나의 진정한 과업이다. 낮에는 사육제의 괴이한 인형 꼴, 밤에는 조리笊籬, 그야말로 소리 없는 전쟁이다.135)

이 전쟁은 유럽 문명이 아프리카를 지배하기 위한 통과의례이다. 벼룩 조사는 유럽 문명이 아프리카를 식민화하는 데 있어서 필수적인 정책이다.

> 나는 벼룩 조사를 중요하게 생각합니다! 그것은 문명의 한 요소인 바, 그 조사가 귀중한 통계자료의 기초가 되기 때문입니다! 진보적인 국가라고 한다

면, 자기 나라에 있는 벼룩들의 수를 성별로, 연령별로, 그리고 계절별로 파악하고 있어야 합니다.[136]

여기서 중요한 점은, 영국과 프랑스 등 아프리카를 식민화하는 데 앞장섰던 유럽 국가들이 벼룩 조사를 얼마나 체계적으로 했는지의 여부가 아니라, 유럽이 '문명'의 이름으로 열대의 풍경을 상상적 공간으로 만들어갔다는 점이다. 벼룩 조사를 게을리하면 말라리아와 같은 열대질병에 걸려 죽기 십상이다. 열대질병은 "신체와 도덕의 부패 신호인 동시에 문명 결핍의 신호이다."[137]

"학문과 정치 권력이 논리적으로 결탁하는 것을 표현한 최초의 소설가 중 한 사람"인 키플링Rudyard Kipling(1865~1936) 다음으로 가장 젊은 나이에 노벨문학상을 받았던 카뮈Albert Camus(1913~1960)[138]는 유럽이 페스트 앞에서 어떤 고통을 겪고 있는지 매우 생생하게 묘사하고 있다.

> 페스트에 휩쓸려 새 한 마리 볼 수 없게 된 아테네, 말없이 죽음의 고통에 몸부림치고 있는 사람들만 가득한 중국의 도시들, 썩은 물이 뚝뚝 떨어지는 시체들을 구덩이에 처넣고 있는 마르세유의 도형수들, 페스트의 광란하는 바람을 막기 위하여 프로방스에 건설한 거대한 성벽, 자파와 그 도시의 끔직스런 거지들, 콘스탄티노플 병원의 진흙 바닥에 납작하게 깔아놓은 축축하고 썩어가는 침상들 …… 밀라노의 공동묘지에서 벌어진 산 사람들의 성교, 공포에 질린 런던의 시체 운반 수레들…….[139]

카뮈는 페스트가 유럽 전체를 공포의 도가니로 몰아넣고 있다는 사실을 드러냄으로써, 페스트가 처음으로 발생했던 지역이 열대임을 독자들에게 강조하고 있다. 열대질병은 카뮈뿐만 아니라 토마스 만Thomas Mann(1875~1955)의 『베니스에서의 죽음』[140]에서도 소설을 이끌어가는 원동력이 되고 있다. 작품의 주인공인 아셴바흐가 "인도에서 시작되어 모스크바를 거쳐 베니스까지 퍼진" 전염병에도 불구하고, 베네치아에서 우연히 만난, 그리스 미학의 화신인 듯한 소년 때문에 베니스를 떠나지 못하고 죽어가는 상황이 묘사되고 있다. 여기서 아셴바흐를 홀리게 만든 것은 열대의 풍경이었다.

> 그는 어떤 풍경을 보고 있었다. 그것은 매우 흐린 하늘 아래에 펼쳐져 있는 열대의 늪지대였다. 엄청나게 울창한 습한 밀림의 풍경, 섬과 진창, 더러운 진흙이 이어지고 강의 지류를 따라서 형성된 태곳적 원시 세계의 모습이었다. — 풍성한 처녀림에서, 기름진 대지를 뚫고 나와 과감히 꽃을 피운 식물들 사이로 잎이 무성한 종려나무 가지가 여기저기에 솟아 있는 게 보였다. 기묘하게 생긴 나무들의 뿌리 부분이 공중에 드러났다가 땅속으로 파고들어가 있기도 하고 녹색의 수초들의 그림자가 어른거리는 수면 아래쪽에 잠겨 있기도 했다. 접시만 한 크기의 하얀 우윳빛 꽃들이 떠다니는 사이로는 날갯죽지가 치솟아 오른 낯선 새들이 못생긴 주둥이를 한 채 얕은 물 가운데 서서 꼼짝도 않고 곁눈질을 해댔다. 대나무 숲의 마디가 많은 대나무 사이에는 호랑이가 눈에 불꽃같은 빛을 내며 웅크리고 앉아 있는 모습이 보였다.[141]

유럽 사람들은 베네치아에 발생한 콜레라는 인도의 갠지스 강에서 시작된 전염병이라고 믿었다. 토마스 만은 인도의 콜레라가 베네치아로 전파되어 온 경로를 자세히 묘사하고 있다.

> 여러 해 전부터 인도의 콜레라가 갑자기 심하게 전염되고 만연되는 경향이 나타났었다. 전염병은 갠지스 강의 삼각주에 있는 따뜻한 습지에서 생겨난 것이었다. 한데 사람이 근접할 수 없는 엄청난 불모지의 원시림과 야생의 섬에서 — 그곳 대나무 숲에는 호랑이가 웅크리고 있다— 독기를 품은 바람이 일어 그 전염병이 북인도 전역으로 계속해서 급격하게 번져갔다. 그래서 동쪽으로는 중국, 서쪽으로는 아프가니스탄과 페르시아로 확산되었고, 대상隊商의 주요 경로를 따라서 끔직한 참상이 남러시아의 아스트라칸까지, 아니 더 나아가서 모스크바까지 번졌다. 그 요괴가 거기를 빠져나와 육로를 거쳐 옮겨올까 봐 유럽이 벌벌 떨고 있었다. 그 사이 그것은 오히려 시리아의 상선 때문에 바다를 건너 딸려와서 지중해의 여러 항구에 거의 동시 다발적으로 나타났던 것이다. 툴롱과 말라가에서 고개를 쳐들고, 팔레르모와 나폴리에서도 여러 번 그 가면을 드러냈다. 나중엔 칼라브리아와 폴리아에서 좀체 물러날 기미를 보이지 않았다. 하지만 이 반도의 북쪽은 피해를 입지 않았다. 그러나 금년 오월 중순경 베니스에서 같은 날에 부두 노동자가 여자 채소장사의 병들어 검게 변한 시체에서 그 끔직한 병균이 발견되었다.[142)]

이 인용문에서 흥미로운 점은 토마스 만이 콜레라 전파에 대한 의료지리학적 관점(4장 참고)을 취하고 있다는 것이다. 열대 지역인 인도의 갠지스 강에서 시작한 콜레라가 육로와 해로를 따라서 유럽 사회에 전파되는 과정에 대해 토마스 만은 의료지리학자로서의 역할을 마다하지 않는다.

베네치아의 사람들이 콜레라로 죽어가고 많은 사람들이 베네치아를 떠나고 있는 상황을 익히 알면서도 아센바흐가 왜 베네치아를 끝까지 떠나지 않고 죽음을 맞이하였을까? 아센바흐는 베네치아에서 우연히 만난 타치오라는 어린 소년을 통해 그리스 미학의 본질을 발견하였다 아셴바흐는 타치오에 대해 에로스적인 감정을 느낀다. 빙켈만에 의하면 "사랑하는 사람만이 미술 작품의 미를 보고 참된 미를 느낄 능력이 있다."[143] 아셴바흐는 타치오를 고대 그리스의 '어린 파이드로스'에 비유하면서 "아름다움만이 사랑스러운 동시에 눈에 보일 수 있는 것"[144] 이라고 주장했다. 아셴바흐에게 고대 그리스의 아름다움은 열대의 전염병으로 죽을 수도 있는 자신의 목숨보다도 귀중한 것이다.

> 이제부터 우리의 노력은 아름다움에만 경주되지. 말하자면 단순성과 위대성 그리고 새로운 엄격성과 제2의 자유와 형식을 존중한다는 것이지.[145]

콜레라로 베네치아가 죽어가는 도시가 되고 있는데도 불구하고 한 미소년美少年이 베네치아를 떠나지 않는 한, 아셴바흐도 도시를 떠날 수가 없었다. 타치오는 고대 그리스의 아름다움의 화신이었기 때문에, 아셴바흐는 타치오를 불결한 열대 갠지스 강에서 전파되어 온 콜레라로부터 보호해야 했기 때문이다. 아셴바흐는 빙켈만이 말한 대로, 타치오를 직접 '관조'함으로써 그리스 미학에 '사로잡혔다.'[146] 빙켈만의 미학 정신을 존중했던 토마스 만은 아셴바흐를 통해 열대의 불결함으로부터 그리스의 미학적 정체성을 옹호하려는 강렬한 메시지를 독자들에게 호소하려고 했을 것이다. 유럽이 자신의 그리스적 정체성을 만들어가는 과정에서 열대성은 타자로서의 위상을 차지할 뿐이었다.

남태평양: 호지스와 고갱

18세기에 이루어졌던 유럽의 남태평양에 대한 대규모 항해는 문학과 미술에 대한 새로운 지평을 열었다. 이런 점에서 당시의 유럽 미술은 18세기 유럽과 열대의 역사를 이해하는 데 필요한 사료임에 틀림없다.[147] 쿡의 2차 남태평양 항해에는 호지스William Hodges(1744~1797)가 참가하였는데, 호지스는 해양 선원과 물리과학에 조예가 있어서 남태평양의 대기와 날씨를 자신의 작품에 세밀히 반영하였다.[148] 호지스가 1776년에 타이티에서 그렸던 <마타바이 만의 두 선박*The Resolution and Adventure in Matavai Bay, Tahiti*>(그림 3-6)은 타이티의 목가적 풍경인 '아카디아Arcadia'를 보여주는데, 이 그림에서 호지스는 열대 기후와 투아우루산맥Tuauru과 같은 자연 풍경, 타이티 사람들이 배를 만드는 모습, 타이티 여인의 풍만한 가슴에 기댄 어린이 등의 평화로운 모습을 묘사하였다.[149] 마찬가지로 호지스의 다른 작품인 <타이티를 재방문하다*Tahiti Revisited*>(그림 3-7)도 열대 기후와 산맥, 숲과 나무, 강 등을 포함하는 타이티의 풍경을 담고 있으면서도 발가벗은 채로 강가에 있는 여인들과 헤엄을 치는 여인을 묘사하고 있다.

18세기 후반 유럽은 타이티를 자신과 같은 기독교 문명이 아닌 이교도 문화의 중심지로 바라보았다. 호지스의 <마타바이 만의 두 선박>에는 유럽의 이런 인식을 엿볼 수 있어서 이교도를 상징하는 돌기둥이 서 있다.[150] 또한 호지스의 그림에서 그가 타이티 여성에 대한 감각을 어떤 색깔로 표현했는지 주목할 필요가 있다. 그의 그림에서 여성은 폴 고갱이 묘사했던 여성의 색깔과 다르다. 같은 타이티 여성인데, 호지스는 열대 풍경의 색깔보다 두드러지게 묘사하지 않았다. 이에 반해, 고갱의 그림에서 여성은 영락없이 흑인이다. 왜 똑같은 타이티 여성을 두

〈그림 3-6〉 〈마타바이 만의 두 선박The Resolution and Adventure in Matavai Bay, Tahiti〉(1776)

〈그림 3-7〉 〈타이티를 재방문하다Tahiti Revisited〉(1776)

화가는 서로 다른 색깔로 표현했을까? 가장 설득력 있는 설명은 호지스가 살았던 18세기 후반의 유럽은 열대 사람들에 대해 인종적 판단을 하지 않았기 때문이다. 하지만 1820년대와 1830년대에 에드워즈William F. Edwards(1777~1842)의 인종론이 유럽 사회에 영향력이 미치면서, 열대 사람들이 자신들과 다른 인종이라고 '인식'하게 된 유럽은 자신은 '문명', 타이티와 같은 열대는 '야만'이라는 이분법적 구도를 설정하게 되었다. 고갱은 타이티 여성을 야만의 색깔로 입혀 표현해야 했다.

고갱Eugene-Henri Paul Gauguin(1848~1903)은 제임스 쿡과 같은 시기에 경쟁적으로 남태평양을 탐험했던 부갱빌이 『세계 일주 여행*Voyage autour du monde*』[151]에서 "지구상의 낙원"이라고 묘사했던 타이티 섬에 대해 알게 되었다. 그는 타이티 섬에서 "어떤 식물학자도 발견하지 못했던 나무들을 보고, 퀴비에의 생각도 미치지 못했던 동물을 보고, 신만이 창조할 수 있었던 인간을 보았"다. 이 섬에는 "화산에서 흘러나오는 것인가 싶은 바다가 있고 신도 살 수 없는 하늘이 있었"다.[152] 타이티 섬 옆의 마르키즈 섬에서 고갱은 타이티 섬보다 더 확연히 열대의 본질을 다음과 같이 느꼈다.

> 그 성격은 생명도 표정도 없이 용해되어 무無가 되고, 무한의 공간에 삼켜져 있는 전全 자연이다. 그것은 아무런 형상도 갖지 않고, 그 구석구석 깊숙한 곳까지 밤과 침묵에 잠기어 있는 이름도 알 수 없는 심연 같은 것이었음에 틀림없다. 이것은 **생물**의 카오스가 아니라 **생명**의 카오스요, 원시적인 허무로서 훗날 사람들은 거기서 생긴 생명이 다시 돌아왔을 때, 그것을 죽음의 세계라고 부른 것이다.[153]

죽음의 세계! 고갱도 콘래드와 같이 열대의 핵심을 죽음 또는 암흑이라고 파악했다. 지리적 공간을 뜻하는 열대는 콘래드와 고갱의 작품을 통하여 암흑을 상징하는 '상상적 공간imaginative space'[154]을 의미하게 되었다. 열대는 유럽 낭만주의의 식물지리학적 틀을 통해 묘사되었다.

1887년도에 고갱은 마르티니크 섬에 도착하자마자 이질과 말라리아로 앓아눕고 말았다. "매일 밤 죽을 것 같은 시간을" 보내면서 "음식을 조금만 먹어도 지독한 통증을 느끼고 머리가 어지러워서 편지를 쓰는 데도 힘이" 들었고 의사는 "반드시 프랑스로 귀국해야 한다고" 강권했지만 고갱은 마르티니크에 6개월간 체류했다.[155] 고갱의 열대질병 체험이 여기서 그렸던 <열대의 식물>에 반영된 것은 당연한 일이다. 고갱의 초기 풍경화를 재현하고 있지만 이 그림은 열대의 질병으로 생사를 넘나들었던 고갱이 열대 자연을 정형화하고 있음을 보여준다.[156] 고갱은 한 친구에게 자신이 마르티니크에서 "결정적인 경험을 쌓았"다고 하면서 자신이 누구인지를 알고 싶다면 이곳에서 그린 작품에서 자신의 모습을 찾으라고 한 친구에게 말했다.[157]

고갱이 열대 자연을 암흑 또는 죽음으로 표현하게 된 인식의 근저에는, 그가 인종주의적 관점에 입각한 인류학적 담론에 익숙해졌다. 식민지와 관련된 국제박람회를 통해 열대 지역을 유럽의 감각과 감수성으로 표현할 수 있었기 때문이다.[158] 고갱에게 타이티의 자연은 암흑을, 여성은 흑인성을 의미했다.

쿡과 호지스 일행이 다녀가고 백여 년이 지났지만, 유럽인들의 관점에서 볼 때 타이티는 여전히 이교도 문화로 남아 있었다. 고갱도 이 점을 깊이 인식하고 있었다.

이곳에서 그리스도교는 아무것도 이해하지 못한다. 문명화한 상속법과 협력해서 아무리 노력해보아도, 결혼은 환락의 한 의식에 불과하다. 사생아, 불

> 의의 자식 등은 옛날에도 그랬듯이 문명의 공상으로 말미암아 우리들의 기형아가 될 것이다.[159]

웰즈의 소설 『모로 박사의 섬』과 『우주 전쟁』을 읽기도 했던 고갱은 타이티 섬의 생활을 통해 항상 문명 대 야만이라는 이분법적 구도에 가위눌려 있었다.[160] 여기서 중요한 점은 그가 자신을 마냥 '문명' 쪽에 설정하지 않았다는 것이다. 예를 들어, 그는 스웨덴의 세계적인 극작가인 스트린드베리August Strindberg(1849~1912)에게 보낸 편지에 "당신을 고뇌하게 하는 문명 의식! 나에게는 젊음의 혈기를 뜻하는 야만성! …… 당신의 문명화된 의식 세계에서 이브는 당신만이 아니라 우리 모두를 여성 혐오자로 만들고 있습니다"라고 적었다.[161] 고갱은 문명 의식으로 철저히 무장된 유럽인들이 타이티를 비하하려고 했을 때에는 자신을 야만인으로 설정하여 이들에게 대항했다. 그렇지만 고갱이 1899년에 그린 <이브*Eve*>는 에덴동산과는 전혀 무관한 모습을 보여준다. 고갱에게 이브는 열대의 에덴과는 무관한 하나의 여성에 불과했다.

고갱이 묘사하려고 했던 것은 타이티의 여인과 풍경에 대한 사실적 모습이 아니라, 서구 르네상스 문화에 의해 굴절된 에로스Eros에 대한 미학적 형상화였다. 고갱은 작품 <화창한 날Nave nave mahana>(1896)에서 자신의 화실에 복사본을 보관해 놓았던 보티첼리Sandro Botticelli(1445~1510)의 <봄의 비유Allegory of Spring>(1481)를 타이티의 여인을 통해 재현하고 있다.[162]

고갱 스스로 자신의 최고 작품이라고 말했던 <우리는 어디에서 왔는가? 우리는 누구인가? 우리는 어디로 가는가?*D'ou venons nous? Que sommes nous? Ou allons nous?*>(1897~1898)는 칼라일Thomas Carlyle(1795~1881)의 <의상철학*Sartor Resartus*>(1836)으로부터 영감을 받은 작품이다. 고갱은 이 책을 읽고 다음과 같이 말했다.

> 나는 무엇인가? 하나의 음성, 하나의 운동, 하나의 외관, 영원한 정신의 핵심에서 시각화된 어떤 생각의 화신이다. 나는 생각한다. 고로 존재한다. 아아, 가엾은 명상가여, 이 말로는 별로 얻을 것이 없다. 물론 나는 존재하지만 최근에서는 존재하지 않는다. 그러나 어디로부터? 어떻게? 어디로 존재한단 말인가?[163)]

고갱 자신은 부인하고 있지만[164)] 여러 평론가들이 지적하듯이, 그가 미술적 영감을 받았던 드 샤반느Pierre Puvis de Chavannes(1824~1898)의 <예술과 자연 사이*Inter Artes et Naturam*>(1890)를 연상하게 한다. 고갱의 친구였던 반 고흐는 샤반느의 그림을 보노라면, 마치 "르네상스 시대에 있는" 듯한 기분에 빠져든다고 말했다.[165)] 이 그림에서 주목할 것은 그림의 배경이 되는 열대 풍경이 매우 어둡다는 점인데, 이는 고갱의 열대 자연에 대한 기본적 인식을 그대로 반영한다고 할 수 있다. 고갱은 르네상스를 서구 미학의 본질적 세계로 보았으며, 타이티는 고갱 스스로 사용했던 '타자성'의 공간이었다. 다시 말해서, 고갱에게 타이티 섬은 서구 르네상스의 예술 세계를 발견하고 만들어가는 미학적 공간이었던 셈이다.

고아Goa, 도시 공간의 식민성

고아에는 150킬로미터의 해안선을 따라 야자나무가 심겨 있다. 고아의 수도 벨라 고아Velha Goa는 만도비Mandovi 강을 따라 펼쳐진 일곱 개의 언덕 위에 있다. 1510년에 포르투갈이 고아 해안을 점령한 이래로 고아는 포르투갈의 통치를 무려 400년간이나 받았다. 고아의 역사에서 결코 빼놓을 수 없는 사람은 사비에르Francis Xavier(1506~1552)이다. 그는 포르투갈의 선교사로서 1542년에 고아에 도착했다. 중국과 일본에도 선교 활동을 했던 사비에르가 죽고 난 후에 로마의 게수Gesu 2세 성당에 안치되었을 때, 당시의 신학자인 비에라Antonio Viera(1607~1697)는 사비에르의 "한쪽 팔은 아시아 기독교의 정상에 있는 고아와 동방을 안고 있고, 또 다른 팔은 전세계와 그리스도교의 정상에 있는 로마와 서방을 안고 있다"[166]고 말했다.

포르투갈은 무엇보다도 열대 고아 지역에 로마를 그대로 이식하기 위해 대성당들을 건축하기 시작했는데, 가장 대표적인 성당이 바로 산타 카트리나Santa Caterina 대성당이다. 1562년에 짓기 시작하여 무려 90년이나 공사가 진행된 대성당은 이베리아 반도에서 유행된 '공회당식 성당'을 모델로 하였다. 포르투갈 정부는 식민지 벨라 고아에 테아틴Theatine 성당을 비롯한 로마식 대성당뿐만 아니라 작은 교회와 수녀원을 세우는 데 엄청난 자원과 물량을 투입했다.

하지만 네덜란드가 고아에 발을 들여놓았고, 고아 지역에 대규모 전염병들이 창궐하면서,[167] 17세기 말부터 고아는 상업적 중심지로서의 역할을 잃어갔다. 포르투갈이 고아의 수도를 판짐Panjim으로 옮기면서 벨라 고아의 도시 건축물들은 점점 파괴되기 시작했다. 1820년부터 시작되어 53년간 지속된 이런 파괴에 대해, 브라질에서 열대학을 제창했던 프레이레Gilberto Freyre는 "어떤 유럽인도 포르투갈 사람이 고아에서 동방의 유적들에 대해 했던 것처럼 잔혹한 행동을 하지 못할 것이다"라고 말했다.[168]

포르투갈에게 고아는 르네상스 로마를 재현하기 위한 식민지 공간이었다. 고아 지역에 지어진 르네상스식 대성당들은 열대적 공간의 특성을 보여주는 상징이 되었다. 고아의 열대성은 르네상스 유럽을 재현한 것이다.

열대 식민지와 기독교 문명: 보들레르와 랭보

19세기 후반 유럽은 세계를 탐험하고 여행하는 일이 '유행'하고 있었다. 이런 상황을 쥘 베른Jules Verne(1828~1905)만큼 문학적으로 탁월하게 형상화한 작가는 없을 것이다. 그의 『80일간의 세계일주』[169]는 '세계'라는 공간을 '80일'이라는 시간으로 '환원'하여 표현했다는 점에서 시간과 공간에 대한 기존의 관념을 흔들어놓았다. "거리는 이제 관념적인 존재에 불과하다. 공간은 모든 현실성을 잃은 형이상학적 관념일 뿐이다."[170] 쥘 베른을 좇아서 장 콕토Jean Cocteau(1889~1963)도 80일간의 세계일주를 했을 정도로 세계일주는 19세기 후반 이후 유럽 사람들에게 화두가 되었다. 콕토의 세계일주는 봄베이, 캘커타, 랑군, 쿠알라룸푸르, 싱가포르 등의 열대 아시아를 포함하고 있었는데, 장 콕토는 여행의 마지막에 다음과 같이 고백하였다. "프랑스는 세상이 자기를 과소평가하고 있다며 그에 반박이라도 하듯 최고의 모습을 보여주려고 애쓰는 것만 같다. 프랑스는 자신이 버젓이 존재하며 모진 대접을 받을 이유가 없다는 것을 우리에게 증명하고 싶은가 보다."[171] 쥘 베른보다 60년 늦게 세계 일주를 했던 콕토의 이런 인식은 쥘 베른과 같은 시대에 열대를 직접 여행했던 보들레르Charles P. Baudelaire(1821~1867)와 열대에서 군인으로 근무했던 랭보Arthur Rimbaud(1854~1891) 등 19세기 프랑스 문학가들의 유럽 문명에 대한 자기 성찰에 맞닿아 있다.

19세기 프랑스 문학가들이 직접 체험했던 열대 지역은 더 이상 '에덴'이 아닌, 유럽 제국들의 식민지가 된 지역이었다. 그렇기 때문에 이런 체험에서 우러나온 문학가들의 작품을 읽고 해석할 때는 문학 작품의 공간인 열대 풍경에 대한 정확한 인식이 필수불가결하다. 그들 중에서 보들레르와 랭보가 특히 관심을 끄는 이유는 두 시인이 열대의 체험을 통해 유럽 문명에 대해 매우 비판적인 입장을 취했기 때문이다.

보들레르의 『악의 꽃』부터 살펴보자. 보들레르의 가족들은 방탕하고 낭비벽이 심하여 그를 20세가 되던 1841년에 인도 캘커타로 보냈다. 하지만 그가 탄 배는 해상 사고를 당해 결국 캘커타에 가지 못하고 중간에 돌아왔다. 아주 짧은 여행이었지만 보들레르는 유럽과는 완연히 다른 열대 지역을 접했다.

이 체험은 『악의 꽃』에 그대로 녹아 있다. 무엇보다도 보들레르는 『악의 꽃』을 통해 에덴동산의 타락을 보여주고 싶었다. 『악의 꽃』의 표지는 보들레르의 문제의식을 결정적으로 보여준다. <그림 3-8>이 보여주듯이, 시집의 표지를 보면[172] 아담과 이브의 한 가운데에 생명의 상징인 무화과 대신에 앙상하게 뼈만 남은 인간의 해골을 적나라하게 보여주고 있다. 출판사에서 표지를 디자인해서 가져왔을 때 보들레르는 단호하게 거부하고 다음과 같이 표지를 디자인하라고 지시하였다.

> 해골로 나무를 만들 것. 다리뼈와 갈비뼈는 몸통이 되게 하고, 십자로 뻗은 팔은 피어나는 나뭇잎과 봉오리가 되게 할 것. 이 나무로 하여금 온실의 화초처럼 일정한 간격으로 배열한 작은 화분의 독초들을 보호하게 할 것.[173]

인도양을 여행하고 돌아온 보들레르는 "향기로운 낙원이여, 넌 멀기도 하다"고 한탄하였다. 그는 "은밀한 기쁨이 가득한 순결한 낙원은 이

〈그림 3-8〉 『악의 꽃』 표지

미 인도나 중국보다 더 멀어졌는가?"라고 "흐느껴 부르짖으며" 이 낙원을 "되살릴 수는 없는가"라고 애타게 호소한다.[174] 열대 식민지에서 '이브'를 찾아 헤매던 보들레르는 푸르고 향기로운 낙원을 찾아 '돛단배'를 타고 떠나가기를 간절히 기원한다.

시인은 유럽의 기독교적 정체성에 분명히 도전하고 있다. 보들레르는 인도의 말라바르 지방에서 온 혼혈의 '검은 비너스' 잔뒤발을 만나서 사랑에 빠진 후 「어느 말라바르 여인에게」라는 시를 썼다. 그는 말라바르 여인에게 "왜 우리 프랑스가, 고통에 휩쓸리는 사람이 너무 많이 사는 그 나라가 보고 싶지?"라고 묻는다. 말라바르 여인은 말라바르에서 프랑스 "주인의 담뱃대에 불 댕기는 일, 시원한 물병과 향수병을 바치고 어슬렁거리는 모기떼를 침대에서 멀리 쫓아내는 일" 등 노예로 생명을 연명하는 것을 마다하고 프랑스 제국의 나라를 보고 싶은 이유를 말한다.[175] 보들레르는 그녀에게 "너무도 사람들 들끓는" 파리에서 그것도 "이국적 매력의 향기를 팔아야" 하는 도시의 풍경을 들려준다. "프랑스의 위대한 시인들 중에서 …… 파리에 자신의 삶이 영원히 묶여 있는 시인"[176]으로 평가받는 보들레르는 '열대 : 파리=낙원 : 지옥'의 등식을 만들었다.

보들레르는 「크레올Creole 여인에게」에서 열대 식민지에서 태어난 백인 여성을 제국의 나라 프랑스로 유혹하는 '소네트'를 속삭인다.

태양이 애무하는 향기로운 나라에서,
게으름이 사람 눈 위로 비 오듯이 내리는
종려나무와 붉게 물든 나무 그늘 아래서
나는 낯선 매력을 지닌 크레올 여인을 알았네.

(……)

고풍스런 저택에 어울리는 미인이여,
당신이 저 푸른 진정한 영광의 나라에,
센느 강이나 루아르 강가에 간다면,
(……)
시인의 가슴속에 수많은 소네트를 싹트게 하리.[177]

랭보는 1876년에 네덜란드 식민지 군대에 지원하여 입대하였다. 당시에는 프랑스 사람들이 네덜란드 식민지 군대의 병적에 등록된 병사들의 3분의 1을 차지하고 있었다.[178] 네덜란드가 통치하고 있던 인도네시아의 바타비아에는 식민총독이 근무하고 있었고 3,500명의 유럽 사람들을 포함하여 25만 명의 주민들이 살고 있었다. 랭보는 프랑스와는 풍토가 완연히 다른 열대 자바 섬에서 프랑스인 동료 군인의 죽음을 지켜보았으며 군사훈련에 지쳐버렸다. 그는 1876년 8월에 탈영하여 스코틀랜드 배를 타고 아일랜드에 도착했고, 영국을 거쳐 프랑스로 돌아왔다. 이번에는 미국 군대에 지원하려고 했지만 거절당했다. 1878년에 파리에서 열린 만국박람회는 랭보의 열대로의 탈출 욕망에 불을 붙였다. 제노바에서 키프로스를 거쳐 아덴으로 온 랭보는 향신료를 비롯하여 열대에서만 산출되는 물산품들에 대해 거역할 수 없는 매력을 느꼈다. 하지만 아덴에서 크게 창궐했던 페스트[179]를 피해 그는 1881년에 홍해를 건너 아프리카로 떠났다.

랭보에게 열대 아시아와 아프리카에서의 체험은 그의 시적 세계에 결정적인 영향을 미쳤다고 볼 수 있다. 그가 열대로 떠나기 이전인 1873년에 쓴 『지옥에서 보낸 한 철』에서부터 "열등한 종족"인 흑인이 "인민과 이성과 나라와 과학"을 담당했다고 갈파하였다.

오! 과학이여! 모든 것이 수정되었다. 육체를 위해
그리고 영혼을 위해 — 영혼의 길참 — 의학과 철학이
있다 — 민간요법을 위한 약들과 편곡된 민요들.
그리고 제후들의 오락과 그들이 금지하는 놀이들!
지리학, 우주형상학, 역학, 화학! …… 과학, 새로운 위엄!
진보. 세계는 나아간다.
무엇 때문에 세계가 바뀌지 않을 것인가?[180]

그의 나이 20세임을 감안할 때, 이는 매우 대담한 선언이었다. 그는 흑인도 구원을 얻을 수 있다고 주장하면서 자신을 흑인과 일치시키고 있다. 보들레르보다 더 직설적으로 랭보는 기독교 문명의 유럽을 비판하고 있다.

나는 짐승이다. 흑인이다. 그러나 구원받을 수 있다. 당신들은
가짜 흑인, 당신들은 미치광이, 무자비하고 탐욕스럽다.
상인이여, 그대는 흑인이다. 관리여, 그대는 흑인이다.
장군이여, 그대는 흑인이다.[181]

보들레르와 랭보가 만들어낸 열대성은 유럽의 문명을 바라보기 위한 '참고 문헌'에 불과했다. 이 점은 대단히 중요하다. 왜냐하면 그들의 일차적 관심은 유럽 사회이며, 열대 지역은 어디까지나 그들에게 주변적이기 때문이다. 그래서 중심의 유럽을 성찰하고 비판하려면 주변부인 열대는 타자화되어야 했다. 보들레르와 랭보에게 열대성은 유럽의 기독교적 정체성을 조망하는 데 더할 나위 없이 적절한 소재거리가 되었다.

낭만주의적 식물지리학과 열대성

오랫동안 에덴동산은 유럽의 그리스도교적 정체성을 확립하는 데 중심적인 공간이었다. 유럽의 나무 숭배 전통은 에덴동산의 풍경에도 그대로 투영되었다. 밀턴은 에덴동산을 '숲의 극장'에 비유하였고, 그의 자연에 대한 식물지리적 인식은 전지구적인 차원으로 승화되었다. 다른 한편으로, 푸생이나 로랭과 같은 화가들은 성서 이야기들을 나무를 풍경화의 소재 또는 주제로 삼았다. 터너에 이르기까지 당시의 풍경화들은 유럽의 그리스도교적 기원을 생생하게 보여주었다. 나무와 숲은 유럽 사회가 문명적 풍토로서의 '식물적 우주'[182]를 형성하는 데 주춧돌이 되어왔다.

괴테는 식물지리학적 관점으로 문학, 미술, 자연과학을 결합하려고 했다는 점에서 18세기 계몽주의에서 낭만주의로의 전환점에서 선 중요한 사상가이다. 18세기 유럽의 열풍이었던 '그랜드 투어'에 영향을 받은 괴테의 『이탈리아 여행』은 자신이 직접 파도바, 베네치아, 밀라노, 로마, 나폴리 등에서 보고, 만지고, 느꼈던 식물 중심의 자연에 대한 감각의 식물지리학 보고서에 해당하였다. 확실히 괴테의 저작은 기존의 '그랜드 투어'가 보여준 지평을 넘어섰다. 헬레니즘 문화를 유럽뿐만 아니라 인류 보편의 삶이라고 믿었던 괴테는 그리스인들이 보여주었던 삶의 형태를 추구함으로써 '유럽주의'의 그리스적 형식을 정립해나갔다. 괴테는 독일로 돌아와서 셸링의 형태적 미학을 식물에 적용하여 원형 식물의 개념을 창안하였다. 이는 19세기에 헤켈과 블로스펠트를 거쳐 예술의 원형 개념으로 발전하였다. '식물적 상상력'은 낭만주의자들에 의해 유럽의 문학과 예술의 전 분야로 널리 전파되었다. 그리스도의 피를 의미하는 식물인 수난초에 대한 독일 중세의 시에 기원을 두고 있는 낭만주의가 식물적 우주를 다룬 문학과 미술을 통해 유럽에 뿌리를 내린 것이다.

괴테의 식물지리학은 물론이거니와 버크와 터너, 쿡의 2차 대항해에 참가했던 화가인 호지스를 통해 열대 풍경의 장엄함과 숭고함을 익히 알고 있었던 알렉산더 훔볼트는 열대 풍경에 대한 유럽의 예술가들의 상상력을 크게 고양시켰다. 훔볼트가 창안했던 식물지리학 개념은 유럽의 열대성 발명에서 핵심적인 방법론이다. 식생이 다르면 감각도 달라진다. 유럽의 식생과 본질적으로 다른 열대 아메리카의 식생은 유럽의 감각과 판이하게 다른 감각의 박물학을 전개시켰다. 유럽의 문학가와 미술가들이 열대의 박물학 앞에서 '환장'하지 않을 수 없었을 것이다.

풍경에 대한 낭만주의적 관점은 유럽이 상상적 공간으로서의 열대성을 만들어가는 데 인식론적 틀이 되었다. 괴테의 '낭만주의는 질병'이라는 표현은 조셉 콘래드와 토마스 만과 셀린의 작품에서 구체성을 획득하였다. 세 작가들의 공통된 관점은 낭만주의적 식물지리학이다. 열대 자체는 지리적 공간인데 반해, 열대성은 개념적 공간인 것이다. 이 글에서 분석의 대상이 된 문학 작품들에 의하면, 열대는 암흑의 공간이며, 질병의 일차적 생산 공간이며, 그리스에 기원을 두고 있는 서구 문명을 수호하기 위해 통제되어야 하는 공간이 된다.

호지스와 고갱 사이의 백 년이라는 세월은 유럽의 제국주의적 전환을 확실히 보여준다. 호지스는 인종에 대한 담론이 유럽에서 아직 맹아도 나타나지 않았던 18세기에 타이티의 풍경을 묘사했던 데 비해, 고갱은 제국주의적 인종론이 전 유럽을 뒤덮었던 19세기 말에 타이티의 풍경을 그렸다. 아울러 포르투갈 제국이 고아를 지배했지만, 고아 지역의 대성당들은 르네상스 유럽을 재현함으로써 고아의 열대성은 유럽의 르네상스식 정체성을 위해 정립되어갔다.

19세기 후반 유럽의 문학가들과 예술가들은 당대의 유행이었던 세계일주 여행에 영향을 받아 직접 열대로 여행을 떠났다. 보들레르와 랭보도 이런 체험에 동참하였다. 그들의 기독교적 정체성에 대한 문명 비평이 중요한 것은 그들이 열대성을 매개로 하여 기독교 문명을 비판했다는 데 있다. 열대성은 그들의 유럽 문명 비판을 위해 선택되고, 분리되고, 조절되어야 했다. 유럽이 자신의 정체성을 열대 공간에 투사投射함으로써 열대성의 의미는 더욱 분명해졌다.

이와 같이 이 글에서 분석한 유럽의 문학가와 미술가들은 식물지리학적 관점에서 풍경을 바라보았으며, 열대성의 형식과 내용을 낭만주의적 관점에서 인식하고 만들어갔다. 유럽의 풍경에 대한 낭만주의적 인식은 식물지리학적 지평과 어우러져 유럽이 지리적 공간으로서의 열대를 인식하는 틀이 되었고, 이런 인식론적 틀을 통하여 유럽은 자신의 정체성을 만들어가는 과정에서 상상적 공간으로서의 열대성을 발명하게 되었다.

04
열대질병의 지정학과 환경위생

4

열대질병의 지정학과 환경위생

"미국은 멕시코 만에서 태평양으로 이어지는 바닷길을 반드시 뚫고 말 것이다.
나는 미국이 그 목적을 달성할 것이라고 확신한다.
살아서 이것을 보고 싶지만 그렇게 되지는 않겠지. 하지만, 나는 영국이
수에즈운하를 건설하는 것을 보게 될 것이다."[1)]

괴테

질병과 제국

서구 사회는 1870년대부터 1910년대까지 '열대질병'의 원인과 병리적 기전을 본격적으로 규명하였다. 4장은 '제국의 시대'[2)]인 이 시기에 서구 사회가 어떻게 열대질병에 관심을 갖게 되었고, 열대질병의 극복을 위해 의학적·환경위생적 담론을 만들고 실천하게 된 지정학적 맥락을 분석하는 데 목적이 있다.

구체적으로 다음과 같은 점들을 분석한다. 첫째, 열대질병에 대한 서구의 인식이 16세기부터 1860년대까지 어떻게 변화되었는지를 탐구한다. 이 시기에 열대를 다녀갔던 유럽 의사들의 기록을 통하여 열대에 관한 서구 인식의 변화 과정을 살펴본다. 둘째, 1860년대를 기점으로 유럽의 환경위생이 변모하게 된 이유를 유럽 내부의 현실 및 제국주의적 이해관계와 연결하여 논의한다. 제국과 식민지의 환경위생이 분리된 문제가 아니라, 서로 연결되어 있음을 보여주게 될 것이다. 셋째, 콜

레라의 발생과 전파에 대해 서구가 보여주었던 인식의 방식을 탐구한다. 콜레라는 서구의 '오리엔트'에 대한 인식의 방식을 보여주는 전형적인 질병에 해당하기 때문이다. 마지막으로, 당시의 서구 제국들에게 최대의 이익을 가져다주었던 지정학적 공간인 파나마운하를 사례로 들어, 서구에 의한 식민지 개척의 열쇠는 열대질병에 관한 환경위생적 지배에 달려 있었음을 보여주게 될 것이다.

지리의학 또는 의료지리학

1870년대부터 1910년대에 걸쳐서 제국주의는 서구 사회에서 이데올로기 이상의 의미를 가졌다. '제국'은 일상생활에 자주 사용된 용어였다. 그렇다면 영미권의 주류 의학사학자들이 서양 근대의학의 위대한 산물인 세균학 성립과 같은 시기에 성립된 열대의학에 대해 거의 한 세기가 되도록 주목하지 못했던 이유가 무엇인지 궁금하지 않을 수 없다. 주류 의학사학자들이 제국주의와 의학의 연결 고리를 생각하지 못했던 이유는 무엇일까?

여러 가지 이유가 있겠지만, 그들이 질병의 지정학적 문제를 심각하게 고민하지 않았기 때문이라고 본다. 물론 그들이 처음부터 의학사와 지리학의 연관성을 논의하지 않았던 것은 아니다. 미국 최초의 의학사 학술지이며, 미국의학사학회의 학술지인 『미국의학사학회지*Bulletin of the History of Medicine*』의 창간호(1933)는 게리슨Fielding Garrison이 쓴 지리의학Geomedicine으로 시작한다. 그는 지리의학이 의학사와 궁극적으로 연관되어야 하는 이유는 앞으로 "국제적 수준에서 의학사는 선진 문명뿐만 아니라 전지구를 포함"해야 하기 때문이라고 말했다.3) 이보다 한해 먼저, 게리슨은 의료지리학의 기원은 히포크라테스의 "공기, 물, 땅에 대하여"[4]에서 찾을 수 있다고 주장하였다. 그는 1923년 싱가포르에서 열린 국제열대의학회의International Congress of Tropical Medicine를 언급하면서 "호주 북부, 인도, 라틴아메리카, 필리핀, 말레이시아, 멜라네시아, 폴리네시아 등의 의료지리학 또는 지리의학은, 열대의학에 관한 교과서에 나와 있는 양상으로 결코 환원될 수 없는, 자체의 독특한 열대의학 양상을 보여준다"고 언급하였다.[5]

의학사를 지리적 관점에서 사고해야 할 필요성을 제기했던 게리슨의 이런 문제의식은 독일에서 태어나 의학과 의학사를 공부하고 미국으로 건너왔던 지거리스트Henry E. Sigerist,[6] 로젠George Rosen,[7] 아커크네히트Erwin H. Ackerknecht[8] 등을 통해 공유되었다. 19세기 말에 새롭게 정립되었던 학문인 지정학geopolitics이 "지질학, 동물학, 역사학 분야에서 훈련을 받은"[9] 라첼Friedrich Ratzel(1844~1904)[10]에 의해 창안되었다는 점을 생각한다면 "정치적으로나 과학적으로, 독일은 지리의학의 탄생에 유난히 적합하였다"고 볼 수 있다.[11] 독일의 이런 전통 속에서 성장하고 미국으로 건너왔던 지거리스트 등은 히르슈August Hirsch(1817~1894)[12]의 『역사지리 병리학』[13]을 읽고 의료지리학의 중요성을 인식하였으며, 핑케Leonhard Ludwig Finke(1747~1828)를 통해 의료지리학이 18세기 중엽 독일에서 등장하게 된 역사적 배경을 이해하였다.[14] 히르슈는 역사지리 병리학의 목적을 다음과 같이 밝히고 있다.

> (i) 질병이 여러 시기에 지구의 곳곳에서 발생했을 때의 특정한 조건을 규명하고, (ii) 질병들이 시간과 공간에 따라 어느 정도로 차이가 나타나는지를 보여주며, (iii) 특정 시간과 공간에서 발생한 질병들의 요인들 사이에 어떤 인과적 관계가 있으며, (iv) 같은 질병이라도 시간과 공간의 변화에 따라 서

로 간에 어떤 연관성이 있는지를 밝혀내는 데 있다.[15)]

의학사를 의료지리학적 관점에서 해석하려는 이런 흐름은, 1950년대로 들어오면서 불행히도 주류 의학사학자들 사이에서 이어지지 못했다. 이런 양상은 영미권에서 의료지리학이 20세기 초부터 최근까지 지속적으로 발달된 것과 크게 대조를 이루어왔다.[16)] 특히, 1978년에 창간된 학술지인 『사회과학과 의학*Social Science and Medicine*』이 1979년에 의료지리학 분야Medical Geography, Part D를 별도로 편집, 출간하면서 의료지리학은 서구 학계에서 학문적 대중성을 확보하기에 이르렀다. 의료지리학자들은 역사적 관점에서 의료지리학을 이해하려는 노력을 보여주었는데, 바레트Frank A. Barrett는 『질병과 지리학*Disease & Geography*』[17)]에서 의료지리학의 역사에 관한 기존의 연구들을 포괄적으로 정리하였다.

의료지리학이 학문적으로 정립되고 발달하고 있음에도 불구하고, 이들과 직접적으로 교류하지 않았던 영미권의 주류 의학사학자들은 의학사 연구에서 의료지리학을 수용하려는 태도를 보여주지 않았다. 이는 그들이 의료사회학과 의료인류학을 의학사에 접목하려고 할 때 보였던 의지와 비교한다면 분명히 놀라운 사실이다. 예를 들어, 영미권 의학사의 중심이라고 볼 수 있는 웰컴Wellcome의학사연구소에 소속된 주류 의학사학자들 중에서 가장 핵심적 인물이라고 볼 수 있는 바이넘William F. Bynum과 포터Roy Porter가 당시 의학사의 연구 성과를 집대성하여 출간했던 『의학사백과*Companion Encyclopedia of the History of Medicine*』를 보면 의료사회학, 의료인류학, 의료경제학 등은 독립된 장으로 편성되어 있었던 반면 의료지리학은 빠져 있음을 알 수 있다.[18)] 그리고 10년 후, 대서양의 양쪽에 있는 주류 의학사학자들이 의학사의 위상을 정리

하여 펴낸 책에서도 의학사와 지리학의 상관성에 대해선 다루지 않고 있다.[19]

주류에 속하지 않았던 의학사학자들의 의료지리학에 대한 깊은 관심은 크게 두 가지 양상을 통해 나타나고 있다. 첫째, 앞에서도 이미 언급했듯이 독일의 의료지리학은 그들에게 큰 영향을 끼치고 있다. 그들은 핑케와 히르슈를 비롯하여 남미를 탐험한 지리학자로서의 알렉산더 훔볼트를 의료지리학적 관점에서 해석한다. 둘째, 그들은 프랑스대혁명을 전후하여 20세기 초에 이르기까지 프랑스에서 의료지리학이 발달했던 사실에 주목한다.[20]

1870년대부터 서구 사회는 열대질병의 원인과 병리적 기전을 탐구하기 시작하였다. '제국의 시대'에 해당하는 1870년대부터 1910년대까지 열대질병은 서구 의학에서 가장 절박하고도 중요한 탐구 대상이 되었다. 당시 영국, 프랑스, 미국, 네덜란드, 독일, 이탈리아 등 서구 나라들은 식민지를 조금이라도 더 확보하기 위해 아시아, 아프리카, 라틴아메리카 등의 대륙과 태평양, 인도양, 대서양 등의 해양에 경쟁적으로 진출하였는데, 그들은 열대질병이 식민 사업에 큰 장애로 작용하고 있음을 깨닫게 되었다. 이런 이유로 제국들은 열대질병을 퇴치하는 데 막대한 비용을 지불하였다. 영미권에서 지금까지 널리 읽히는 게리슨의 『의학의 역사*History of Medicine*』[21]는 다음과 같이 말하고 있다.

> 식민주의 팽창이 20세기에 중요해지면서, 정기적으로 발간되는 잡지들이 쏟아지게 되었고, 열대의학 연구소들이 항만과 무역의 중심 도시들에 설립되었는데, 특히 런던(1898), 리버풀(1898), 함부르크(1900), 브뤼셀(1906), 푸에르토리코의 산후안(1917)이다.[22]

그렇지만 게리슨의 열대의학에 대한 이런 문제의식은 다음 세대의 의학사학자들에게 계승되지 않았다. 예를 들어, 의학을 지성사의 관점에서 천착해왔던 슈라이옥Richard Harrison Shryock은 『근대의학의 발전 *The Development of Modern Medicine*』에서 서구 의학자들에 의한 열대질병의 정복을 "근대의학의 승리"라고 찬양하면서도, 근대의학의 제국주의적 맥락에 대해 어떤 관심도 갖지 않았다.[23] 1946년에 새로운 의학사 학술지[24]를 창간했던 로젠의 『보건사*A Hisory of Public Health*』[25]는 보건사에 관한 한 아직까지 이에 필적할 만한 업적이 없을 정도로 지금까지 '고전'으로 평가받고 있다.[26] 하지만 로젠의 열대질병에 대한 문제의식은 슈라이옥의 그것과 별로 다르지 않다. 로젠은 슈라이옥보다 열대질병에 대해 더욱 세밀하게 설명을 하고 있지만[27] 제국주의 또는 식민화 사업이라는 역사적 맥락을 도외시하고 있다는 점에서 슈라이옥과 대동소이하다.

영미권의 주류 의학사학자들 가운데 열대질병과 의학의 역사를 제국주의와 관련하여 처음으로 다루기 시작한 것은 1976년에 영국의 소장 학자인 워보이즈Michael Worboys의 논문이 발표되면서부터였다.[28] 쿤Thomas S. Kuhn의 『과학혁명의 구조*The Structure of Scientific Revolution*』[29]에 의해 비약적인 발전을 하게 된 과학사와 과학사회학의 연구 성과를 열대의학에 적용한 워보이즈는 영국의 열대의학이 제국주의의 발달에 크게 공헌했음을 규명하였다. 그럼에도 워보이즈의 이런 문제의식은 영미권의 주류 의학사학자들 사이에서 반향을 불러일으키지 못했다. 1980년대가 되자, 제국주의와 식민주의를 의학사적 관점에서 해석하려는 경향이 대두되었고, 이런 흐름을 타고 다시 열대질병과 의학의 문제를 다룬 연구들이 나타났다.[30] 이 가운데서 열대질병과 위생 문제를 본격적으로 다룬 사람은 의학사학자가 아닌 아프리카를 연구해왔던 역사학자인 커틴Philip D. Curtin이었다. 그는 『인구 이동에 의한 죽음*Death by Migration*』[31]에서 유럽이 19세기에 열대 세계를 지배하는 과정에서 열대질병으로 유럽인들이 얼마나 많이 죽었는지, 그리고 질병을 퇴치하는 데 들었던 위생과 의학의 비용을 통계 자료에 근거하여 상세하게 밝혔다. 그의 연구는 프랑스 과학사학자인 들라포르트François Delaporte의 『황열병의 역사 *History de la fievre jaune*』[32]와 함께 영미권의 주류 의학사 학자들에게 큰 영향을 미치게 되었고, 1990년대가 되면서 주류 의학사 학자들 사이에 열대질병과 의학을 제국주의와 연관시켜서 탐구하려는 문제의식이 싹트게 되었다.[33]

열대질병과 위생의 '고고학考古學'

영미권에서 열대질병에 관해 최초로 기록을 남긴 사람은 영국의 해상 무역상인 웨이슨George Wateson이다. 그는 열대지방을 다녀온 후인 1598년에 쓴 글에서 열대지방에서 질병에 걸릴 경우 그 치료법에 대해 소개하고 있다. 예를 들어, 열대질병에 걸린 환자는 편안하게 누워서 18온스 정도의 피를 뽑고 수면을 취하면 24시간 이내에 위험한 고비를 넘길 수 있고, 음식과 섭생에 주의해야 한다고 기록하였다.[34] 그리고 당시 자바에 체류했던 네덜란드 동인도회사VOC[35] 소속 의사인 본티우스James Bontius(1592~1631)도 열대의 풍토 질병과 섭생에 대한 글을 남겼다. 그는 동인도 지역의 각종 풍토 질병들을 설명한 다음에 인도 지방의 각종 섭생에 대해 설명했다. 공기, 고기, 음료, 쌀, 빵, 자연 음료, 아로마, 과일, 운동, 수면 등등……. 저자는 인도의 섭생에 대해 대체로 긍정적이어서 인도인들의 섭생을 적극적으로 따르게 되면 네덜란드인들이 질

병을 이겨나갈 수 있다고 보았다.[36)]

영국의 동인도회사[37)] 소속 의사였던 린드James Lind(1716~1794)는 이런 18세기 의사의 역할을 충분히 수행한 것으로 보인다. 그는 『열대의 유럽인들에게 발생하는 질병』(1768)에서 유럽, 아프리카, 서인도, 동인도의 풍토를 서로 비교하여 유럽인들이 해외에서 겪게 되는 질병들을 의료지형학적 관점에서 기록하였다.[38)] 이 책은 1811년까지 6판을 거듭할 정도로 유럽 사회에 널리 읽혔다. 이런 흐름 속에서 '열대질병tropical disease'이라는 용어가 영어권에서 1787년에 모즐리Benjamin Moseley(1742~1819)에 의해 처음 등장하였다.[39)] 또한 자메이카에 체류하였던 잭슨Robert Jackson(1750~1827)은 히포크라테스 저작들을 읽은 후에 자신이 자메이카에서 관찰한 각종 열병들에 대해 이해하게 되었다고 말한다.[40)] 이는 풍토에 대한 지리학적 이해가 열대질병의 특성을 파악하는 데 필요조건이었음을 의미했다. 잭슨은 서인도제도의 풍토가 영국의 육군과 해군에 미치는 악영향에 대해 경고하였으며, 군인들의 운동이 무기 사용에 관한 지식보다도 더욱 중요하다고 주장했다.[41)] "군인들이 매일 운동을 하는 것이 군사 훈련의 일차적인 목표가 되어야"[42)] 했다.

19세기가 되면서 유럽인들의 열대 진출은 지역적으로 더욱 넓어졌고 그 수도 점점 증가하였다. 특히 유럽의 제국화 사업이 더욱 확대되면서 유럽 국가들은 자국의 군대를 더욱 많이 파견하였다. 당시 칸디안 주둔군의 외과의사였던 마셜Henry Marshall(1775~1851)이 육군 군의총감으로 있던 맥그리거James M'Grigor에게 제출했던 보고서는 <표 4-1>[43)]이 보여주듯이, 열대에 파견되었던 유럽의 군인들이 질병으로 사망한 숫자가 만만하지 않았음을 보여준다.

이런 상황이 유럽에 알려지면서 존슨James Johnson(1777~1845)이

<표 4-1> 1818년도 유럽 및 아시아 군인들의 병력과 사망률

	평균 병력	질병으로 인한 사망자수	전쟁으로 인한 사망자수	전체 사망자수	사망률 (근사치, %)
유럽	1915	393	22	415	22
말레이	878	49	19	68	8
카프리즈	568	22	22	26	5
인도	945	49	49	62	5

1813년에 쓴 『열대 풍토가 유럽인들의 체질에 미친 영향*Influences of Tropical Climates on European Constitutions*』은 19세기 전반기에 열대를 다녀갔던 유럽인들의 필독서가 되었다.[44] "질병의 원인이 열대의 풍토"[45]라고 보았던 존슨은 19세기를 통해 질병 전파의 원인으로 대립하고 있었던 감염론과 장기론 모두 인지하고 있었지만,[46] 주로 장기론적 관점에서 질병의 전파 경로에 대해 설명하였다. 특히 그는 인도 벵골 지방의 늪지대의 독기marsh miasmata가 체열을 초래한다고 주장했다.[47] 존슨은 열대 풍토가 유럽인의 체질에 영향을 미치는 것을 막기 위해서는 열을 최대한 차단할 수 있는 주거 공간을 마련해야 한다고 말했다.[48]

1830년대는 영국의 인도에 대한 인식이 큰 변화를 겪는 시기였다. 영어를 공식 언어로 채택하려는 '영어파Anglicist'들이 영국과 인도와의 공존을 추구하는 '동양어파Orientalist'에 대해 우위를 갖게 되면서,[49] 매콜리Thomas Babington Macaulay(1800~1859)의 주도로 1835년에 영어가 공식 언어로 채택되었다.[50] 이런 영향을 받아 이전에는 서양의학과 인도의 전통적인 치유 체계인 아유르베다Ayurveda 사이에 공존이 이루어졌지만, 1835년에 산스크리트 대학Sanskrit College에서 이루어졌던 아유르베다 강좌가 사라져버렸다.[51] 인도에 체류하던 영국 의사들이 유럽 의학의 발달에 크게 고무되어 아유르베다를 폄하하였다.[52]

'영어파'의 득세는 열대질병에 대한 인식에도 반영되었다. 밀James Mill(1773~1836)의 『인도사*History of British India*』를 읽고 그의 공리주의 철학에 크게 감동을 받았던 마틴James Ranald Martin(1796~1874)은 『콜카타의 의료지형학*Medical Topography of Calcutta*』에서 어떤 '인종'은 유럽처럼 발전을 할 수 없다고 하면서 그 이유로 열대의 풍토적 조건 때문이라고 주장하였다.[53] 이런 맥락에서, 앞에서 언급했던 『열대 풍토가 유럽인들의 체질에 미친 영향』의 6판(1846)을 존슨과 함께 썼던 마틴은 1856년에 자신이 단독으로 쓴 책에서[54] 존슨과 구별되는 관점을 보여주었다. 우선 마틴은 열대질병의 문제를 서구 문명의 역사 관점에서 파악하였다.

> 우리들이 문명화되어 있음에도 고대 사람들에 비해 여전히 뒤져 있다는 것은 놀랍다. 유대인들은 모세의 위생법을 준수했다. 그리스와 로마 사람들은 보건직 관료들을 매우 높게 우대하였다.[55]

이렇게 마틴은 열대 문제를 그리스도교 및 그리스-로마 문명의 역사적 맥락에서 인식하였다. 열대질병은 그리스도교에 기반한 서구 문명의 안정성을 위협할 수 있는 위험 요인으로 간주되었다. 서구 문명이 지속되려면 열대질병은 반드시 퇴치되어야 했다. 다음으로, 마틴에 의하면 정부는 군인들에 대해 정치적 권력뿐만 아니라 도덕적 권위를 갖고 있어야 하는데, 정부는 열대에 파견된 군인들이 질병에 걸리지 않도록 조치를 취할 때 도덕적 권위를 가질 수 있었다.[56] 그래서 프랑스혁명기의 의료개혁가로서 의료지리학의 중요성을 강조했던 카바니Pierre-Jean-Georges Cabanis(1757~1808)[57]를 인용하면서 마틴은 "위생은 모든 (군사적) 교육에 포함되어야 한다"고 주장하였다.[58] "열대 지역에 주둔하고 있는 군인의 건강을 유지하는 것이 정치적 상황만큼이나 중요한데도 정치인들이 이 문제를 주목하지 않"[59]는 상황을 비판하면서, 마틴은 열대질병을 해결하기 위해서는 이를 담당할 인력, 즉 '의료지형학자medical topographer'가 필요하다고 보았다. 의료지형학자는 "인종을 퇴화시키고, 활력을 저하시키는 모든 상황들에 대해 탐구해야 한다. 왜냐하면 이런 상황들은 질병의 외적 원인, 전파, 예방과 관련이 있기 때문이다. 또한 그는 사람들의 신체적 조건뿐만 아니라 도덕적 상태를 향상시키는 계획을 마련해야 한다. 그는 제국의 의료지형학을 더욱 광범위하게 발달시켜야 한다."[60] 푸코에 의하면 18세기 의사들은 다음과 같은 지형학적 역할을 수행해야 했다.

> 그들은 무엇보다도 공간의 문제에 관한 전문가였다. 그들은 네 분야에 관심을 가졌다. 첫째는, 지방의 환경에 관한 것으로 지방의 기후, 토양, 습도와 건조한 정도를 파악하여 당시에 유행했던 풍토병이 일어나게 된 원인과 기후적 특성을 연구했다. 둘째는, 거주지에 관한 것으로 인구의 밀집도, 상하수도 시설이나 환기 문제, 그리고 가축을 키우는 경우 그것이 주거 환경에 미치는 영향, 마지막으로 묘지를 어느 곳에 써야 하는가 등이 중요한 문제였다. 셋째는, 도시의 환경문제. 넷째로는, 인구의 이동이나 질병의 확산 따위를 문제 삼기 시작했다. 결국 그들은 군대에서 필요했던 만큼이나 집단적인 환경을 관리하려고 했던 최초의 사람이었다.[61]

하지만 1860년대까지만 하더라도 유럽 국가들은 의료지형학에 대한 지식을 갖춘 의사들이 열대의 질병에 관한 효율적인 환경위생 방안을 내놓지 못하는 점을 직시하면서 유럽에 의한 열대의 식민화에 대해 다소 비관적으로 생각하였다. 예를 들어, 인도에 주둔하였던 영국의 군의

軍醫 무어William James Moore는 1862년에 "인도의 벵골 지방에서 질병으로 인한 영국 군인의 사망률은 워털루전쟁을 세 번이나 치르게 될 경우의 사망률과 같다"고 말했다.[62] 특히 그는 군인들이 유럽의 일반인들보다 열대지방에서 사망률이 높은 것에 대해 매우 당혹스러워했다.[63] 무어는 이런 상황이 지속된다면 열대의 "유럽인들은 소멸하게 되고…… 백인들과 그 자손들은 인도의 풍토에 적응하지 못하게 된다"[64]고 매우 비관적인 전망을 하였다. 뿐만 아니라, 열대질병으로 인한 사망자들과 환자들을 치료하는 데 드는 비용 등 열대위생 및 의료 비용을 고려했던 무어는 열대의 식민화에 대해 비관적일 수밖에 없었을 것이다. 벵골, 봄베이, 마드라스의 세 지역에 파견된 군인들과 군속들에 한정하더라도 열대질병으로 발생한 비용은 인도 전체의 세입의 1/15에 해당하였으며, 여기에 의료 시설 및 기기 등의 비용을 합하면 두 배가 더 소요될 것으로 추정했다.[65] 여기에다가 이 지역의 유럽 여성까지 포함하면,[66] 인도를 통치하는 데 드는 비용은 천문학적인 숫자로 치솟아 오르게 되었다.

1860년대 무어의 이러한 비관적 전망은 1890년대가 되면서 완전히 사라지고, 유럽은 열대의 식민화에 대해 매우 적극적인 의지를 갖게 된다. 영국의 군의총감이 된 무어는 "앵글로-색슨 인종은 유태인을 제외하고 세계의 어느 인종보다도 극단적인 풍토에 더욱 잘 적응할 수 있다"고 말하였다.[67] 무어의 이런 낙관은 어디에서 연유하였을까? 30년간 열대질병에 관한 유럽의 인식과 입장은 어떻게 변했기에 무어는 그런 확신을 했던 것일까? 다음으로, 1870년대에서 1910년대까지 유럽의 제국주의가 가장 절정에 도달했던 시기에 열대질병에 대한 유럽의 인식 변화가 어떻게 맞물려 있었는지 분석할 것이다.

본국metropoloe과 식민지 사이의 공명共鳴

> 한 나라가 해외의 식민지를 개척하여 권력을 갖게 될 때, 식민통치자들은 자동적으로 새로운 질병에 노출되기 때문에 자신들을 보호하고, 궁극적으로 식민 본국을 보호하기 위해 조치를 취하게 된다. 그리고 16세기와 17세기, 즉 과학혁명의 시기에 새로운 발견이 이루어지고 식민 제국들이 생겨나면서 새로운 질병에 대한 연구는 실용적인 이유뿐만 아니라 초기 개척자들의 지적인 호기심을 충족시키기 위해 이루어졌다. 많은 질병들이 창궐하였던 열대 지역에 유럽의 여러 나라들이 기반을 갖게 되자, 질병의 지리학은 엄청날 정도로 확대되었다. *어떤 나라든지 식민지를 갖겠다는 열망에 사로잡히게 되면 즉각적으로 의료지리학에 현저한 관심을 갖게 되고 기록을 남겼으며, 열대질병을 연구하기 위해 학교, 병원, 연구 기관들을 설립하였다.* 이런 양상은 19세기 초에는 프랑스, 19세기 후반에는 독일, 20세기에는 이탈리아에서 각각 일어났다.[68](이탤릭체는 필자의 강조)

지거리스트가 미완성의 저서인 『세계의학사』에서 열대질병에 대해 논의한 내용은 몇 가지 점에서 주목을 요한다. 첫째, 열대질병은 서구의 지리학을 발달시키는 데 기여했다는 점이다. 예를 들어, 프랑스의 알레Jean-Noel Halle(1754~1822)가 1787년에 의료지리학이라는 용어를 사용한 것도 열대 아프리카를 이해하기 위해서였다. 여기서 중요한 것은, 알레가 『백과사전*Encyclopedie Methodique*』(1787)의 의학을 다룬 권卷에서 아프리카에 대한 설명을 포함한 것과 '위생'을 아프리카에 대한 의료지리학적 관점에서 이해했다는 점이다.[69] 지리학은 서구가 아시아, 아프리카, 라틴아메리카의 열대질병을 이해하는 데 필요한 학문으로 부각되었고, 의료지리학은 이런 맥락에서 생겨났다. 열대질병에 관한 지리학이 질병의 지도학으로 이어지는 것은 논리적 귀결이었다. 전지구적 수준에서 질병의 지리적 분포를 이해하려면 지도상의 분포를 정확히 표현해야 했다. 펠킨Robert William Felkin(1853~1926)은 1889년에 말라리아, 뎅기열, 콜레라, 황열, 각기병 등 열대질병들의 지리적 분포를 지도상에 정확하게 보여주었다.[70] 펠킨의 지도들을 살펴보면, <그림 4-1>과 <그림 4-2>가 보여주듯이 열대 지역과 열대질병의 지리적 분포가 전지구적 차원에서 정확하게 겹치는 질병은 말라리아와 이질이다. 독일의 히르슈는 이 두 질병에다가 열대의 간질환을 포함하여 "열대질병의 트리오"라고 불렀을 정도로 이 셋은 열대의 풍토적 성격을 극명하게 보여준다.[71]

둘째, 지거리스트의 논의는 식민 본국으로서의 서구가 식민지를 확보하고 유지하기 위해 근대적 위생의 이론과 방법을 양쪽에 동시에 적용했음을 시사한다. 다시 말해서, 이론과 방법이 본국에서 먼저 생기고 식민지에는 나중에 적용된 것이 아니다.

지거리스트의 이런 인식은 1980년대 이후 인류학, 의학사, 과학사 분야에서 논의되고 있는 본국과 식민지 사이의 상보적 관계[72]보다도 훨씬 앞선 견해임을 알 수 있다. 근대적 환경위생에 관한 한, 본국과 식민지 사이에 일종의 공명이 이루어졌다. 뒤에서 상술하겠지만, 코흐의 콜레라균 발견은 이를 여실히 보여주는 사례에 해당한다.

셋째, 열대의학과 관련된 의학교와 병원, 연구 기관들은 제국의 식민화 사업을 추진하기 위해 설립되었다. 리버풀(1898), 런던(1898), 보스턴(1900), 함부르크(1901), 파리(1901), 뉴올리언스(1902), 수단의 카르툼(1904), 베를린(1905), 브뤼셀(1906), 암스테르담(1912), 툴레인(1913) 등에 열대의학 연구 및 교육 기관들이 설립되었다.[73] 1916년에 설립된 미국 최초의 보건대학원인 존스 홉킨스Johns Hopkins School of Hygiene

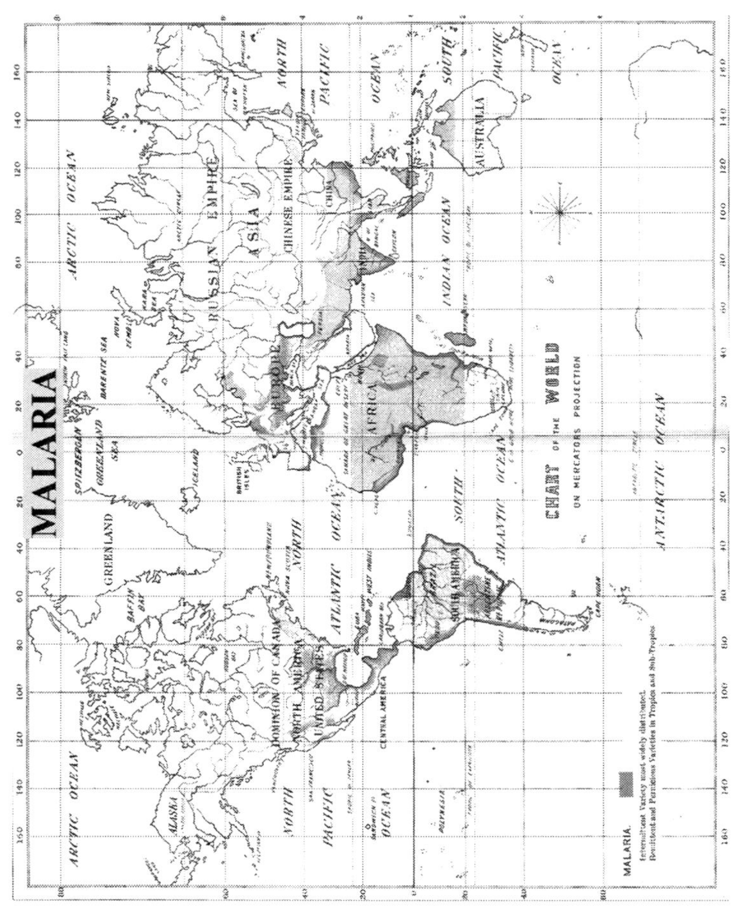

〈그림 4-1〉 말라리아의 세계적 발생 현황(1898)

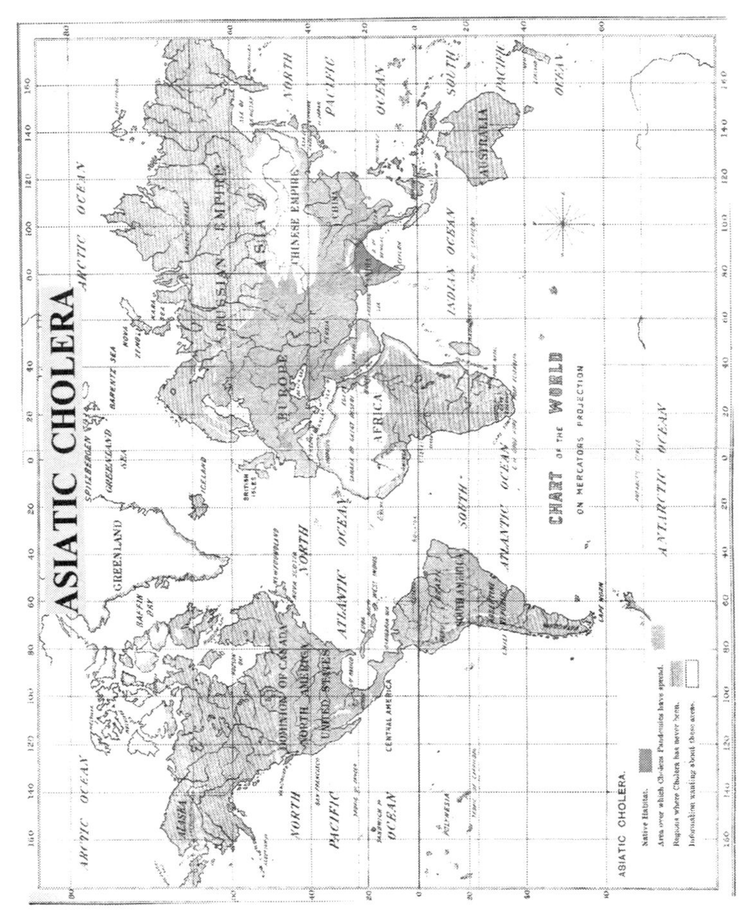

〈그림 4-2〉 콜레라의 세계적 발생 현황(1898)

and Public Health도 열대의학 연구 기관의 설립 붐을 타고 만들어졌다.[74]

1860년대에서 1890년까지 30년간 열대질병에 관한 유럽의 인식이 바뀌게 된 이유를 좀 더 캐묻기 위해, 당시 영국의 열대의학자였던 삼본Louis Westerna Sambon(1865~1931)이 했던 말을 들어보자.

> 열대 지역을 식민화하는 문제는 유럽 국가들이 가장 중요하고도 절실하게 해결해야 하는 문제이다……. 열대의 풍토에 대해 비관적인 생각을 갖게 된 것은 과학적 지식이 아직 발달하지 않아서 유럽인들의 사망률이 원주민들보다 열 배 이상이나 높았기 때문이다. 그래서 열대지방에서 유럽인들이 생존경쟁에서 패배하였던 것이다. 지난 수십 년 사이에 환경위생과학sanitary science의 영향으로 열대지방에서의 건강 상태는 놀라울 정도로 좋아졌다.[75]

"열대질병의 분포에 대한 지식은 식민화 연구에서 가장 중요"[76]했기 때문에 유럽의 환경위생과학이야말로 유럽이 열대를 식민화할 수 있는 근거를 부여해주었다. 그렇다면 유럽에서 환경위생과학은 1860년대와 1870년대에 어떤 과정을 통하여 형성되었는지 살펴볼 필요가 있다. 우선 영국의 경우를 보자. 1840년대와 1850년대 환경위생 개혁운동을 주도했던 채드윅[77]이 퇴장하고, 사이먼John Simon (1816~1904)[78]이 이를 대신하게 되었다. 전자가 공학적인 방식을 사용했던 데 반해, 후자는 실험에 근거한 예방의학적 방법을 채택했다. 1860년대와 1870년대 환경위생에 관한 주요한 법률을 제정했던 사이먼[79]은 스노우John Snow(1813~1858), 스미스Southwood Smith (1788~1861), 파르William Farr (1807~1883) 등과 협력하여 환경위생과학의 기초를 닦았다. 1854년에 스노우는 런던 콜레라가 사람들이 마시는 우물물을 통해 전파된다는 사실을 밝혔는데,[80] 이런 사실은 감염론이 과학적으로 정립되는 데 크게 기여하였을 뿐만 아니라 역학疫學에 대한 의료지리학적 접근 방법의 실용적 가치를 높이는 데도 공헌하였다. 스미스는 열대지방의 풍토성 전염병이 문명의 발달에 영향을 미친다는 사실에 주목하여 역학적 방법에 근거한 검역의 중요성을 강조하였다.[81] 파르는 통계학적 이론과 방법을 역학에 적용하여 환경위생의 과학적 토대를 정교화하였다.[82] 다음으로, 19세기 전반기에 고유의 위생주의hygienism[83]가 발달했던 프랑스에서는 공중위생이 1870년대에 전문적 영역으로 확립되었다. 프랑스위생학회Societe Francaise d'Hygiene와 공중의학 및 위생학회Societe de Medicine Publique et d'Hygiene Professionnelle는 이런 흐름의 견인차가 되었다. 또한 공중위생을 주제로 하는 학술 잡지들도 새로 발간되어[84] 환경위생의 과학화는 더욱 가속화되었다. 비록 파리 이외의 지방에 거주했던 프랑스의 의사들이 파스퇴르의 미생물학에 저항을 했지만,[85] 파스퇴르연구소의 설립(1888)은 환경위생의 과학화에서 결정적 토대로 작용하였다.[86] 독일에서는 피르호Rudolf Virchow (1821~1902)와 페텐코퍼Max von Pettenkoffer(1818~1901)[87]가 환경위생과학을 정립하는 데 주도적인 역할을 하였다. '세포병리학의 아버지'로 불리는 피르호가 베를린의 하수처리 시설을 해결하기 위해 노력했다면 페텐코퍼는 뮌헨의 환경위생 시설을 개선하는 데 지대한 노력을 기울였다. 페텐코퍼는 과학적 실험 방법을 통해 공중위생과 보건 문제를 해결했다는 점에서 그의 독특한 면모가 드러난다.[88] 그가 1865년에 독일 최초로 환경위생학 교수가 된 사실은 과학으로서의 환경위생학을 독일 사회가 필요로 하기 시작했다는 점을 반증한다.

1860년대 이후에 영국, 프랑스, 독일이 환경위생을 과학화하려고 한 것은 한편으로는 자국의 환경위생 문제를 해결하기 위함이며, 다른 한편으로 아시아에서 발생한 것으로 알려진 콜레라 등의 전염병이 이집트를 비롯한 중동 지역을 거쳐서 유럽으로 전파되는 것을 방지하기 위함이었다. 중세 이후 1850년까지 전통적으로 전해져왔던 검역 방식으로는 유럽과 아시아 사이에서 빈번하게 이루어지고 있었던 무역과 교통을 규제할 도리가 없었다. 수에즈운하는 전파 속도를 오히려 가속화할 것으로 보였다. 그래서 유럽의 제국들이 자국의 식민지를 지배하기 위해서는 식민지의 환경위생에 대한 과학적 접근이 필수적이었다. 이를 위해 유럽 제국들은 국제적 연대를 도모했다. 유럽 국가들은 1865년에 아시아에서 발생한 콜레라는 메카 성지를 순례하는 이슬람 사람들에 의해 유럽으로 전파될 수 있다고 우려했다. 그들은 터키와 함께 1866년 콘스탄티노플에서 국제환경위생회의International Sanitary Conferences[89]를 개최하여, 기존의 방식과는 다른 검역 대책에 합의하였다.[90] 1860년대 이후 유럽의 이런 공동 노력은 각국의 환경위생과학 수준이 높아졌기 때문에 가능했다. 이렇게 유럽의 본국과 식민지의 환경위생은 더 이상 분리된 문제가 아니라, 제국주의적 이해관계를 통해 서로 밀접히 연결되었다. 본국은 식민지를 위생화하기 위해 과학적 환경위생학을 발달시켜야 했고, 이를 다시 식민지에 적용하여 검증하였다. 앞에서 언급했던 지거리스트와 삼본의 논의는 이런 맥락에서 정당성을 갖는다.

서구의 '아시아발發 콜레라'에 관한 인식과 대응

유럽인들은 19세기에 창궐했던 콜레라가 몇 가지 서로 다른 경로를 통해서 유럽으로 전파된다고 믿었다.[91] <그림 4-3>이 보여주듯이 어느 경로를 거치던 간에, 인도가 어김없이 발생지였다. '아시아발 콜레라'는 1830년에서 1892년의 경우처럼, 인도에서 시작되어 아프가니스탄, 페르시아, 러시아 쪽 중앙아시아, 카스피 해를 거쳐 흑해와 볼가 강으로 전파되었다. 1829년 콜레라의 경우에는 인도에서 카불을 거쳐 우랄 강을 따라 러시아 남부의 유럽 지역으로 번져갔다. 1841년에서 1844년 사이의 콜레라는 인도에서 중국으로 전파되어 티베트를 거쳐 카쉬가르, 코칸드, 보크하라를 거쳐 서쪽으로 전파되었다. 1864년과 1865년에 발생한 콜레라는 인도에서 적해와 아라비아를 거쳐 이집트에서 바로 유럽으로 전파되거나, 아니면 이집트에서 시리아, 팔레스타인, 소아시아를 거쳐 터키로, 여기에서 다시 다뉴브 지역을 거쳐 유럽으로 전파되었다. 마지막 경로는 인도에서 페르시아 만과 메소포타미아, 소아시아를 거쳐 유럽으로 전파되었다.92)

서구의 주류 의학사학자들 중에서도 가장 중심권에서 활동하고 있는 로젠버그Charles E. Rosenberg는 콜레라가 19세기 유럽의 사회·경제적 상황을 분석하는 데 중요한 '도구'라고 말했다.93) 사실 19세기 서구가 '오리엔트'에 대한 문명의 우월성을 논의할 때, 콜레라는 어김없이 등장하는 약방의 감초이다. 콜레라를 포함한 19세기 서구에 발생했던 모든 열대질병은 서구적 문명과 관련되어 이야기되고, 의미가 부여되고, 담론으로 만들어져갔다. 그래서 '역사'가 되었다. 서구의 눈으로 본 역사는 다음과 같다. "콜레라가 발생하자, 서구적 가치의 우월성에 대한 믿음은 어느 정도 흔들리게 되어 사람들은 서구적 세계, 즉 근대 산업화 사회를 수호할 필요성을 느꼈다."94) 프랑스 사람들은 자국이 "지리·지정학적 측면에서 인도에 대해 대립적 위치에 놓여 있다"고 생각했다.95) 프랑스의 준거틀은 인도를 타자화함으로써 만들어졌고, 그것이 바로 '프랑스의 역사'가 되었다.96)

서구가 '오리엔트'를 타자화하기 시작한 것은 역사적으로 헤로도토

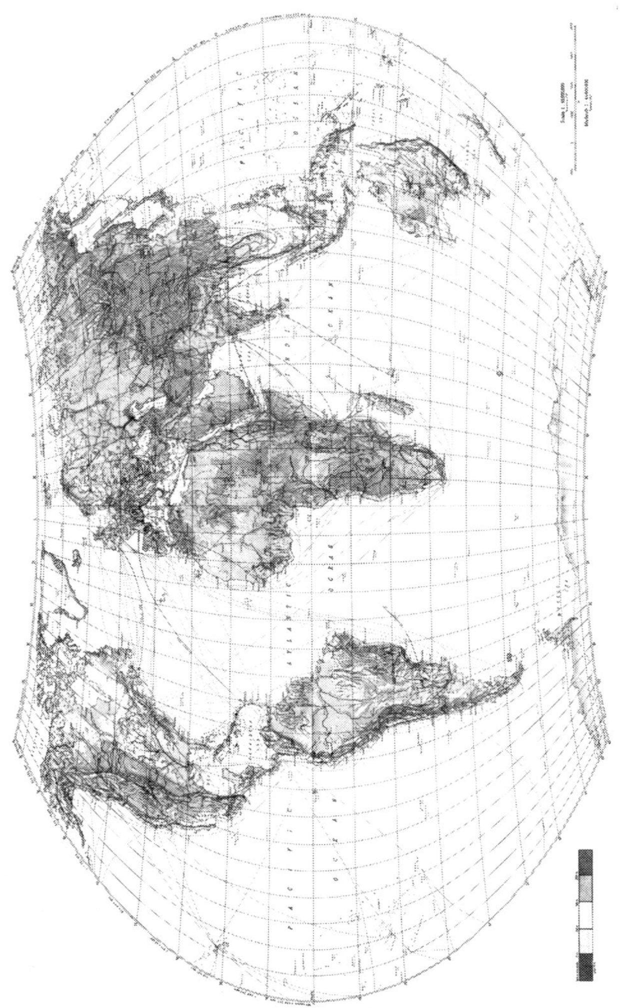

〈그림 4-3〉 콜레라의 전파 경로
인도에서 발생한 콜레라가 수에즈 지역을 통하여 유럽과 지중해로 전파되고 있음을 보여준다.

스, 히포크라테스, 아리스토텔레스 시대까지 거슬러 올라가지만,[97] 본격적으로 질병을 잣대로 삼고 문명과 관련하여 '오리엔트'에 대해 문제를 논의한 것은 1830년대에 유럽에 휘몰아쳤던 콜레라의 창궐이 계기가 되었다. '불결한 인도'에서 발생한 콜레라가 '깨끗한 유럽'을 오염시키기 때문에, 유럽은 문명을 발달시키기 위해서는 콜레라에 대한 적극적인 환경위생 대책이 필요하다고 보았다. 19세기 서구적 가치는 '신성함'이 최우선이었고, '깨끗함'이 그 다음이었다.[98]

아시아발 콜레라에 관한 19세기 유럽의 지리적 인식은 몇 가지 매우 중요한 점을 시사한다. 첫째, 유럽은 19세기를 거치면서 인도의 콜레라를 장악하지 않으면 서구 문명을 계속 유지하고 확대해갈 수 없다고 믿게 되었다. 콜레라는 서구의 존립 자체를 위협하는 위험 요인으로 부각된 것이다. 그래서 콜레라에 대한 통제는 환경위생과 의학의 영역에 국한된 문제가 아니라, 서구 문명의 사활이 걸린 문제라는 인식이 뿌리를 내리고 확산되었다.

둘째, 유럽인들은 콜레라가 전파되는 데 종교적 요인이 큰 역할을 한다는 것을 깨닫게 되었다. 이루 헤아릴 수 없을 정도의 이슬람교도들이 매년 메카 성지로 순례하는 한, 이슬람 지역에서 유럽으로의 콜레라 전파는 명약관화한 문제였다. 서구 문명의 그리스도교적 정체성이 콜레라를 통해 이슬람에 의해 흔들리게 되는 모습을 도저히 그대로 둘 수 없었다. 19세기 콜레라는 서구가 이슬람교를 폄하하는 데 큰 요인으로 작용하였다.

셋째, 유럽 사람들은 이집트가 콜레라를 포함하여 각종 열대질병들이 유럽으로 확산되는 데 지리적으로 매우 중요한 지역임을 파악하게 되었다. 이집트에서 영국 식민정부의 공중보건 책임을 맡았던 밸푸어 Andrew Balfour[99]는 다음과 같이 말했다. "이집트는 인도에서 발생하는 콜레라로부터 유럽을 보호한다."[100] 그는 이집트가 유럽, 중동, 아시아 사이의 콜레라 전파를 막는 역할을 하는 '국제적인 여과 작용'을 강조했다. 특히, 수에즈운하는 아시아에서 유럽으로의 콜레라 전파를 더욱 용이하게 했다. 그래서 프랑스 사람들도 수에즈를 "유럽 국가들이 아시아에서 발생한 질병들의 접근을 가로막기 위해" 필요한 "유럽 바다의 관문"으로 생각했다.[101]

이런 이유로 프랑스 정부는 이집트의 콜레라 발생에 대해 유럽의 어느 나라보다도 민감한 반응을 보였다. 무역성이 주관하여 파스퇴르의 지도하에 1883년에 콜레라 조사위원회를 구성하였고, 위원회는 8월 15일 알렉산드리아에 도착했다.[102] 이런 정보를 입수했던 독일은 재빨리 같은 성격의 위원회를 조직했는데, 코흐Robert Koch가 직접 대표가 되어 8월 16일 알렉산드리아에 도착했다.[103] 보불전쟁(1870~1871)으로 악화된 양국 간의 대립이 콜레라 대응에서도 재현되었다. 이집트에 발생한 콜레라에 대해 프랑스가 한발 빨랐지만, 실제 조사에서는 독일이 훨씬 앞섰다. 파스퇴르 팀은 현미경 관찰과 동물 접종에 필요한 기기와 시약만을 갖고왔던 데 반해, 코흐 팀은 '코흐의 가설'을 검증할 수 있는 모든 준비물을 갖추었다.[104] 뿐만 아니라, 코흐 팀은 알렉산드리아에서 콜레라에 대한 역학적 조사를 수행했다. 코흐는 수에즈도 방문하였으며, 검역 시설을 조사하였다. 게다가 메카의 이슬람 순례자들이 콜레라 전파에 어떤 역할을 하는지도 세밀히 살펴보았다.[105] 하지만 프랑스와 독일의 이집트에서의 조사 활동이 성과를 거두지 못하였는데, 그 이유는 이집트에 발생했던 콜레라가 갑자기 사라졌기 때문이었다. 이런 상황에서 파스퇴르 팀은 프랑스로 돌아갔지만, 코흐는 1893년 12월 자신의 생일에 영국 식민청 관리들의 환영을 받으며 인도 캘커타에 도착하여 콜레라에 대한 연구를 계속 수행하였고, 드디어 1894년 2월 콜레라균을 분리하는 데 성공하였다.

여기서 관심은 프랑스와 독일 간의 경쟁에서 누가 이겼는가의 문제가 아니다. 두 가지 점에 주목해본다. 하나는, 콜레라 발생에 대해 국가의 자존심을 걸고 끝까지 원인을 파헤치려는 유럽 제국들의 과학적 의학 연구에 대한 의지이다. 콜레라의 발생 및 전파 원인을 과학적 의학, 즉 세균학적 연구에 의해 규명한다면 질병의 발생으로 인한 서구의 위험 부담과 비용은 훨씬 낮아지거나 사라질 것이다. 인도와 유럽 사이에 존재해왔던 질병의 지리적 공간에 관한 통제는 이제 세균학의 영역으로 넘어오게 된 것이다. 다른 하나는, 서구의 인도에 대한 타자화 과정에서 열대질병인 콜레라의 발생으로 인해 세균학이 정립되어 갔다는 점이다. 이런 점에서 세균학은 열대질병을 과학적으로 통제하려는 과정에서 형성된 열대의학의 방법론적 기초를 제공했다.

열대질병에 관한 인식의 대립: 맨슨 대對 로스

로이 포터와 윌리엄 바이넘과 같은 영국의 주류 의학사학자들은 열대의학을 논할 때 항상 맨슨Patrick Manson(1844~1922)을 중심으로 의학을 논의한다.[106] 여기에는 그럴 만한 역사적 사정이 있기 때문이다. 무엇보다도 당시 영국 식민청 장관이었던 채임벌린의 의지가 없었다면, 세계 최초의 열대의학 교육기관이 영국에서 성립하기는 어려웠을 것이다. 물론 <그림 4-4>가 보여주듯이, 중국 아모이Amoy 선교병원[107]에서 5년간 머물면서 필라리아시스filariasis[108]를 연구하고 돌아왔던 맨슨 자신이 『열대질병*Tropical Disease*』[109]을 발표하긴 했지만 채임벌린이 맨슨의 열대의학을 영국 식민 정책에 포함하지 않았다면, 맨슨의 열대의

〈그림 4-4〉 중국 아모이 지역에서 열대 연구를 했던 맨슨. 맨 아래 왼쪽에 앉아 있는 사람이 맨슨이다.

학은 지금과 같은 모습으로 남아 있지 못했을 것이다. 맨슨 스스로 말하고 있듯이, 이미 1898년에도 자신을 포함하여 "파스퇴르, 코흐, 라베랑,[110] 한센,[111] 기타사토,[112] 브루스,[113] 사나렐리[114]와 같은 유수한 연구자들에 의해 열대병리학은 큰 성과를 거두"고 있었기 때문에[115] 맨슨의 열대질병에 대한 연구는 이들과 비교할 때 특별히 탁월한 것은 아니었다.

1890년에 채임벌린의 명령을 받아 아프리카에 주둔하고 있는 영국 군인들의 보건 문제를 파악하였던 군의총감 윌리엄 무어는 "누구든지 유럽인들이 열대 풍토를 식민화할 수 없다고 의문을 제기한다면, 나는 그들에게 열대 풍토로 가서 이들 질병들을 연구하라고 말할 것"[116]이라고 말했다. 제국주의가 한창 최고조에 달했던 1890년대 후반, 전체 의사들의 20%인 6천 명이 주로 열대 지역에서 근무를 하였을 정도로[117] 영국은 열대의 풍토를 장악하는 데 심혈을 기울였고 재정적으로 엄청난 투자를 하였다. 그럼에도 채임벌린은 식민지의 보건 상황이 나아지지 않는 현실을 개선하기 위해, 열대의학교의 설립이 필요하다고 생각했다. 그는 맨슨이 적임자라고 판단했다. 1898년에 맨슨은 주목할 만한 정치적 선언을 했다.

> 나는 백인에 의한 열대 식민화에 대해 한때 비관적인 견해를 가졌었다. 그러나 나의 생각은 완전히 혁명적으로 변화되었다. 질병에 대한 세균 이론이 성립되면서, 이 혁명은 시작되었다 …… 나는 이제 백인에 의한 열대의 식민화가 가능하다고 굳게 믿는다.[118]

맨슨의 이 선언은 무어의 발언에 대한 화답이었다. 맨슨은 열대질병에 대한 연구가 제국의 의학이 되어야 한다고 주장했다.[119] 맨슨의 선언을 접한 채임벌린은 1898년 5월 영국의 모든 식민지에 보낸 편지에서 열대의학교가 반드시 설립되어야 하며, 식민청이 이를 관장해야 한다고 말했다.[120] 채임벌린은 열대의학이 식민화 사업에 매우 필수적임을 깨달았기 때문에 맨슨과 협력하여 1898년 10월 2일 런던 열대의학대학원London School of Tropical Medicine을 설립하였다.

말라리아의 전파 매개체를 발견한 공로로 1902년에 노벨상을 받았던 로스Ronald Ross는 맨슨과는 다른 열대위생에 관한 모델을 제시하였다. 로스는 맨슨과 같은 실험실 위주의 연구는 식민지의 열대질병을 퇴치하는 데 실제로 큰 효과를 보여주지 못한다고 보았다. 사실 두 사람은 성장 배경부터가 근본적으로 달랐다. 영국에서 태어나 열대질병의 실제적 상황을 경험하지 못했던 맨슨과 달리, 집안 대대로 영국의 동인도회사에서 근무했기 때문에 인도에서 태어난 로스는 어릴 때부터 열대질병이 사람들의 생명을 얼마나 무참하게 빼앗아가는지를 목격했다. 로스가 볼 때 의학적 연구만으로 인도의 열대위생을 증진시킬 수 없었다. 식민지의 열대질병을 퇴치하려면 "열대 식민지의 환경위생 조직이 완전히 새롭게 변화되어야"[121] 했다. 로스는 의학적 문제만을 고려했던 맨슨과 달리 "빈민 계층의 주거 문제"[122]와 같은 식민지의 사회·경제적 상황이 열대위생에 미치는 영향을 심각하게 고려하였다. '제국의 위대한 수상'이었던 디즈레일리가 자주 입에 올렸던 "모든 길은 환경위생으로 통한다"[123]를 로스는 삶의 좌표로 삼았다. "발견을 제외하면 환경위생은 인간이 할 수 있는 가장 위대한 일이다."[124] 로스는 인도의 환경위생 조직을 개선하지 않은 채로, 수백만 파운드의 돈을 콜레라 퇴치를 위해 낭비하는 제국의 상황을 우회적으로 비판하였다.[125] 채임벌린의 지원을 받지 못했던 로스는 프랑스 정부가 파스퇴르를 지원하는 것과 같은 대우를 영국 정부가 해주지 않는다고 불만을 가졌다.[126]

맨슨이 지향했던 실험실 위주의 의학적 연구와 로스가 제시했던 현장 중심의 환경위생 사업의 차이는 좀 더 근본적 문제에 기인하고 있었다. 그것은 바로 열대질병에 관한 인식론적 차이를 의미했다. 먼저 로스의 이야기를 직접 들어보자.

> 열대의학과 세균학은 이런 공포[127]를 없애주고 있다. 지난 3세기 동안 이탈리아와 독일에서 연구해왔던 기생충학자들이 열대의학의 씨앗들을 실제로 키워왔었다 …… 인간과 동물의 거대한 기생충들을 연구한 후에, 그들은 많은 기생충들이 중간 매개체를 통해 사람에서 다른 사람으로 전파된다는 위대한 법칙을 알게 되었다. 거대한 열대질병들의 전파 경로에 관한 우리들의 연구는 이 위대한 법칙의 연장선에 불과하다 …… 한편으로는 유럽의 (환경위생을 위해) 노력을 아끼지 않았던 선구적인 사람들이, 다른 한편으로는 수세기 동안 열대지방에서 종사해왔던 수많은 의사들이 있다. 두 흐름이 점점 하나로 합쳐져서 의사들이 진단했던 질병들이 기생충학자들에 의해 설명이 되고 있다 …… 지난 삼십 년간은 바로 이를 보여준다.[128]

로스는 매우 완곡한 표현을 사용하여 기생충학[129]을 세균학과 비교할 때, 기생충학이 300년간 열대의학의 기초가 되어왔다는 점을 애써 강조한다. 맨슨의 런던 열대의학대학원과 기존의 의과대학들이 세균학적 모델을 채택했던 데 반해, 로스가 초대 학장을 맡았던 리버풀Liverpool 열대의학대학원이 기생충학 모델을 채택한 이유가 바로 여기에 있었다. 같은 열대질병을 연구하더라도, 기생충을 살아 있는 유기체로 바라보는 관점과 세균이나 미생물을 사람에 대한 침입자로 바라보는 관점은 분명히 대립된다.[130] 파스퇴르의 미생물학과 코흐의 세균학은 이런 점에서 같은 관점을 공유하였다. 그렇다고 해서 양자 간의 대립을 극단적으로 생각하는 것은 곤란하다. 로스가 말한 대로 양자는 합쳐져서 제국의 식민화를 촉진시켜 나가는 데 기여했기 때문이다. 제국의 통치자들은 군사·정치적 힘만으로는 식민화가 가능하지 않다는 점을 충분히 알았고, 열대질병에 대한 환경위생·의학적 통제가 반드시 수반되어야 한다고 믿었다.

태평양 열대의 위생적 헤게모니: 파나마의 말라리아와 황열

당대 서구 최고의 의학자로 평가받았던 오슬러William Osler(1849~1919)는 '국가와 열대'라는 주제로 런던 열대의학대학원에서 연설하였다.[131] 이 자리에는 맨슨, 로스, 리스터Joseph Lister 등 당대 최고의 영국 의학자들이 앉아 있었다. 아마도 참석자들은 오슬러의 다음 구절에 대해 일제히 동의하였을 것이다. "그리스 문명, 16세기의 지리적 르네상스, 19세기의 과학적 자각, 이 세 사건은 근대 세계의 울적한 기운에 생기를 불러일으켰다."[132] 오슬러는 "세계 문명의 6대 발상지들 중에서 이집트, 페니키아, 아시리아, 바빌로니아가 열대에 속하거나 열대에 인접한 곳에 위치했"[133]으며, 현재는 "북위 30도와 남위 30도 사이에 있는 지역으로, 아프리카, 아라비아, 인도, 버마, 말레이 군도, 폴리네시아, 필리핀, 멕시코, 중앙아메리카 공화국들, 서인도제도 등이 있다"고 말했다. <표 4-2>[134]가 보여주듯이 그는 프랑스, 독일, 영국, 미국의 네 나라가 차지했던 열대의 지역들의 인구와 땅의 크기를 비교하였다. 프랑스는 자국의 영토보다도 거의 20배나 되는 열대 식민지를, 독일은 약 5배 정도, 영국은 자그마치 40여 배나 되는 식민지를 각각 차지하고 있었다. 오슬러는 서구 제국들이 자국보다 훨씬 큰 영토를 지배하고 관

<표 4-2> 프랑스, 독일, 영국, 미국이 각각 차지했던 열대 지역의 인구와 땅의 크기

—	열대의 영토				합계	본국
	아메리카	아프리카	아시아	태평양		
	440,000	**17,700,000**	**18,5000,000**	**80,000**	**36,720,000**	**39,000,000**
	35,000	4,032,000	310,000	9,000	4,386,000	207,000
		11,700,000		**400,000**	**12,100,000**	**60,000,000**
		931,500		96,000	1,027,500	209,000
	2,000,000	**30,500,000**	**296,600,000**	**1,150,000**	**330,250,000**	**44,500,000**
	109,000	1,600,000	1,900,000	1,400,000	5,009,000	121,000
	305,000			**7,707,000**	**8,012,000**	**76,000,000**
	47,500			134,500	182,000	2,970,000

* **굵은 글씨**는 인구를, 보통 글씨는 영토의 크기를 의미한다. (크기는 평방 마일)

리하는 데 있어서 가장 중요한 문제는 '질서와 보건'이라고 보았으며 "위생에 의한 열대의 통제"가 절실하다고 주장했다.

오슬러는 세계의 열대 지역들 중에서, 파나마운하에 대해 특별히 관심을 가졌는데, 그 이유는 파나마운하는 "위생 조직의 엄청난 역사"를 보여주었기 때문이었다. 파나마는 두 가지 점에서 제국의 이해관계에 지정학적으로 중요했다. 하나는, 파나마운하 지역은 원래 영국, 프랑스 스페인이 서로 차지하기 위해 각축을 벌였던 곳인데, 운하에서 매년 발생했던 황열yellow fever 때문에 어느 한 나라가 쉽게 차지할 수 없었다.[135] 다른 하나는, 파나마운하는 대서양과 태평양의 항로를 잇는 지리적 요충지였다.[136] 파나마운하를 장악하는 나라가 태평양과 아시아와의 무역에서 막대한 이익을 챙길 수 있었다. 이런 이유로 제국들 사이의 쟁탈전이 이루어졌다. 1885년에 프랑스는 운하 지역을 차지했지만, 인구 1,000명당 176.97명의 높은 사망률로 인해 더 이상 운하를 건설하지 못하고,[137] 1889년에 프랑스 회사는 완전히 도산하였으며, 프

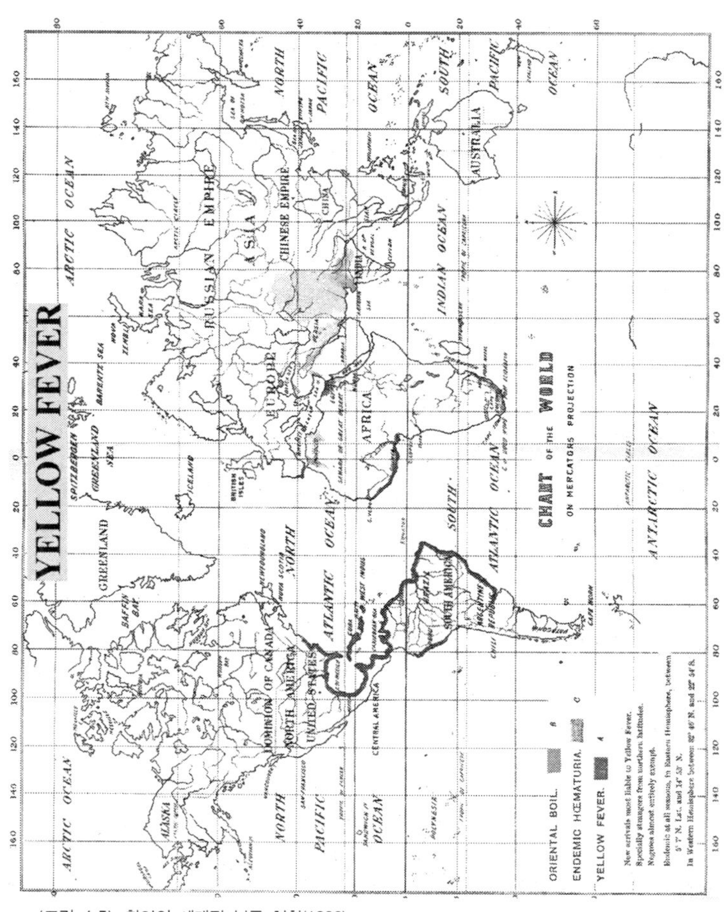

〈그림 4-5〉 황열의 세계적 분포 현황(1898)

랑스 군대는 1904년에 파나마 지역에서 철수하였고, 미국이 이 지역을 차지했다.[138)]

<그림 4-5>는 의료지리학자 펠킨이 황열의 세계적 발생 분포를 지도로 작성한 것인데, 파나마 지역에 황열이 집중적으로 발생하고 있음을 알 수 있다. 당시 서구의 열대 환경위생의 전문가들은 하나같이 파나마 지역을 다녀갔다. 인도양과 지중해를 잇는 지정학적 요충지인 수에즈운하에 인접한 이스마일리아Ismailia 같이 작은 마을에도 운하가 만들어졌던 1869년부터 1902년까지 무려 1,000회나 넘게 말라리아가 발생하여 마을 전체가 초토화가 될 정도였다.[139)] 서구 나라들이 파나마 지역의 열대 환경위생 상태를 탐사한 것은 당연한 일이었다. 영국의 맨슨은 파나마를 다녀간 후에 "파나마 지역의 황열의 발생을 막지 못한다면 아시아는 매우 짧은 시간 내에 황열이 전파될 것"이라고 경고하였다.[140)] 바로 이러한 이유 때문에, 일본과 중국은 말할 것도 없고 아시아에 대해 제국주의적 이해관계를 갖고 있었던 영국, 프랑스, 독일, 호주 등이 미국의 파나마 지역에서의 위생 사업에 대해 예의주시하였다.[141)] 맨슨은 "미국은 아시아에 대해 이해관계가 없고…… 영국이 아시아에 막대한 이해관계가 걸려 있다"고 말했지만, 이는 맨슨이 당시의 미국에 대해 제대로 알지 못해서 한 말이었다. 맨슨과 함께 파나마 지역을 탐방했던 미국 하버드대학의 스트롱Richard Pearson Strong(1872~1948)[142)]은 파나마 지역의 환경위생 사업은 태평양의 미국 식민지나 속국들 — 하와이, 괌, 필리핀 — 에 큰 영향을 미치기 때문에, 미국 또한 이 사업을 계속 주목할 것이라고 말했다.[143)] 로스도 1904년에 파나마에 체류했는데, 이때 그는 파나마운하 사업을 맡았었던 프랑스 군인들이 무려 5만 명이나 생명을 잃었다는 사실을 알게 되었다.[144)]

미국이 역사적으로 카리브 해와 멕시코 만에 대해 갖고 있었던 제국

〈그림 4-6〉 쿠바 의사 핀레이의 황열 연구

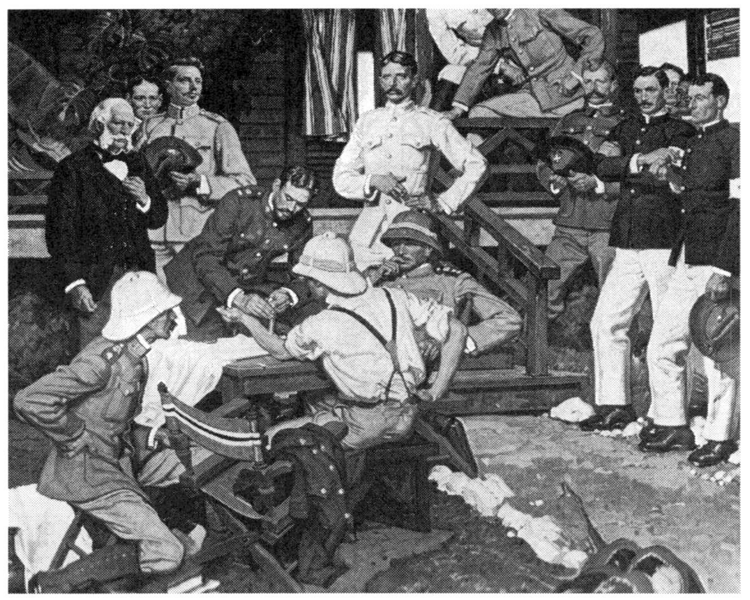

〈그림 4-7〉 미국 군의관 리드와 황열 예방 접종

주의적 관심은 황열과 깊은 연관성이 있었다. 병리학자 리드Walter Reed와 함께 파나마 위생 사업을 진두지휘했던 미국의 군의총감 고거스William Crawford Gorgas는 이 점을 유난히 강조했다. "스페인-미국 전쟁이 발발하기 이전 200년간 황열은 수많은 생명과 엄청난 재산을 앗아갔다."[145] 그래서 미국에서는 쿠바의 "아바나를 적절하게 청결하게 한다면, 아바나는 더 이상 미국에 치명적인 질병을 전파하는 장소가 되지 않을 것"이라고 알려졌다.[146] 이는 마치 유럽의 제국들이 인도와 이집트[147]를 그렇게 생각하는 것과 마찬가지였다.

제국의 나라들 사이에 파나마를 경쟁적으로 장악하려던 1898년에, 미국 보건성은 고거스를 아바나로 파견했다. 이 해에 아바나에서 말라리아로 인한 사망자는 무려 1,907명에 이르렀고,[148] 황열로 인한 사망자는 103명이었다.[149] 고거스와 리드가 아바나에 도착했을 때, 그들은 이미 황열의 원인을 규명하는 데 일생을 바쳐왔던 쿠바의 의사 핀레이 Carlos Finlay(1833~1915)의 존재를 알게 되었다. 비록 양자는 황열의 병리적 원인을 서로 다르게 생각했지만,[150] 핀레이는 리드와 고거스가 황열의 위생 사업을 실시하는 데 적극적으로 도왔다. 양자 사이의 본질적 차이는 고거스와 리드는 제국의 이해관계를 실현하기 위해 아바나에 왔었고, 핀레이는 식민지의 의사로서 열대질병을 연구했다는 데 있다. <그림 4-6>[151]에서 쿠바에 온 미국의 군진의학위원들은 핀레이의 설명을 경청하고 있다. 이 그림에서 핀레이는 중심인물로 묘사되고 있다. 이에 반해, <그림 4-7>[152]에서는 뒤에 서서 접종 장면을 지켜보고 있는 리드가 중심인물이며, 핀레이는 왼쪽에 서서 장면을 지켜보고 있을 뿐이다. 열대질병의 역사는 극명하게 서로 다른 관점에서 씌어지고 있다. 즉, 전자에서는 쿠바의 관점, 후자에서는 미국의 시각에서 파나마운하의 환경위생에 대한 역사 만들기가 이루어지고 있다. 미국의 파나마 지역에 대한 환경위생 사업은 카리브 해의 치명적인 열대질병이었던 말라리아와 황열을 통제하는 나라가 파나마를 장악할 수 있었음을 여실히 보여준다.

근대 서양의학의 열대적 구성

열대질병은 지리적으로 볼 때 원래 열대에서 발생한 질병을 의미했다. 유럽 사람들이 열대 지역을 다녀가면서 조금씩 그 의미가 달라지기 시작했다. 열대질병에 걸려 사망한 사람들이 많아지면서 서구는 열대질병에 대해 적극적으로 개입하였다. 제국의 이해와 욕망을 충족시키기 위해 열대 지역을 개척하여 군대를 파견하고 체류하게 되면서, 서구는 열대 환경위생의 필요성을 느끼게 되었다. 적어도 1860년대까지 열대를 식민화하려는 서구의 의지는 미래를 낙관하기에는 힘들어 보였다. 그러나 1870년대 이후 상황이 반전하기 시작했다. 환경위생과학이 다양한 양상으로 발전하여, 유럽 사회와 열대 지역에 동시에 그 영향을 미치게 되었다. 열대 환경위생과 의학은 제국과 식민지 양쪽에서 서로 공명을 이루어가면서 발달하기 시작했다. 코흐가 이집트에서의 역학 연구에 근거하여 인도에서 콜레라균을 발견한 것은 이런 상황에 대한 전형적인 사례에 해당한다.

서구의 열대질병에 대한 이런 적극적 개입은 '오리엔트'를 타자화하는 전략으로 작용하였다. 아시아발 콜레라는 이런 전략에 의한 열대질병으로 부각되었다. 유럽은 기독교 문명의 토대와 선교를 가로막은 콜레라의 전지구적 전파 경로를 지리역학적 관점에서 이해하였다. '깨끗한' 서구는 자신의 문명을 전파하기 위해 '불결한' 아시아와 이슬람에 대해 위생 및 의료 사업을 전개해야 했으며, 이를 위해 기존의 방식과는 다른 과학적 의학을 발달시켜나갔다. 기생충학과 세균학은 이런 역사적 맥락에서 열대 환경위생 및 의학과 연결되었다. 로스와 맨슨의 경우에서 보듯이 서구의 열대질병 전문가들 사이에서도 열대질병의 인식은 서로 달랐다.

괴테는 미국이 결국 파나마운하를 장악할 것이라고 꿰뚫어보았다. 하지만 그는 그 힘이 열대에 관한 환경위생적 지배에서 비롯된다는 점은 생각하지 못했을 것이다. 당시의 파나마는 대서양 문명이 태평양으로 확산된다는 점에서 지정학적으로 엄청나게 중요했다. 파나마는 미국에 의한 태평양 지배의 사활이 걸렸던 문제였다. 그런데 미국의 파나마 지배는 쿠바의 의사 핀레이가 이미 그 전에 20년간 황열을 연구하지 않았다면, 그렇게 빠른 속도로 이루어지지 못했을 것이다. 제국의 의학자 리드와 고거스의 파나마 환경위생 사업은 식민지의 지원과 협조가 없었다면 불가능했을 것이다.

결론적으로, 서구에 의한 열대 나라들의 식민화는 열대 환경위생과 의학의 발달에 크게 힘입었다. 서구 사회가 열대의 식민화에 대해 처음 가졌던 비관적 입장이 1860년대를 지나면서 낙관적 전망으로 바뀌게 되었던 전환점은 열대질병을 통제하려는 과정에서 생겨난 과학적 기생충학, 세균학, 미생물학의 성립과 맞물려 있었다. 열대질병에 대한 서구의 지리역학적 인식은 질병에 대한 과학적 연구의 발달을 토대로 이루어졌던 것이다. 열대질병은 제국의 시기를 거치면서 서구가 아시아, 아프리카, 태평양, 라틴아메리카를 지정학적으로 구성하는 준거가 되었다.

보론

한국에서 열대학 연구의 한계와 가능성

학문의 파급 효과

본 연구는 열대에 관한 연구가 전무한 한국의 학문 사회에 열대 연구를 진작시킬 수 있는 촉매제로 작용할 것이다. 한국에서 '열대'에 대한 이미지는 프랑스의 인류학자인 레비스트로스가 쓴 『슬픈 열대』에 대한 이해 정도에 그쳐 있다. 이 책은 열대에 대한 좁은 이해를 벗어나 역사학, 지리학, 생물학, 문학과 미술, 의학 분야 사이의 융합적 인식을 요구하게 될 것이다. 특히, 본 연구는 '열대 중국'[1]으로 비유되는 브라질을 포함하여 라틴아메리카, 아프리카, 서남아시아, 태평양과 인도양 등의 지역 연구의 지평을 확대하는 데 크게 기여할 것이다.

열대학 연구의 한계

한국에서 열대학 연구는 세 가지 한계를 원천적으로 갖고 있다. 첫째, 한국에서 살아가야 하는 연구자라면 누구나 당면하는 존재론적, 인식론적 한계이다. 한국은 전통적으로 온대 기후에 속하는 지역이다. 최근에는 아열대 기후로 변화하고 있지만, 한국은 열대의 기후와는 동떨어져 있다. 이 연구를 통해서 밝혔듯이, 인간은 처음부터 끝까지 풍토적 존재이다. 열대 풍토에 의해 살아온 몸lived body이 아니면서 열대의 자연, 풍토, 질병, 예술과 미학을 연구하는 것은 존재론적이나 인식론적 한계에 부딪칠 수밖에 없다.

둘째, 열대에 관한 자료의 절대적 부족이다. 한국의 국회도서관과 국립중앙도서관을 비롯하여 전국의 각 대학도서관 및 공공도서관의 어디를 검색하더라도 열대에 관한 1차 사료는 전무하였으며, 2차 사료는 극히 제한된 범위에서만 구할 수 있었다. 연구자는 이런 한계를 최대한 줄이기 위해 미국과 유럽의 도서관들을 찾아다니면서 자료를 구하려고 노력했다. 그럼에도 한국에서 열대학 연구는 수많은 난관을 극복해야 한다.

셋째, 열대 지역의 토착 언어를 이해하지 못하여 어쩔 수 없이 영어와 프랑스어에 근거하여 자료를 해독함으로써 열대에 대한 이해가 제한적일 수밖에 없었다. 본 연구가 서구적 정체성의 형성에서 열대의 역할에 대한 연구이기에 열대 지역에 대해 깊이 인식하기 위해서는 이 지역의 토착 언어에 대한 이해가 필요했는데, 인도 지역의 경우를 제외하고는 한계에 직면하였다. 인도는 영어 공용권이기에 통역자를 통해 이 지역의 토착 언어에 의한 사료와 자료들을 이해할 수 있었다.

열대학 연구의 가능성

이런 한계에도 불구하고 한국에서 열대학 연구는 무한한 가능성을 갖고 있음을 이번 연구를 통해 깊이 깨닫게 되었다.

우선, 열대학은 한국 지식사회의 고질적인 문과 대 이과의 이분법적 연구 풍토를 지양할 수 있는 기회를 무한히 제공할 수 있다. 학술진흥재단이 학제 간 연구를 진작하기 위해 노력을 하고 있으며, 일부 지식인들이 '융합'을 제창하고 있음에도 불구하고, 한국의 지식사회는 여전히 수직적인 학문 분류법에 근거하여 연구가 이루어지고 있다. 예를 들어, 대학사회에서 노자와 장자를 읽으려는 유행은 퍼져가면서도 다윈에 대해서는 무관심한 게 현실이다. 이런 현실에서 열대학은 인문학, 사회과학, 자연과학, 의학, 예술 등 전 분야를 아우르면서 연구를 해야 하는, 학제 간 연구에 가장 적합한 최고의 주제인 것이다.

다음으로, 열대학은 지구화 또는 세계화 시대에 한국이 서구중심주의적 지식 편향을 지양하는 데 중요한 지렛대를 제공할 수 있다. 한국의 지식사회는 오랫동안 미국과 유럽 일변도의 연구를 추구해왔다. 이런 지식 틀에 젖다보니 이슬람에 대한 깊은 인식은커녕 관심조차 없는 형편이다. 열대 지역은 크게 보면 바로 이슬람 지역이다. 중동의 이슬람 문명권을 이해하는 데 열대학 연구는 가장 기초적인 토대 연구에 해당한다. 뿐만 아니라 아프리카, 라틴아메리카, 아시아에 대한 열대학 연구는 한국 지식사회의 세계적 지평을 크게 넓힐 수 있다.

마지막으로, 열대학은 지구의 해양 문화와 문명에 대한 연구를 크게 촉발시킬 수 있다. 한국의 지식사회는 대서양, 인도양, 태평양, 남빙양, 북빙양 등의 해양 문명권 연구에 상대적으로 소홀히 해왔다. 열대의 해양자원은 아직도 무궁무진하다. 열대학 연구를 통해 한국의 지식사회는 육지에만 한정된 지역 연구를 넘어 그야말로 전지구적으로 연구의 영역을 확대할 수 있다.

■ 주

머리말: 열대학을 열다

1) Gaston Bachelard, *L'air et les songe*(1943). 『공기와 꿈: 운동에 관한 상상력』, 정영란 옮김, 이학사, 2000, 「제5장 니이체와 상승적 정신 심리」, pp. 231-287, 특히 p. 246.

2) 지리학에서 'climate'는 일반적으로 '기후'를 의미하지만, 이 책에서는 일본의 사상가 와쓰지 데쓰로和辻哲郎의 논지에 의거하여, 인간과 모든 생명체 — 세균까지도 포함하여 — 의 존재에 영향을 미치는 자연을 의미한다. 和辻哲郎. 『風土-人間學的 考察』(1935). 『풍토와 인간』, 박건주 옮김, 장승, 1993. 영어판은 Watsuji Tetsuro, *A Climate: A Philosophical Study,* Translated by Geoffrey Bownas, Tokyo 1961. 풍토를 문명론적 관점에서 논의한 책으로는 Ellsworth Huntington, *Civilization and Climate,* 3rd ed. (Hamden, 1924; 1971)을 볼 것.

3) "기후는 특정기간 지구 상의 어느 장소에 발생한 일기 현상의 총체"를 의미한다. H.H. Lamb, *Climate, History and the Modern World,* 2nd ed. (1982; 1995). 『기후와 역사: 기후, 역사, 현대세계』, 김종규 옮김, 한울 아카데미, 2004, p. 31.

4) 和辻哲郎, 『풍토와 인간』, p. 13.

5) 和辻哲郎, 『풍토와 인간』, p. 17.

6) 和辻哲郎, 『풍토와 인간』, p. 23.

7) 和辻哲郎, 『풍토와 인간』, 「제5장 풍토학의 역사적 고찰」, 특히 pp. 243-247.

8) 영어의 'Natural History'는 '박물학(博物學)'이 개념의 외연을 더욱 포괄한다고 보기에 이 책에서는 박물학으로 표기하며 특별한 경우에만, '자연사(自然史)'를 사용한다. 참고로 일본에서는 박물학으로 표기되고 있다.

9) 곽광수가 쓴 『가스통 바슐라르』(민음사, 1995)는 바슐라르의 과학사 및 과학철학을 다루지 않는다.

10) Gaston Bachelard, *L'activite rationaliste de la physique contemporaine*(1951). 『현대물리학의 합리주의적 활동』, 정계섭 옮김, 민음사, 1998, 「제1장 역사적 회귀, 인식론과 과학사, 역사적 발전에서 파동-입자의 변증법」, p. 41.

11) Gaston Bachelard. *Le nouvel esprit scientifique*(1934). 『새로운 과학정신』, 김용선 옮김, 인간사랑, 1990; Gaston Bachelard, *La philosophie du non*(1940). 『부정의 철학』, 김용선 옮김, 인간사랑, 1991.

12) Georges Canguilhem, *Ideologie et rationalite dans l'histoire des sciences de la vie: Nouvelle etudes d'histoire et de philosophie des sciences*(1977). *Ideology and Rationality in the History of the Life Sciences,* translated by Arthur Goldhammer. Cambridge, MA: The MIT Press. 1988, p. 1.

13) 앞의 책. pp. 2-3.

14) Gaston Bachelard, 『새로운 과학정신』, p. 15. 번역자는 자신이 이 책을 구입했던 1984년에 이 책은 이미 16판을 기록했다고 말한다.

15) Michel Foucault, "Introduction" in Georges Canguilhem, *Le normal et le pathologique,* translated by Carolyn R. Fawcett, 1966. *The Normal and the Pathological* (1978). New York: Zone Books, 1989. p. 17.

16) Georges Canguilhem, *Ideology and Rationality in the History of the Life Science,* pp. 3-5.

17) Reinhardt Koselleck, *Vergangene Zukunft*(1979). 『지나간 미래』, 한철 옮김. 1996. p. 328.

18) Dominiques Lecourt, *Marxism and Epistemology: Bachelard, Canguilhem and Foucault,* translated by Ben Brewster, London: NLB, 1975. 『프랑스 인식론의 계보: 바슐라르, 깡길렘, 푸코』, 박기순 옮김, 새길, 1996. 르쿠르의 책은 원래 불어판인 "L'epistemologie historique de Gaston Bachelard"(1969)와 "Pour une critique de l'epistemologie"(1972)를 합쳐서 영어본으로 번역된 것을 다시 한국어로 옮겼다.

19) 니체, 『인간적인 너무나 인간적인 I』, 김미기 옮김, 책세상, 2001, p. 201.

20) Michel Foucault, Collin Gordon (ed.), *Power/Knowledge: Selected Interviews & Other Writings, 1972-1977.* 『권력과 지식: 미셸 푸코와의 대담』, 홍성민 옮김, 1991. 「지리학」, p. 97. 번역자는 '지리학'을 '지형학'으로 번역하였다.

21) 니체, 『인간적인 너무나 인간적인 II』, 김미기 옮김, 책세상, 2002, pp. 340-341. 굵은 글씨는 필자의 강조

22) Gilles Deuleze & Felix Guattari, *Qu'est-ce que la philosophie*(1991). 『철학이란 무엇인가』, 이정임, 윤정임 옮김, 현대미학사, 1995, 4장 「地理哲學」, pp. 125-166.

23) Gilles Deuleze & Felix Guattari, 『철학이란 무엇인가』, p. 166.

1장 서구적 정체성의 형성에서 풍토의 역할

1) 이 글에서는 '서구'라는 용어를 주로 사용하며, 특별히 지리적 위치를 표기하거나 시대적 맥락을 분명히 할 필요가 있을 경우에는 '유럽'을 사용한다. '서구'라는 용어의 역사적 계보학에 대해서는 Christopher GoGwilt, "A Brief Geneology of the West" in idem, *The Invention of the West: Joseph Conrad and the Double-Mapping of Europe and Empire,* Stanford: Stanford University Press, 1995, pp. 220-242.

2) Edward W. Said, *Orientalism*. New York: Vintage books, 2003; Eric R. Wolf, *Europe and the People Without History,* Berkeley: University of California Press, 1997; 姜尙中, 『오리엔탈리즘을 넘어서(1996)』, 이경덕, 임상모 옮김, 이산, 1997; Andre Gunder Frank, *ReOrient: Global Economy in the Asian Age*(1998), 『리오리엔트』, 이희재 옮김, 이산, 2003; John M. Hobson, *The Eastern Origins of Western Civilization*(2004), 『서구 문명은 동양에서 시작되었다』, 정경옥 옮김, 에코리브르, 2005; Gerard Delanty, *Inventing Europe: Idea, Identity, Reality*. New York: St. Martin's Press, 1995; Samir Amin, *Eurocentrism*(1989), 『유럽중심주의』, 김용규 옮김, 세종출판사, 1989.

3) 최갑수, 「유럽중심주의의 극복과 대안적 역사상의 모색」, 『역사비평』, 2000(가을), pp 95-110; 유재건, 「근대 서구의 타자 인식과 서구중심주의」, 『역사와 경계』, 2003(46), pp 31-49; Immanuel Wallerstein, 「유럽중심주의와 그 화신들: 사회과학의 딜레마들」, 『창작과 비평』, 1997(봄), pp 389-414; Samir Amin, *Eurocentrism,* New York: Monthly Review Press, 1989.

4) Edward W. Said, *Orientalism*, p. 216.

5) 사이드의 지리학에 대한 호의적인 논의로는 Gregory Derek, 「Edward Said's Imaginative Geographies」, in Mike Crang and Nigel Thrift, eds., *Thinking Space,* London and New York: Routledge, 2001, pp. 302-348을 볼 것.

6) *Ibid.*, pp. 215-21.

7) 진화생물학자 마이어(Ernst Mayer)에 의하면 "생물학은 주제, 역사, 방법론, 그리고 철학 모두에서 물리과학과 근본적으로 다르다." Ernst Mayer, *This Is Biology: The Science of the Living World*(1997). 『이것이 생물학이다』, 최재천 외 옮김, 몸과마음, 2002, p. 18.

8) Edward W. Said, *Orientalism*, pp. 54-55, 57-58.

9) 예를 들어, 인도를 처음 여행했던 유럽인들이 돌아와서 인도의 특이한 식물과 동물을 그림을 그려 설명했을 때, 그리고 인도의 열대 기후를 설명했을 때, 인도를 가보지 않았던 유럽인들은 어떤 상상력을 발휘하였을지 생각해보자.

10) Edward W. Said, *Culture and Imperialism,* New York: Knopf, 1993, pp. 3-14, 특히 p. 7.

11) Edward W. Said, *Orientalism*, p. 79.

12) 지리학과 역사학의 관계에 대해선 Lucien Febvre, *A Geographical Introduction To History*, New York: Knopf, 1925.와 Alan R. H. Baker, *Geography and History: Bridging the Divide,* Cambridge & New York: Cambridge University Press, 2003.; 지리학과 의학을 역사적 관점에서 논의한 것으로는 Frank A. Barrett, *Disease & Geography: The History of an Idea,* Toronto: Geographical Monographs, Geography department, York University, 2000.; 서구 과학에 대한 지리학적 논의로는 David N. Livingstone, *Putting Science in Its Place: Geographies of Scientific Knowledge*, Chicago: University of Chicago

Press, 2003.; John Rennie Short, *Making Space: Revising the World, 1475-1600*, New York: Syracuse University Press, 2004.; Harold Dorn, *The Geography of Science*, Baltimore & London: John Hopkins University Press.; Folke Henschen, *The History and Geography of Diseases*, New York: Delacorte Press, 1966.; 생물지리학에 대한 개괄적인 논의로는 Jorge V. Crisci, Liliana Katinas, Paula Posadas, *Historical Biogeography: An Introduction,* Cambridge, M.A.: Harvard University Press, 2003.

13) 제국주의와 지리학에 대해선 Anne Godlewska and Neil Smith, eds., *Geogrpahy and Empire*, Oxford: Blackwell, 1994.; Morag Bell, Robin Butlin and Michael Heffernan, eds., *Geography and Imperialism, 1820-1940*, Manchester: Manchester University Press, 1995.

14) Edward Soja, *Postmodern Geographies: The Reassessment of Space in Critical Social Theory* (1989). 『공간과 비판사회이론』, 이무용 외 옮김, 시각과 언어, 1997, p. 27.

15) 오카다 히데히로岡田英弘, 『世界史の 誕生』(1992), 『세계사의 탄생』, 이진복 옮김, 황금가지, 2002, pp. 43-66. 특히 p. 65.

16) Jacques Jouanna, *Hippocrate*(1992), Translated by M. B. DeBevoise, *Hippocrates*, Baltimore and London: John Hopkins University Press, 1999, 『히포크라테스』, 서홍관 옮김, 아침이슬, 2004, p. 229.

17) Ibid., p. 230.

18) Hippocrates, "Airs, Waters, Places", Hippocrates I, Translated by W.H.S. Jones, Cambridge, M.A.: Harvard University Press, 1984, pp. 70-137.

19) 이종찬, 「醫를 地理的 관점에서 사유한다면 醫史學은 歷史學의 重心이 될 수 있을까?」, 『대한의사학회』, 가을철 학술대회 발표 자료집, 2004.

20) 히포크라테스에 대한 탁월한 문헌학자인 루드비히 에델슈타인에 의하면, 저자는 지리학자였을 가능성이 높다. Ludwig Edelstein, *Peri aeron und die Sammlung der Hippokratischen Schriften,* Berlin: Weidmann, 1931, p. 59 in Clarence J. Glacken. *Traces on the Rhodian Shore: Nature and Culture in Western Thought from Ancient Times to the End of the Eighteenth Century*, Berkeley and London: University of California Press, 1967, p. 83

21) L. Westerna Sambon, "Acclimatization of Europeans in Tropical Lands", *The Geographical Journal,* 1898(Vol.12), p 595.

22) Hippocrates, "Airs, Waters, Places", p. 131, 133.

23) Ibid., p. 133.

24) Richard McKeon, *The Basic Works of Aristotle*, New York: Random House, 1941, 1327b, pp. 24-30.

25) Claude Levi-Strauss, *Tristes Tropiques*(1955), 『슬픈 열대』, 박옥줄 옮김, 삼성출판

사, 1990, p. 113.

26) Claude Levi-Strauss, *De pres et de loin*(1988), 『가까이 그리고 멀리서: 클로드 레비스트로스 회고록』, 강, 2003, p. 147.

27) 유럽 내의 다른 지역을 여행할 때처럼 질병이 발생할 수 있다고 보고, 체열이나 구루병에 대한 간단한 치료법을 제시하고 있을 정도이다. 예를 들어, 열대질병에 걸린 환자는 편안하게 누워서 18온스 정도의 피를 뽑고 수면을 취하면 24시간 이내에 안전하게 된다고 하면서, 음식과 섭생에 주의해야 한다고 기록하였다. George Wateson, *The Cures of the Diseased, in Remote Regions: Preventing Mortalitie, Incident in Forraine Attempts, of the English nation*. Oxford, 1598. Reproduced in facsimile, *with introduction and notes by Charles Singer,* Oxford: Clarendon Press, 1915.

28) 미하일 바흐찐, 『프랑수아 라블레의 작품과 중세 및 르네상스 민중문화』, 이덕형, 최건영 옮김, 아카넷, 2001, p. 557.

29) Geoffrey Parker and Lesley M. Smith, eds. *General Crisis of the Seventeenth Century,* 2nd edition, London: Routledge, 1978; 1997.

30) 소빙하기에 대해서는 Brian Fagan, *The Little Ice Age: How Climate Made History, 1300-1850*(2000), 『기후는 역사를 어떻게 만들었는가』, 윤성옥 옮김, 중심, 2002.

31) Ernst Rodenwaldt and H.J. Jusatz, *World Maps of Climatology,* Berlin: Springer, 1963.

32) George Basalla, "The Spread of Western Science", *Science*, 1967(Vol.156), pp. 611-622.

33) Richard H. Grove, Chapter 3 "The English and Dutch East India Companies and the Seventeenth-Century Environmental Crisis in the Colonies", *Green Imperialism: Colonial Expansion, Tropical Island Edens, and the Origins of Environmentalism, 1600-1860,* Cambridge: Cambridge University Press, 1995, pp. 95-152.

34) James Lind, *Essays on the Diseases Incidental to Europeans in Hot Climates with the Method of preventing their fatal Consequences,* 1769; Robert Jackson, *A treatise on the fevers of Jamaica, with some observations on the intermitting fever of America, and an appendix, containing some hints on the means of preserving the health of soldiers in hot climates,* 1791.

35) 네덜란드, 영국, 스웨덴 등의 동인도회사에는 의사들이 반드시 소속되었다.

36) Donald Vernon Mackay, "Colonialism in the French Geographical Movement, 1871-1881", *Geographical Review*. 1943(Vol.33), pp. 214-32; Frank A. Barrett, 「The Role of French-language Contributors to the Development of Medical Geography (1872-1993)」, *Social Science and Medicine*, 2002(Vol.55), pp. 155-165.

37) David Arnold, "Introduction: Tropical Medicine before Manson", idem (ed.) "Warm Diseases and Western Medicine: The Emergence of Tropical Medicine, 1500-1900", *Clio Medica*, 1996(Vol.30), pp. 1-19, 특히 p. 7.

38) Andrew Balfour and Henry Harold Scott, *Health Problems of the Empire,* New York, 1924, p. 37. 당시 런던 열대의학대학원의 원장이었던 밸푸어와 대학원 교수였던 스콧이 쓴 책. 첫 페이지 'Four Notable Dicta'에 디즈레일리의 유명한 구절인 "Sanitas sanitatum, omnia sanitas"이 씌어 있다.

39) Ronald Ross, *Memoirs with a full account of the Great Malaria Problem and Its Solution,* London: John Murray, 1923, p. 115.

40) 이런 관점에서 당시의 상황에 대해 광범위한 통계 자료를 사용하여 분석한 책으로는 Philip D. Curtin, *Death by Mirgration: Europe's encounter with the Tropical World in the Nineteenth Century,* Cambridge and New York: Cambridge University Press, 1989; 유럽의 아프리카 열대 지배에 대한 연구로는 idem, *Disease and Empire*: The Health of European Troops in the Conquest of Africa, Cambridge and New York: Cambridge University Press, 1998.

41) William James Moore(Surgeon-General), "Is the Colonization of Tropical Africa by Europeans Possible?", *Transactions of the Epidemiological Society of London*, 1890-91(Vol.X), pp 27-45, 29.

42) 채임벌린은 열대의학이 식민화 사업에 매우 필수적임을 깨달았기 때문에, 맨슨(Patrick Manson)과 협력하여 세계 최초의 열대의학 교육기관인 런던 열대의학대학원(London School of Tropical Medicine)을 설립하였다. 맨슨의 열대의학에 대해선 Douglas M. Haynes, *Imperial Medicine: Patrick Manson and the Conquest of Tropical Medicine,* Philadelphia, 2001.을 볼 것.

43) William Moore, "Is the Colonization of Tropical Africa by Europeans Possible?", pp. 44.

44) British Medical Association Report, "Tropical Diseases", *Lancet,* 1898(Vol.2), pp. 376.

45) 노벨상 수상자인 로스는 영국이 인도의 콜레라 퇴치를 위해 비효율적인 방식으로 수백만 파운드를 쏟아 붓는 것에 대해 비판한 적이 있다. Ronald Ross, "Reports of Societies: The Future of Tropical Medicine", *British Medical Journal,* 1909(Vol.26), pp. 1545.

46) L. Westerna Sambon, "Acclimatization of Europeans in Tropical Lands", pp. 588-599.

47) 이 글의 주제와 관련된 유럽의 문명화 과정에 대해서는 Nobert Elias, *The Civilizing Process*(1939; 1978), 『문명화 과정』 I & II권, 박미애 옮김, 한길사, 1996; 1999을 볼 것.

48) Mary Douglas, *Purity and Danger: An Analysis of Concept of Pollution and Taboo,* 2nd ed. London and New York: Routledge, 1966; 2002. 18세기 이래로 깨끗함은 서구 사회에서 신성함 다음의 문명적 자리를 차지하였다.

49) David Armstrong, *Political Anatomy of the Body: Medical Knowledge in Britain in*

the Twentieth Century, New York: Cambridge University Press, 1983; Mary Poovey, *Making a Social Body,* Chicago: University of Chicago Press, 1995; Pamela K. Gilbert, *Mapping the Victorian Social Body,* Albany: State Unversity of New York Press, 2004.

50) Bryan S. Tunner, *The Body and Society: Explorations in Social Theory,* 2nd ed. (1984; 1996), 『몸과 사회』, 임인숙 옮김, 몸과마음, 2002, pp. 192-195; Frank Mort, *Dangerous Sexualities: Medico-moral Politics in England since 1830,* 2nd ed. (1987; 2000), pp. 33-36, 136-140. 이런 생각은 현대 서구에서도 그대로 지속되고 있다. Albert Camus, *La peste* (1947). 『페스트』, 김화영 옮김, 책세상, 1998, p. 338.

51) Peter Stallybrass and Allon White, *The Politics and Poetics of Transgression* (Ithaca, N.Y: Cornell University Press, 1986), Chapter 3 "The City: the Sewer, the Gaze and the Contaminating Touch", pp. 125-148; Mary Douglas, *Purity and Danger*, 특히 p. 2.

52) Michael Hardt and Antonio Negri, *Empire* Cambridge, M.A.: Harvard University Press, 2000, p. 135.

53) David N. Livingstone, "Tropical Climate and Moral Hygiene: The Anatomy of a Victorian Debate", *British Journal for the History of Science*, 1999(Vol.32), pp. 93-110; idem, "The Moral Discourse of Climate: Historical Considerations of Race, Place and Virtue", *Journal of Historical Geography*, 1991(Vol.17), pp. 413-34; idem, "Race, Space and Moral Climatology", *Journal of Historical Geography*, 2002(Vol.28), pp. 159-180.

54) 19세기 유럽의 콜레라에 대한 연구로는 Richard Evans, *Death in Hamburg,* London, 1987; idem, "Epidemics and Revolution: Cholera in Nineteenth-century Europe", *Past and Present*(No.120, 1988), pp. 123-146; François Delaporte, *Disease and Civilization: the Cholera in Paris,* 1832, Translated by Arthur Goldhammer, Cambridge, M.A.: MIT Press, 1986; Peter Baldwin, *Contagion and the State in Europe*, 1830-1930. Cambridge and New York: Cambridge University Press, 1999.

55) Frank G. Clemow, *The Geography of Disease,* Cambridge: University Press, 1903, p. 94와 대접면. "아시아發(Asiatic) 콜레라"는 이렇게 해서 나오게 되었다.

56) Susan Sontag, *Illness as Metaphor; And, AIDS and Its Metaphors*(1978; 1990), 『은유로서의 질병』, 이재원 옮김, 이후, 2002, p. 183.

57) Ibid.

58) Ibid, p. 184. 현재 미국 최고의 의학사학자로 인정받는 찰스 로젠버그가 "콜레라는 19세기 서구사회의 사회적 경제적 상황을 정확하게 보여준다"고 말했을 때, 로젠버그의 논점은 서구중심주의적 시각을 여실히 보여준다.

59) W.H.S. Jones, *Malaria: A Neglected Factor in the History of Greece and Rome,* Cambridge, [England], Macmillan & Bowes: London, Macmillan & Co., Limited, 1907.

60) 질병과 서구 문명에 대해선 Henry E. Sigerist, *Civilization and Disease*(1943), 『질

병은 문명을 만든다』, 이희원 옮김, 몸과마음, 2005; 의학과 문명에 대해선 David J. Rothman, Steven Marcus, and Stephanie A. Kiceluk, eds. *Medicine and Western Civilization*, New Brunswick: Rutgers University Press, 1995.

61) James M. Blaut, *The Colonizer's Model of the World: Geographical Diffusionism and Eurocentric History*, New York: Guilford Press, 1993, p. 70.

62) Paul de Kruif, *Microbe Hunters*(1926), 『소설처럼 읽는 미생물 사냥꾼 이야기』, 이미리나 옮김, 몸과마음, 2005, p. 332.

63) Patrick Manson et al, "Acclimatization of Europeans in Tropical Lands: Discussion", *Geographical Journal*, 1898(Vol.12), pp. 599-606.

64) Great Britai, "Royal Commission on the Sanitary State of the Army in India.", *Report of the Commissioners Appointed to Inquire into the Sanitary State of the Army in India,* 1863(Vol.2), pp. xvii-xviii.

65) François Delaporte, *Histoire de la fievre jaune*(1989). *The History of Yellow Fever: An Essay on the Birth of the Tropical Medicine,* Translated by Arthur Goldhammer, Cambridge, M.A.: MIT Press, 1991.

66) 파나마운하의 위생적 문제에 관해서는 James Ewing Mears, *The Triumph of American Medicine in the Construction of the Panama Canal*, Philadelphia: Wm. J. Dornan, 1913.

67) William Crawford Gorgas, *Sanitation in Panama*, New York & London: D. Appleton and Company, 1918.

68) Andrew Cunningham, "Transforming Plague", in Andrew Cunningham & Perry Williams, eds. *The Laboratory Revolution in Medicine,* Cambridge & New York: Cambridge University Press, 1992, pp. 209-244, 특히 pp. 241-242.

69) Bruno Latour, *Les Microbes: guerre et paix suivi de irreductions*(1984), *The Pasteurization of France*. Translated by Alan Sheridan and John Law, Cambridge, M.A.: Harvard University Press, 1988, p. 142.

70) Bruno Latour, *The Pasteurization of France,* p. 144.

71) L. Westerna Sambon, "Acclimatization of Europeans in Tropical Lands.", pp. 588-599.

72) Laura Otis, *Membranes: Metaphors of Invasion in Nineteenth-Century Literature, Science, and Politics,* Baltimore: Johns Hopkins University Press, 1999, p. 6; Sheldon Watts, *Epidemics and History: Disease, Power and Imperialism,* New Heaven: Yale University Press, 1997. p. xiii를 각각 참고할 것.

73) 웰즈에 대한 문학비평 중에서 이 글과 관련된 것으로는 李相華, 『20세기 영국 유토피아 소설연구』, 중앙대학교 출판부, 1996을 볼 것.

74) Herbert George Wells, *The War of the Worlds*(1898), 『우주전쟁』, 임종기 옮김, 책세상, 2003. 미국의 스필버그 감독이 영화화하겠다고 발표했는데, 미국에서만 세번째로 영화화된다.

75) Joseph Conrad의 "Geography and Some Explorers"(idem, Last Essays, 1926)는 지리학자들의 주목을 받아왔다. 콘래드의 이 글에 대한 논의로는 Felix Driver, "Geography's Empire: Histories of Geographical Knowledge", *Environment and Planning D: Society and Space,* 1992(Vol.10), pp. 23-40을 볼 것.

76) H. Harold Scott, *A History of Tropical Medicine,* London, 1939(Vol.1), p. 5.

77) 서양의학의 정체성과 열대의 관계에 대해선 Alan Bewell, *Romanticism and Colonial Disease,* Baltimore: Johns Hopkins University Press, 1999, p. 19를 볼 것.

78) Montesquieu, Book 17 "How the laws of political servitude are related to the nature of the climate?", De l'esprit des lois(1748); *The Spirits of the Law*, Cambridge: Cambridge University Press, 1987, p. 280.

79) 열대의 풍토에 관한 가장 주목할 만한 저작들 중에서 James Lind(1716-1794)의 *An Essay on the Diseases Incidental to Europeans in Hot Climates with the Method of preventing their fatal Consequences*(London)이 출간된 1768년도에서 제임스 존슨(James Johnson, 1777-1845)의 *Influences of Tropical Climates on European Constitutions*(London)이 출간된 1813년까지만 해도 그랬다. Mark Harrison, *Climates and Constitutions: Health, Race, Environment, and British Imperialism in India,* 1600-1850, New Delhi and New York: Oxford University Press, 2002, p. 115.

80) Brian Fagan, 『기후는 역사를 어떻게 만들었는가』, p. 279.

81) 영국의 인도에 대한 식민화 사업과 풍토병의 관계에 대해선 Sheldon Watts, "British Development Policies and Malaria in India, 1897-1929", *Past and Present*, 1999(165), pp. 141-181; Mark Harrison, "Tropical Medicine in Nineteenth-Century India", *British Journal for the History of Science*, 1999(Vol.25), pp. 299-318; David Arnold, *Colonizing the Body: State Medicine and Epidemic Disease in Nineteenth-Century India,* Berkeley: University of California Press, 1993.

82) Mark Harrison, *Climates and Constitutions,* p. 18.

83) James Mill, *The History of British India*, New York: Chelsea House, 1968.

84) James Ranald Martin, *Medical Topography of Calcutta,* London, 1837, pp. 13-45.

85) Anne Marcovich, "French Colonial Medicine and Colonial Rule: Algerie and Indochine", in Roy MacLeod and Milton Lewis, eds. *Disease, Medicine, and Empire : Perspectives on Western Medicine and the Experience of European Expansion,* London and New York: Routledge, 1988, pp. 103-109.

86) 수적으로도 학회에서 가장 다수를 차지했던 이들은 거의 모두 파리의과대학 졸업

생들이었다. Patricia M. E. Lorcin, "Imperialism, Colonial Identity, and Race in Algeria, 1830-1870: The Role of the French Medical Corps", *Isis*, 1999(Vol.90), pp. 653-679, 특히 p. 673.

87) Ibid., p. 674.

88) Robert N. Proctor, *Racial Hygiene: Medicine under the Nazis,* Cambridge, M.A.: Harvard University Press, 1988; Paul Weindling, "A Virulent Strain: German Bacteriology as Scientific Racism, 1890-1920", in Waltraud Ernst and Bernard Harris, eds. *Race, Science and Medicine,* 1700-1960, London & New York: Routledge, 1999, pp. 218-233.

89) 한국서양사학회(편), 『서양문명과 인종주의』, 지식산업사, 2002.

90) 박형지, 설혜심, 『제국주의와 남성성』, 아카넷, 2004, pp. 76-77.

91) Janet Browne, "Biogeography and Empire", in N. Jardine, J. A. Secord, and E. C. Spary, eds. *Cultures of Natural History,* Cambridge: Cambridge University Press, 1996, pp. 305-321.

2장 유럽의 열대 자연에 대한 식물지리학적 발견

1) Alfred W. Crosby. *The Columbian Exchange* (1973; 2003). p. 222. 『콜럼버스가 바꾼 세계』, 김기윤 옮김, 지식의 숲, 2006. 필자가 번역본을 부분적으로 수정했다.

2) 프랑소와 다고네. 생의 목록, 1970. p. 17. Robert Dumas. *Traité de l'arbre: essai d'une philosophie occidentale*(2002). 『나무의 철학』, 송민석 옮김, 2004. p. 171에서 재인용

3) David Goodman and Colin A. Russell, eds. *The Rise of Scientific Europe,* 1500-1800, Sevenoaks, Kent: Hodder & Stoughton, 1991.

4) 과학혁명에 대해선 무수히 많은 논의가 있는데, 그중에서 정반대의 관점을 보여주는 연구로는 김영식, 『과학혁명: 전통적 관점과 새로운 관점』, 아르케, 2000; Steven Shapin, *The Scientific Revolution*(1996). 『과학혁명』, 한영덕 옮김, 영림카디널, 2000을 각각 볼 것.

5) 이런 경향을 가장 집약적으로 보여준 연구로는 Roy MacLeod, ed. "Nature and Empire: Science and the Colonial Enterprise", *Osiris*. 2001. Vol. 15을 볼 것.

6) George Basalla, "The Spread of Western Science", *Science,* 1967, 156(3775), pp. 611-622. 바살라의 모델은 1960년대 사회과학 분야에서 로스토우(W.W. Rostow)에 의해 제시되었던 '근대화이론'과 궤를 같이 하였다. 로스토우는 근대화가 서구에서 비서구로 자연스럽게 전파된다고 주장했다.

7) 피엔슨(Lewis Pyenson)의 연구는 이런 논쟁을 촉발시키는 계기가 되었다. Lewis Pyenson, "Why Science May Serve Political Ends: Cultural Imperialism and the

Mission to Civilize", *Berchite zur Wissenschaftgeschichte*, 1990(Vol.13), pp. 69-81. 이에 대한 반론으로는 Paolo Palladino and Michael Worboys, "Science and Imperialism", *Isis*, 1993(Vol.84), pp. 91-102을 볼 것.

8) Donald F. Lach, "*Vol. II. A Century of Wonder, Book One: The Visual Arts*", *Asia in the Making of Europe,* Chicago: University of Chicago Press, 1970, p. 55. 유럽인들이 코끼리에 대해 가졌던 새로운 감각에 대해서는 pp. 124-158을 볼 것.

9) David Miller and Peter Reill, eds. *Visions of Empire: Voyages, Botany, and Representations of Nature*, Cambridge: Cambridge University Press, 1986; N. Jardine, J. A. Secord, and E. C. Spary, eds. *Cultures of Natural History*. Cambridge: Cambridge University Press, 1996; Tony Rice. *Voyages of Discovery: Three Centuries of Natural History*. London: Museum of Natural History, 1999; Roy Macleod, ed. "*Nature and Empire: Science and the Colonial Enterprise*", 2000(Vol.15).

10) Agnes Arber, *Herbals: Their Origin and Evolution, A Chapter in the History of Botany, 1470-1670*(1912), Cambridge: Cambridge University Press, 1986. p. 264.

11) 식물지리학이 지리학에서 차지하는 위상에 대해서는 Rihcard Hartshorne, *The Nature of Geography: A Critical Survey of Current Thought in the Light of the Past*(1939), 『지리학의 본질 I』, 한국지리연구회 옮김, 1998. p. 245.

12) 1 league는 한 시간에 걸을 수 있는 거리로 보통 3마일 거리에 해당한다.

13) 1488년에 페레이라가 아프리카 서부 해안을 항해했을 때 열대질병에 걸려 난파를 당한 적이 있었는데 희망봉에서 돌아오던 바르톨로메오 디아스가 기니아 만에서 발견하여 구해주었다고 한다.

14) Frédéric Delouche, ed. *Histoire de l'Europe*(1992; 1997), Revised ed. 『새 유럽의 역사』, 윤승준 역, 까치, 2000, p. 224. 1494년만 해도 스페인이 아직 포르투갈의 항해 경험에 미치지 못했다.

15) 포르투갈 왕조는 정부 문서가 외부로 유출되지 않도록 엄격한 정책을 시행했다. 이로 인해 과학혁명의 근대적 기원이 왜곡되어 왔음에 대해 비판하고 있는 연구로는 Jorge Cañizares-Esguerra, *Nature, Empire, and Nation: Explorations of the History of Science in the Iberian World,* Stanford: Stanford University Press, 2006을 볼 것.

16) 1506년에 페레이라가 쓴 일기는 현재 포르투갈 국립문서보관소에 보관되어 있으며, 그가 쓴 Esmeraldo de situ orbis(1505-1508)은 비밀문서 정책에 의해 필사본으로 보존되었기에 결코 출판되지 못했고 19세기가 되어서야 출간되었다. 유럽 공동의 역사 교과서인 『새 유럽의 역사』의 개정판(1997)에서 조차도 카브랄이 브라질을 최초로 발견했다고 되어 있다. Frédéric Delouche, 『새 유럽의 역사』, p. 226.

17) 일명 'Spice Islands'이다.

18) 금으로 주조된 두카트는 1140년 이후 처음으로 사용되었으며 유럽에서 1566년부터 1857년까지 표준 화폐로 사용되었다.

19) Juan Pimentel, "The Iberian Vision: Science and Empire in the Framework of a Universal Monarchy, 1500-1800", *Osiris*. 2000(Vol.15), pp. 17-30, 특히 p. 27.

20) 1406년에 이탈리아 플로렌스에서 단지올로(Jacopo d'Angiolo)에 의해 그리스어에서 라틴어로 번역된 이후로 이 책은 르네상스 유럽의 지리학적 세계관에 크게 영향을 미쳤다.

21) Jorge Cañizares-Esguerra, *Nature, Empire, and Nation: Explorations of the History of Science in the Iberian World,* Stanford: Stanford University Press, 2006, p. 14.

22) Jeremy Black, *Visions of the World*(2003), 『세계지도의 역사』, 김요한 옮김, 지식의 숲, 2006, p. 49.

23) Elizabeth L. Eisenstein, *The Printing Revolution in Early Modern Europe,* Cambridge: Cambridge University Press, 1983.

24) John Rennie Short, *Making Space: Revisioning the World, 1475-1600,* Syracuse: Syracuse University Press, 2004.

25) Jeremy Black, 『세계지도의 역사』, p. 56.

26) 『성경』, 창세기 1장 9절. 여러 가지 영어본과 한글본을 참고하여 필자가 번역하였다.

27) Andrew Cunningham, "The Culture of Gardens", in N. Jardine, J.A. Secord and E.C. Spary, eds. *Cultures of Natural History,* Cambridge: Cambridge University Press, 1996, pp. 38-56, p. 39. John Prest, *The Garden of Eden: The Botanic Garden and the Re-Creation of Paradise,* New Haven and London: Yale University Press, 1981. "Chapter II Paradise", pp. 18-26.

28) Richard H. Grove, *Green Imperialism: Colonial Expansion, Tropical Island Edens, and the Origins of Environmentalism, 1600-1860,* Cambridge: Cambridge University Press, 1995, pp. 3-4.

29) 이슬람 의학이 중세 유럽에 미친 영향에 대해서는 Donald Campbell, *Arabian Medicine and Its Influence on the Middle Ages*(1926), Amsterdam: Philo Press, 1974.

30) John Mandeville, *Travels of John Mandeville*(1356), translated from the French by C.W.R.D. Moseley, London: Penguin Books, 1983. 이 책의 번역자에 의하면, 14세기 초기와 중기에는 프랑스어가 영어보다 더욱더 '영어적'인 표현을 보여 주었다고 한다. p. 35.

31) 취리히(1561), 리옹(1564), 로마(1566), 볼로냐(1567), 비엔나(1573), 괴팅겐(1576), 라이프치히(1580), 라이덴(1587), 바젤(1588) 등에서 식물원들이 생겨났다.

32) Alessandro Minelli, ed. *The Botanical Garden of Padua, 1545-1995,* translations from the Italian, Venice: Marsilio, 1995. 하지만 1543년에 피사에서 식물원이 처음으로 만들어졌다고 주장하는 학자들도 있다.

33) 의사였던 부오나페데(Francesco Buonafede)가 설립을 주도했다.

34) John Prest, *The Garden of Eden: The Botanic Garden and the Re-Creation of Paradise,* New Haven and London: Yale University Press, 1981, p. 44; Richard Drayton, *Nature's Government: Science, Imperial Britain, and the 'Improvement' of the World,* New Haven and London: Yale University Press, 2000. p. 9.

35) David Livingstone. *Putting Science in Its Place: Geographies of Scientific Knowledge*. Chicago and London: The University of Chicago Press. p. 52.

36) 콜럼버스의 일차적 항해 목적이 어디에 있었는지에 대해선 논쟁이 있지만, 그가 열대 인도에 에덴동산이 실제로 존재한다고 믿었던 것은 사실이다. John Prest, *The Garden of Eden: The Botanic Garden and the Re-Creation of Paradise,* New Haven and London: Yale University Press, 1981, p. 31.

37) Sergio Buarque de Holanda, *Visào do paràiso*, 2nd ed., (1969), pp. 153, 208, John Prest, *The Garden of Eden: The Botanic Garden and the Re-Creation of Paradise,* New Haven and London: Yale University Press, 1981, p. 32에서 재인용.

38) David Goodman and Colin A. Russell, eds. *The Rise of Scientific Europe*, Dunton Green, Sevenoaks, Kent: Hodder & Stoughton: The Open University, 1991, pp. 124-6.

39) Garcia d'Orta, *Coloquios dos simples, e drogas he cousas mediçinais da India e assi dalgu{m}as frutas*(1563). *Colloquies on the simples & drugs of India,* Translated by C. Markham. London: H. Sotheran and co., 1903. 이 책은 17세기 초까지만 하더라도 라틴어, 이탈리아어, 프랑스어 등으로 번역되어 유럽 사회에서 광범위하게 유통되었다. David Goodman and Colin A. Russell, eds. *The Rise of Scientific Europe*, p. 125.

40) Donald F. Lach, *Asia in the Making of Europe*, Vol.1 *The Century of Discovery,* Chicago and London: University of Chicago Press, 1965, p. 193; David Goodman and Colin A. Russell, eds. *The Rise of Scientific Europe* 1500~1800, Dunton Green, Sevenoaks, Kent: Hodder & Stoughton: The Open University, 1991, p. 125.

41) 클루시우스는 비엔나 제국식물원은 1589년까지, 라이덴 식물원은 1609년까지 각각 식물원장으로 재직했다.

42) Richard Drayton, *Nature's Government: Science, Imperial Britain, and the 'Improvemen' of the World,* New Haven and London: Yale University Press, 2000, p. 13.

43) Richard H. Groove, *Green Imperialism: Colonial Expansion, Tropical Island Edens and the Origins of Environmentalism, 1600-1860,* Cambridge: Cambridge University Press, 1995, p. 78.

44) William Thomas Stearn, *The Influence of Leyden on Botany in the Seventeenth and Eighteenth Centuries,* Leiden: Universitaire Press, 1961.

45) 지식사회학의 관점에서 서구 지식의 사회사를 분석한 책으로는 Peter Burke, *Social History of Knowledge: From Gutenberg to Diderot*(2006). 『지식: 그 탄생과 유통에 대한 모든 지식』, 박광식 옮김, 현실문화연구, 2006을 볼 것.

46) David Livingstone, *Putting Science in Its Place: Geographies of Scientific Knowledge,* Chicago and London: University of Chicago Press, 2003; David Livingstone, "The Spaces of Knowledge", *Society and Space*, 1995(Vol.13), pp. 5-34; C.W.J. Withers, "Towards a History of Geography in the Public Sphere", *History of Science,* 1998(Vol.36), pp. 45-78; Harold Dorn, *The Geography of Science,* Baltimore and London: The Johns Hopkins University Press, 1991.

47) 네덜란드어로는 'Vereenigde Oostindische Compagnie'이며 약칭해서 VOC로 불린다. 영국 동인도회사보다 2년 늦게 설립되었지만, 영국의 경우 설립 당시에는 정부와 직접적 연관이 없었던 데 반해, 네덜란드의 경우에는 정부가 직접 관장했다.

48) 본명은 Hendrik Adriaan van Reede Tot Drakenstein(1636-1691)이다.

49) 필자가 라이덴의 국립식물연구소(National Herbarium)을 방문하여 확인한 판본은 라틴어로 씌어진 책으로 각권이 500쪽에 달하는 모두 12권으로 된 방대한 총서이다. 각 식물에 대한 상세한 그림까지 곁들여 있다. 최근에 인도 식물학자에 의해 영어로 완전히 번역되었다. *Hortus malabaricus with annotations and modern botanical nomenclature,* translated by K.S. Manilal, Thiruvananthapuram, University of Kerala, 2003.

50) 반 리드에 대한 종합적인 연구로는 J. Heniger, *Hendrik Adriaan van Reede Tot Drakenstein(1636-1691) and Hortus Malabaricus: A Contribution to the History of Dutch Colonial Botany,* Rotterdam: A.A.Balkema, 1986을 볼 것.

51) Harold Cook. Matters of Exchange: Commerce, Medicine, and Science in the Dutch Golden Age. New Haven and London: Yale University Press, 2007, 특히 "Van Reede and the Botany of Malabar", pp. 310-317.

52) Richard Grove, "The Transfer of Botanical Knowledge between Asia and Europe, 1498-1800", *Journal of the Japan-Nethelands Institute*. 1991(Vol.3), pp. 160-176.

53) 이 전쟁은 러시아가 주축이 되어 덴마크-노르웨이, 폴란드와 리투아니아 등과 연합하여, 오토만 제국의 지원을 받은 스웨덴과 벌인 전쟁으로 '2차 북방 전쟁'이라고도 한다.

54) 린네 탄생 300주년을 기념하여 한국-스웨덴 심포지엄이 열렸다. 한국과학사학회 · 스웨덴 대사관, *Carl von Linné and His Impacts in East Asian Context*, April 26, 2008. 린네에 관한 연구 중에서 가장 대표적인 것들로는 Wilfrid Blunt, *Linnaeus: The Compleat Naturalist*, London: Frances Lincoln, 2001; Tore Frängsmyr, ed. *Linnaeus: The Man and His Work*, Boston: Science History Publications, 1983; Lisbet Koerner. *Linnaeus: Nature and Nation,* Cambridge, M.A.: Harvard University Press, 1999; Frans

A. Stafleu, *Linnaeus and the Linnaeans : The Spreading of Their Ideas in Systematic Botany, 1735-1789*, Utrecht: Published by Oosthoek's Uitgeversmaatschappij N.V. for the International Association for Plant Taxonomy, 1971.

55) 한 개인의 심리적 상태와 역사 인식의 관계에 대해서는 Zevedi Barbu, *Problems of Historical Psychology*(1960). 『역사심리학』, 임철규 역, 창작과 비평사, 1983.

56) Carl von Linné, "Om nödvändigheten af forskinngsresor inom fäderneslandet"(On the necessity of research travel within the fatherland), Swedish translation of the Latin original, in *skrifter of Carl von Linné* (Writings by Carl von Linné), 5 Vols. (Uppsala: Kungl. Vetenskapsakademien, 1905-1913), 1906(Vol.2), p. 71. Sverker Sörlin, "Ordering the World for Europe: Science as Intelligence and Information as seen from the Northern Industry", *Osiris,* 2001, Vol. 15:51-69에서 재인용.

57) Lisbet Koerner, "Introduction", *Linnaeus: Nature and Nation*, Cambridge, M.A.: Harvard University Press, 1999, pp. 1-13.

58) 린네의 전기를 연도별로 상세하게 기술한 책으로는 Wilfrid Blunt, *Linnaeus: The Compleat Naturalist*(1971), London: Frances Lincoln, 2004를 볼 것.

59) Colin A. Ronan, *Science: Its History and Development among the World's Cultures* (1982), 『세계과학문명사 II』, 김동광, 권복규 옮김, 한길사, 1997, p. 281.

60) 라틴어 원명은 각각 'Homo sapiens europaeus albus', 'Homo sapiens americanus rubescens', 'Homo sapiens asiaticus fuscus', 'Homo sapiens africanus niger'이다.

61) Philip Sloan, "The Gaze of Natural History", in Christopher Fox, Roy Porter, and Robert Wokler, eds. *Inventing Human Science: Eighteenth-Century Domain*, Berkeley and Los Angeles, CA: University of California Press, 1995. pp. 112-151, 특히 p. 121.

62) 이명법에서 식물과 동물의 명칭은 두 개의 라틴어로 이루어지는데, 첫번째 라틴어는 해당 생물의 일반 범주인 속(屬, genus)을, 두번째는 해당 생물의 특수한 정체성을 가리키는 종(種, species)을 가리킨다.

63) Lisbet Koerner, *Linnaeus*, p. 52.

64) Linnaeus, "*Tankar om grunden til oeconomien*"(1740), p. 406. Lisbet Koerner, *Linnaeus,* p. 103에서 재인용.

65) Lisbet Koerner, *Linnaeus*, p. 113. 린네의 삶과 사상을 일관되게 연구해오고 있는 쾨너(Lisbet Koerner)에 의하면, 린네의 탐험은 역사학자들에 의해 과소평가되어 왔다. Lisbet Koerner, "Carol Linnaeus in His Time and Space", in Jardine, Secord and Spary, eds. *Cultures of Natural History*, pp. 145-62, p. 152.

66) Ibid; Edward Hindle, "Carl Linneaus as a Traveller", *The Geographical Journal*, 1957(Vol. 123), pp. 510-512.

67) Daniel J. Boorstin, *The Discoverers*, New York: Vintage Books, 1983, p. 444. 그들

의 나라는 각각 달랐지만 린네의 사도로 활동했다.

68) Lisbet Koerner, "Carol Linnaeus in His Time and Space", in Jardine, Secord and Spary, eds. *Cultures of Natural History*, p. 151.

69) Tore Frängsmyr, "Linnaeus as a Geologist", in Tore Frängsmyr, ed. *Linnaeus: The Man and His Work*, Boston: Science History Publications, 1983, pp. 110-155, p. 118.

70) Lisbet Koerner, "Carol Linnaeus in His Time and Space", in N. Jardine, J.A. Secord and E.C. Spary, eds. *Cultures of Natural History*, p. 152.

71) Harry Woolf, *The Transits of Venus: A Study of Eighteenth-Century Science*, Princeton: Princeton University Press, 1959.

72) Joseph Banks, *Letter to William Philip to Perrin F.R.S.*, 16 August 1768, in Neil Chambers, *The Letters of Sir Joseph Banks: A Selection, 1768-1820*, Lodnon: Imperial College, 2000. p. 1.

73) 하지만, 그는 그 해에는 관찰하지 못했고 인도양에 계속 머물면서 쿡 선장과 같은 해인 1769년에 관찰하였고 1771년에 귀국하였다.

74) 원래 수학자였던 부갱빌은 1756년에 런던왕립학회의 회원으로 선출되었다. 부갱빌의 항해 기록에 대해서는 John Dunmore, ed. *The Pacific Journal of Louis-Antoine de Bougainville, 1767-1768,* London: The Hakluyt Society, 2002.

75) 코메르송(1727-1773)은 18세기에 프랑스 식물학과 의학이 크게 발달했던 몽펠리에(Montpellier)에서 의학과 식물학을 공부한 다음에 린네의 요청으로 스톡홀름의 박물관을 위해 일하면서 지중해의 어류들을 수집하고 분류했다. 그는 프와브르와 함께 모리셔스에서 식물원 사업을 전개하였다.

76) 이보다 20년 후인 1785년에 라 뻬루즈(Jean-Francois La Pérouse)는 태평양 항해 도중 조선의 울릉도와 제주도 근해에서 조사활동을 펼쳤다. 한상복, "라 뻬루즈의 세계일주 탐사항해와 우리나라 근해에서의 해양조사활동", 『한국과학사학회지』, 1980, Vol.2(1), pp. 48-59.

77) Charles Marie de La Condamine, *Journal du Voyage fait par l'ordre du Roi à l'equateur*, Paris: Imprimerie royale, 1751.

78) Charles Marie de La Condamine, *A Succint Abridgement of a Voyage made within the Inland Parts of South-America*, London: E. Withers, 1747, p. 24. Mary Louise Pratt, *Imperial Eyes: Travel Writing and Transculturation*, London and New York: Routledge, 1992, p. 20에서 재인용.

79) Mary Louise Pratt, *Imperial Eyes*, 1992.

80) Mary Louise Pratt, *Imperial Eyes,* p. 18.

81) Londa Schebinger, "Prospecting for Drugs", in Londa Schebinger and Claudia Swan, eds. *Colonial Botany*, pp. 119-133, 특히 p. 120.

82) 샤를 드 브로스는 자신이 프랑스한림원의 회원이 되는 것에 반대했던 볼테르와는 적대적이었다. 하지만, 디드로와 달랑베르는 『백과사전』을 편찬할 때 드 브로스의 입장을 수용했다.

83) 오스트레일리아, 뉴질랜드, 뉴기니섬과 그 주변의 작은 섬들을 통칭하는 지역이다.

84) 상상의 지리에 대해선 Edward W. Said, 「제2장 상상의 지리와 그 표상」, 『오리엔탈리즘』, 박홍규 옮김, 증보판, 교보문고, 2002, 특히 pp. 107-112.

85) Nicholas Thomas, *Cook: The Extraordinary Voyage of Captain James Cook*, New York: Walker & Company, 2003, p. 17.

86) James Cook, *The Journals*, London: Penguin Books, 1999; 2003, p. 42.

87) 쿡의 1차 항해에서 금성의 태양면 통과를 관찰하기 위해 채용된 천문학자였다.

88) Cook. op. cit., p. 42.

89) 쿡과 그린의 망원경 배율은 같았으며, 솔란더 망원경의 배율은 두 사람보다 더 컸다. Ibid., p. 55. 이에 대한 자세한 논의는 Wayne Orchiston, "James Cook's 1769 transit of Venus expedition to Tahiti", *Proceedings of International Astronomical Union*. 2004(Vol.196), pp. 52-66를 볼 것.

90) Cook. op. cit., pp. 54-55.

91) Joseph Banks, *Journal of the Right Hon. Sir Joseph Banks*, London: Elibron Classics, 2005. pp. 94-95.

92) Elmer Drew Merrill, *The Botany of Cook's Voyages and Its Unexpected Significance in Relation to Anthropology, Biogeography and History*, Waltham, MA: Chronica Botanica Company, 1954; David Mackay. *In the Name of Cook: Exploration, Science & Empire, 1780-1801*, London: Croom Helm, 1985; Alan Frost, *The Voyage of the Endeavor: Captain Cook and the Discovery of the Pacific*, St. Leonards, Austrailia: Allen and Unwin, 1998.

93) Cook. op. cit., p. 128.

94) 그는 '샌드위치(Sandwich) 4세'로도 불렸다. 쿡 선장이 1778년에 발견했던 '샌드위치 군도'는 나중에 하와이 섬으로 이름이 바뀌었다.

95) John Gascoigne, "Chapter Three The Levels of Power", *Science in the Service of Empire: Joseph Banks, the British State and the Uses of Science in the Age of Revolutions*, Cambridge: Cambridge University Press, 1998, pp. 34-64.

96) 아버지는 Johann Reinhold Forster(1729-1798), 아들은 Georg Forster이다.

97) R.B. Freeman, *British Natural History Books, 1495-1900*, Folkesotne: Archon Books, 1980. Ray Desmond, *Great Natural History Books and Their Creators*, London: The British Library, 2003, p. 17에서 재인용.

98) 공식 이름은 프랑스 동인도회사 또는 동인도무역을 위한 프랑스회사(La

Compagnie française des Indes orientales or Compagnie française pour le commerce des Indes orientales)이다.

99) 향신료를 차지하기 위한 프와브르의 저돌적인 활동에 대해서는 Jean-Marie Pelt, *Les éspices*(2002), 『향신료의 역사』, 김중현 옮김, 좋은책만들기, 2005, pp. 73-90.

100) 처음에는 파리왕립농업학회(Société Royale d'Agriculture)였지만, 1788년에는 프랑스왕립농업학회(Société Royale d'Agriculture de France)로 개명되었다.

101) 모리셔스는 '프랑스의 섬(Ile de France)'이라고 불릴 정도로 프랑스의 해외정책에서 극히 중요했다. 프와브르가 모르셔스에서 보여주었던 활약에 대해서는 Richard H. Grove, *Green Imperialism: Colonial Expansion, Tropical Island Edens, and the Origins of Environmentalism, 1600-1860*, Cambridge: Cambridge University Press, 1995, "Chapter 5 Protecting the climate of paradise: Pierre Poivre and the Conservation of Mauritius under the ancien régime", pp. 168-263을 볼 것.

102) James E. McClellan III and François Regour, "The Colonial Machine: French Science and Colonization in the Ancien Régime", *Osiris*. 2001(Vol.15), pp. 31-50, 특히 pp. 36-44.

103) 뷔퐁에 대한 종합적인 평전으로는 Jacques Roger, *Buffon, un philosophe au Jardin du Roi*(1989), *Buffon(A Life in Natural History)*, translated by Sarah Lucille Bonnefoi. Ithaca and London: Cornell University Press, 1997.을 볼 것.

104) 세네갈에서 5년간 박물학을 연구하고 돌아온 아당송(1727-1806)은 『세네갈의 박물학(*Histoire naturelle du Senegal*)』(1757)을 출간하였다.

105) Jacques Roger, *Buffon(A Life in Natural History)*, pp. 217-222.

106) Joseph Banks, *Letter to William Pitt the younger*, *Prime Minister,* 17 March 1797, in Chambers. op. cit., p. 185.

107) Joseph Banks, *Letter to Jean {or Joseph} Charretié, French Commissary in London,* 18 March 1797 & 1 May 1797. in Chambers. op. cit., p. 188, 191.

108) Joseph Banks, *Letter to Carl von Linné the Younger*, 5 December 1778, in Chambers, op. cit., pp. 51-52; idem, *Letter to Dr. Benjamin Franklin F.R.S.,* 29 March 1780, in Chambers. op. cit., pp. 54-55.

109) 큐 식물원은 런던의 교외에 위치하고 있다. 뱅크스 시대 이래로 큐 식물원이 영국의 식민지 확대사업에서 했던 역할에 대해서는 Lucile H. Brockway, *Science and Colonial Expansion: The Role of the British Royal Botanic Gardens*, New Haven & London: Yale University Press, 2002.

110) Chambers. op. cit.

111) David Mackay, *In the Name of Cook: Exploration, Science & Empire, 1780-1801*, London: Croom Helm, 1985, p. 168.

112) 영국의 식물학자로 5년간 동인도회사에 소속되어 인도에서 근무했다.

113) Joseph Banks, *Letter to George Yonge, F.R.S., Secretary of War*, 15 May 1787, in Chambers. op. cit., p. 89.

114) John Gascoigne, *Science in the Service of Empire: Joseph Banks, the British State and the Uses of Science in the Age of Revolutions*, Cambridge & New York: Cambridge University Press, 1998. p. 145.

115) Johann Gottfried von Herder, *Ideen zur Philosophie der Geschichte der Menschheit* (1784-1791). 『인류의 역사철학에 대한 이념』, 강성호 옮김, 책세상, 2002. 한국어 번역본은 일부만 번역되었다.

116) 和辻哲郎, 「제5장 풍토학의 역사적 고찰」, 『풍토와 인간』, pp. 236-252, 특히 pp. 243-246.

117) Immanuel Kant, 「제3장 헤르더의 인류역사의 철학에 대한 이념들」, 『칸트의 역사철학』, 이한구 편역, 서광사, 1992, p. 65.

118) Carl Ritter, 「지리학에서 역사학의 요소」, 『근대지리학의 개척자들』, 데즈카 아키라(手塚 章) 엮음, 정암 옮김, 한울, 1998, p. 73.

119) Immanuel Kant, 『칸트의 역사철학』, p. 164.

120) Malcom Nicolson, "Introduction" in Alexander Humboldt and Aime Bonpland, *Personal Narrative of Travels to the Equinoctial Regions of the New Continent*(1814-1815). translation London: Penguin Books, 1995, pp. xiii.

121) 칸트와 훔볼트가 살았던 시대의 '물리'는 현재 사용되는 개념과는 달라서 인종, 언어, 생활습관 등을 의미했다. "물리지리학"은 현재의 일반지리학과 같은 개념에 가깝다.

122) 특히, 스위스의 지질학자인 장-앙드레 드뤽(Jean-André Deluc)이 1772년에 발명했던 기압측정법에 의해 지표의 수직적 높이를 정확하게 측정할 수 있게 되었다.

123) 칸트의 자연지리학에 대해서는 Richard Hartshorne, 『지리학의 본질 I』, pp. 69-72; Paul Richards. "Kant's Geography and Mental Maps", *Transactions of the Institute of British Geographers*, 1974(Vol.61), pp. 1-16; Richard Hartshorne, "The Concept of Geography as s Science of Space, from Kant and Humboldt to Hettner", *Annals of the Association of American Geographers, 1958,* Vol.48(2), pp 97-108, 특히 pp. 99-102; 권용우, 안영진, 「제3장 공식지리학의 재출현」, 『지리학사』, 한울, 2001, pp. 71-77.

124) Malcom Nicolson, "Introduction", pp. xiii.

125) Janet Browne, *The Secular Ark: Studies in the History of Biogeography*, New Haven and London: Yale University Press, 1983, pp. 33-8; Malcom Nicolson, "Alexander von Humboldt, Humboldtian Science and the Origins of the Study of Vegetation",

History of Science. 1987(Vol.xxv), pp, 167-194.

126) 요한 포르스터는 『세계 탐험에 의한 관찰(*Observations Made on a Voyage around the World*)』(1778)을 저술했는데, 이 책은 식생을 지리학적 관점에서 기술하고 있다.

127) 젊은 훔볼트는 칸트를 직접 대면한 적이 없었고, 포르스터를 통해 간접적으로 칸트의 지리학에 대해 알고 있었다. 아울러, 아메리카 여행에서 돌아온 이후에 훔볼트는 1802년에 출간된 칸트의 『물리지리학(*Physiche Geographie*)』을 자신의 연구에 활용했다. Richard Hartshorne, "The Concept of Geography as s Science of Space, from Kant and Humboldt to Hettner", *Annals of the Association of American Geographers,* 1958, Vol.48(2), pp. 97-108, 특히 pp. 100-101.

128) Erwin H. Ackerknecht, "George Forster, Alexander von Humboldt, and Ethnology", *Isis*. Vol.46(2), pp 83-95.

129) Alexander von Humboldt and Aime Bonpland. *Personal Narrative of Travels to the Equinoctial Regions of American during the Years 1799-1804*(1907), translated from the French, London: Bibliobazaar, 3 Vols, 2006(Vol.1), pp. 37-40, 특히 p. 38. 훗날 찰스 다윈은 비글호 항해시 훔볼트의 이 책을 읽었다.

130) Alexander von Humboldt, *View of Nature*, translated from the German, New York: Arno Press, 1975.

131) Alexander von Humboldt, *Cosmos: A Sketch of the Physical Description of the Universe(1845-1862)*, translated by E.C. Otté. Baltimore and London: The Johns Hopkins University Press, 1997.

132) Humboldt and Bonpland, *Personal Narrative of Travels to the Equinoctial Regions of American during the Years 1799-1804*, London: H.G. Bohn, 1852; 1853, p. 21.

133) 여행에서 돌아온 훔볼트가 살고 있었던 파리의 과학에 대해서는 Patrice Higonnet, "Chapter 6 Capital of Science", *PARIS: Capital of the World*, translated by Arthur Godhammer, Cambridge, MA: Harvard University Press, 2002, pp. 121-148을 볼 것.

134) 1825년에 자연사박물관 예산은 30만 프랑이었는데, 국립의학원(Académie de Médicine)은 196,000 프랑을, 국립과학원Faculté des Sciences는 불과 7만 5천 프랑이 예산으로 책정되었다. 당시 노동자들의 평균 연봉이 500 프랑에 불과했을 때, 자연사박물관 교수들은 연봉 5천 프랑을 받았는데, 꼴레쥬 드 프랑스(Collége de France) 교수들의 연봉에 맞먹을 정도였다. Patrice Higonnet, *PARIS: Captial of the World, translated by Arthur Godhammer*, Cambridge, MA: Harvard University Press, 2002, p. 138.

135) Patrice Higonnet, *PARIS: Capital of the World,* MA: Harvard University Press, 2002. p. 121.

136) 이 시인의 이름은 앙리 알퐁스 에스키로(Henri-Alphonse Esquiros)이었다. Patrice Higonnet, *PARIS: Captial of the World*. p. 139.

137) 훔볼트가 주로 활동했던 1780년대에서 1830년대까지의 자연사 연구의 급격한 변화 과정에 대해선 Dorinda Outram, "New Spaces in Natural History", in Jardine, Secord and Spary, eds. *Cultures of Natural History*, pp. 249-265.

138) 전체 이름은 *Travels to the Equinoctial Regions of the New Continent in 1799, 1800, 1801, 1802, 1803, and 1804*이다.

139) 나폴레옹 왕실에서 제작된 판본은 9권의 텍스트와 11권의 도판으로 이루어져 있다. 『이집트박람기』는 나폴레옹이 1798년에서 1801년 사이에 이집트 탐정에 나섰는데, 160명의 프랑스 학자들과 과학자들이 나폴레옹의 명령에 의해 설립된 이집트 연구원(*L'Institut d'Egypt*)을 중심으로 집필된 이집트에 대한 일종의 백과사전이라고 볼 수 있다. 이 책에 대한 친절한 설명서로는 Robert Solé. *Les savants de Bonaparte* (2002). 『나폴레옹의 학자들』, 이상빈 옮김, 아테네, 2003.을 볼 것.

140) 훔볼트는 이 책을 괴테에게 헌정하였다. 클라렌스 글라켄(Clarence J. Glacken)은 이 책에 대해 "식물지리학의 역사에서 이정표 이상의 의미를 갖는다"고 평가했다. Clarence J. Glacken, *Traces on the Rhodian Shore: Nature and Culture in Western Thought from Ancient Times to the End of the Eighteenth Century*, Berkeley and Los Angeles: University of California Press, 1967, p. 543.

141) 『이집트박람기』에 실린 126편의 논문들 중에서 24편이 물리지리학을 21편이 박물학을 다루었다. Ibid., p. 385.

142) Alexander von Humboldt, p. 61.

143) Alexander Humboldt, "자연적 세계지의 고찰 범위와 과학적 고찰 방법", 『근대 지리학의 개척자들』, 테즈카 아키라 엮음, 정암 옮김, 한울, 1998, pp. 48-71, 특히 pp. 52-53.

144) Malcom Nicolson, "Alexander von Humboldt, Humboldtian Science and the Origins of the Study of Vegetation", p. 167.

145) Humboldt, "자연적 세계지의 고찰 범위와 과학적 고찰 방법", p. 36.

146) 같은 책, p. 36.

147) 같은 책, p. 45.

148) 같은 책, p. 42.

149) Antonio Lafuente and Nuria Valverde, "Linnean Botany and Spanish Imperial Biopolitics", in Londa Schiebinger & Claudia Swan, eds. *Colonial Botany: Science, Commerce, and Politics in the Early Modern World*, Philadelphia: University of Pennsylvania Press Philadelphia, 2005, pp. 134-147, 특히 p. 136.

150) Ibid., p. 141.

151) Ibid., p. 138.

152) Antonio Lafuente and Nuria Valverde, "Linnean Botany and Spanish Imperial

Biopolitics", pp. 134-147, 특히 p. 138.

153) Jorge Cañizares-Esguerra, "Iberian Colonial Science", *Isis*. 2005(Vol.96), pp. 64-70, 69; Jorge Cañizares-Esguerra, "How derivative was Humboldt?", in Londa Schiebinger & Claudia Swan, eds. *Colonial Botany: Science, Commerce, and Politics in the Early Modern World*, Philadelphia: University of Pennsylvania Press Philadelphia, 2005, pp. 148-165, 특히 p. 159.

154) Alexander von Humboldt, "Tableau physique des régions equatoriales" (1805-1807). 『훔볼트의 세계』, 데즈라 아키라 엮음, 정암 옮김, 한울, 2000. 「제3부 열대지역의 자연도」, pp. 249-250; Humboldt and Bonpland. op. cit., p. 25.

155) David Lowenthal, "Geography, Experience, and Imagination: Towards a Geographical Epistemology", *Annals of the Association of American Geographers*. 1961 (Vol.51), pp. 241-260.

156) Michael Dettelbach, "Humboldtian Science", in Jardine, Secord and Spary, eds. op. cit., pp. 287-304. 원래 이 용어는 1978년에 수잔 캐넌(Susan Faye Cannon)이 *Science in Culture: The Early Victorian Period*(New York, 1978)에서 처음으로 사용했다.

157) 지도와 정치적 권력의 관계에 대해선 J.B. Harley, "Chapter Two Maps, Knowledge, and Power", in *idem*, *The New Nature of Maps: Essays in the History of Cartography*, Baltimore and London: The Johns Hopkins University Press, 1997, pp. 51-81.

158) Alexander Humboldt, "Tableau physique des régions equatoriales", 1805-1807, pp. 252-253.

159) Adam Smith, *An Inquiry into the Nature and Causes of the Wealth of Nations*(1776), 『국부론』, 최호진, 정해동 역, 범우사, 1992. 下卷, p. 177.

160) Philip Curtin, *The Image of Africa: British Ideas and Action, 1780～1850,* Madison: University of Wisconsin Press, 1964. pp. 58-60.

161) 若林幹夫, 『地圖의 想像力』(1995). 『지도의 상상력』, 정선태 옮김, 산처럼, 2006. 특히 「1장 지도적 공간」.

162) Michel Foucault, *Les mots et les choses*(1966). 『말과 사물』, 이광래 옮김, 민음사, 1997. 「8장 노동, 생명, 언어」, p. 321.

3장 유럽의 풍경에 대한 낭만주의적 인식과 열대성의 발명

1) 池田彌三郎, 『たが身の風景』(1976), p. 199. 李孝德, 『表象空間の近代』, 『표상공간의 근대』, 박성관 옮김, 소명출판, 2002, p. 42에서 재인용.

2) 李孝德, 『표상공간의 근대』, pp. 42-43.

3) Peter Burke, *Eyewitnessing: The Uses of Image as Historical Evidence*(2001). 『이미지의 문화사: 역사는 미술과 어떻게 만나는가』, 박광식 옮김, 심산, 2005, 「풍경화와 도상학」, pp. 74-78.

4) 마순자, 『자연, 풍경 그리고 인간: 서양풍경화의 전통에 관한 연구』, 아카넷, 2003, p. 57.

5) David Arnold, *The Problem of Nature: Environment, Culture and European Expansion*(1996). 『인간과 환경의 문화사』, 서미석 옮김, 2006, p. 208.

6) 마순자, 『자연, 풍경 그리고 인간』, p. 68.

7) 가라타니 고진柄谷行人, 『日本近代文學の起源』(1996). 『일본 근대문학의 기원』, 박유하 옮김, 1997, p. 36.

8) Jan Hendrik Van den Berg, *The Changing Nature of Man*(1961). 가라타니 고진, 앞의 책, p. 40에서 재인용.

9) Robert Dumas, *Traité de l'arbre: essai d'une philosophie occidentale*(2002). 『나무의 철학』, 송민석 옮김, 2004, 「VII. 회화 속의 나무」, p. 300.

10) 얀(Jan van Eyck)과 후베르트(Hubert van Eyck)는 형제로서 이 시기 플랑드르의 대표적인 풍경화가였다.

11) Rex Vicat Cole, *The Artistic Anatomy of Trees: Their Structure and Treatment in Painting* (1915). New York: Dover, 1965.

12) Robert Dumas, 「III. 나무의 전형」, 『나무의 철학』, p. 157.

13) 이 그림을 '역사적 시간'과 관련하여 탁월하게 해석한 논의에 대해서는 Reinhart Koselleck, *Vergangene Zukunft : zur Semantik geschichtl. Zeiten*(1979). 『지나간 미래』, 한철 옮김, 문학동네, 1996, pp. 19-22를 볼 것; 이 그림을 '정치적 풍경'과 관련하여 설득력 있게 해석한 논의로는 Martin Warnke, *Politische Landschaft : zur Kunstgeschichte der Natur*(1992). 『정치적 풍경』, 노성두 옮김, 일빛, 1997.

14) Alexander Humboldt, *Cosmos: A Sketch of a Physical Description of the Universe,* 1858 (Vol. II), p. 90.

15) 마순자, 『자연, 풍경 그리고 인간』, p. 81.

16) Robert Dumas, 「I. 상징적인 나무」, 『나무의 철학』, p. 42. 우연히도 이 연구를 수행하는 시기에 뉴욕메트로폴리탄미술관에서 「Poussin and Nature: Arcadian Visions」이라는 특별전시전이 2008년 2월 12일부터 5월 11일까지 열렸다.
http://www.metmuseum.org/special/poussin_nature/arcadian_visions_images.asp(2008년 3월 10일)에 푸생의 대표적 풍경화가 소개되었다.

17) Landscape with Moses and the Burning Bush, 1610-1616.

18) E.H. Gombrich, *The Story of Art*, 1950; 1995. 16th ed. 『서양미술사』, 백승길 · 이종숭 옮김, 예경, 1997. p. 397.

19) James George Frazer, *Golden Bough*(1922). 『황금가지』(전 2권), 박규태 역주, 을유문화사, 2005.

20) James George Frazer, 「제10장 근대 유럽과 나무숭배」, 『황금가지』, 제1권, pp. 320-350.

21) John Milton, *Paradise Lost*(1667). 『실낙원』, 이창배 옮김, 범우사, 1989. 제4편 136-140행, p. 147.

22) 제4편 205-220행, 같은 책, p. 150.

23) 제4편 242-246행, 같은 책, p. 151.

24) 밀턴의 국내 연구에 대해서는 최재천, 『다시 읽는 존 밀턴의 실낙원』, 경북대학교출판부, 2004; 조신권, 『존 밀턴의 문학과 사상: 서사시로 가는 길』, 동인, 2002; 서홍원, 「최근 국외의 밀턴 연구」, 『안과 밖』, 영미문학연구회, 2002(Vol.13), pp. 280-297.

25) Jacques Brosse, *Mythologie des arbres*, 『나무의 신화』, 주향은 옮김, 이학사, 1998, p. 356.

26) John Milton, 제9편 111-120행, 『실낙원』, p. 333.

27) Brian Fagan, *The Little Ice Age: How Climate Made History, 1300-1850*(2000). 『기후는 역사를 어떻게 만들었는가: 소빙하기, 1300-1850』, 윤성옥 옮김, 중심, 2002, p. 180. 1600년 2월 16일부터 3월 5일까지 페루 남부의 화나푸티나 화산이 폭발하면서 지구 전체의 기후가 급격하게 변화하였다. 스칸디나비아에서는 1,600년 만에 처음으로 추운 여름이 왔다.

28) Steven Toulmin, *Cosmopolis*(1990). 『코스모폴리스』, 이종흡 옮김, 경남대출판부, 1997. p. 35.

29) Geoffrey Parker and Lesley M. Smith, eds. *The General Crisis of the Seventeenth Century* (1978). 2nd ed. London and New York: Routledge, 1997; Trevor Aston and Christopher Hill, eds. *Crisis in Europe, 1560-1660*, New York: Basic Books, 1965.

30) Roland Mousnier. *Les XVe et XVIIe siecles*(1967), p. 161. Immanuel Wallerstein. *The Modern World-System II : Mercantilism and Consolidation of the European World-Economy, 1600-1750*(1980). 『근대세계체제 II: 중상주의와 유럽 세계경제의 공고화, 1600-1750』, 유재건 외 옮김, 까치, 1999. 「서론: 17세기의 위기는 과연 있었는가?」, p. 13에서 재인용.

31) Niels Steensgaard, "The Seventeenth-Century Crisis", in Geoffrey Parker and Lesley M. Smith, eds. *The General Crisis of the Seventeenth Century*, pp. 32-56, 특히 p. 34.

32) John Milton, 제10편 668-673행, 『실낙원』, p. 408.

33) 제10편 697-706행, 같은 책, pp. 409-410.

34) 제4편 158-159행, 같은 책, p. 147.

35) 특히 11편은 세계 곳곳의 지명들이 수많이 등장한다. John Milton, 제11편, 『실낙

원』, pp. 445-447.

36) Gotthold Ephraim Lessing, *Laokoon*, 『라오콘: 미술과 문학의 경계에 관하여』, 윤도중 옮김, 나남, 2008. 특히 pp. 141-157.

37) 밀턴의 『실낙원』은 그가 40세에 실명을 한 후 거의 20년이나 지난 시점에서 씌어졌다. 밀턴의 실명을 언급했던 레싱은 『실낙원』이 역시 실명이었던 호메로스 이후의 최대 서사시라고 극찬하면서도 "밀턴은 화랑을 채울 만큼 화재를 제공하지 않는"(레싱, 앞의 책, p. 136)다고 말했다. "셰익스피어는 시간의 세계에 살았지만 밀턴은 공간의 우주에 살았다"(이창배, 「인간의 낙원 상실과 구원의 사상」, John Milton, 『실낙원』, p. 514)는 말을 떠올린다면, 레싱의 지적은 적어도 밀턴의 경우에는 적용되지 않는다.

38) Alfred North Whitehead, *Science and the Modern World*(1925). 『과학과 근대세계』, 김준섭 옮김, 을유문화사, 1993, p. 110. 화이트헤드는 밀턴이 『실낙원』을 쓸 당시의 상황이 어느 정도 지나서 이 책이 출간된 점에 주목하고 있다. 또한 화이트헤드는 영국문학사에서 밀턴이 포프(Alexander Pope), 테니슨(Alfred Tennyson), 셸리(Percy B. Shelley), 워즈워스(William Wordsworth) 등에 미친 문학적 영향을 낭만주의의 관점에서 논의하였다. 앞의 책, 「제5장 낭만주의적 반동」, pp. 103-128.

39) 괴테, 「영국의 동판화」, 『예술론』, 정용환 옮김, 2008, pp. 25-26.

40) Jacob Burckhardt, *Die Kultur der Renaissance in Italien*. 『이탈리아 르네상스의 문화』, 안인희 옮김, 푸른 숲, 1999, p. 364.

41) Jacob Burckhardt, 『이탈리아 르네상스의 문화』, p. 365.

42) Leonardo da Vinci. Leonardo's Notebooks(2005), H. Anna Suh, ed. 『Leonardo's Notebooks』, 조윤숙 옮김, 이룸, 2006, 「7. 식물과 풍경」, p. 152.

43) 괴테, 『이탈리아 기행』, 박영구 옮김, 푸른 숲, 1998. 괴테는 1786년부터 1788년까지 이탈리아를 여행하면서 일기를 썼으며 일기에 근거하여 이 책이 1816-1817년에 발간되었다. 『이탈리아 기행』은 1786년 9월 3일부터 시작한다.

44) 서양미술사학회, 『그랜드 투어: 신고전주의 열품과 18세기 유럽의 예술기행』, 제3회 국제심포지움, 2007년 5월 19일 홍익대학교 홍문관 가람홀; 설혜심, 「근대 초 유럽의 그랜드 투어」, 『서양미술사학회』, 2007(Vol.26), pp. 116-131.

45) 괴테의 아버지는 여행을 다녀와서 「1740년 이탈리아 여행」을 기록으로 남겼다. Andreas Beyer, "Reisen — Bleiben — Sterben: Die Goethes in Rom", 서양미술사학회, 「여행-체류-죽음: 로마에서의 괴테 家」, 『그랜드 투어: 신고전주의 열품과 18세기 유럽의 예술기행』, pp. 53-83, 특히 pp. 54-57. 바이어는 괴테 연구에서 괴테의 아버지가 괴테의 이탈리아 여행에 미친 영향이 괴테 연구에서 소홀히 취급을 받아왔다고 말했다.

46) 생리학자 및 식물학자로 알려져 있는 할러는 시인으로도 활동했는데, 산의 아름다움을 찬미한 시 'Die Alpen'(1732)은 독일 시인들이 자연의 미에 눈을 뜨게 하는데

크게 공헌을 했다.

47) 요한 볼프강 폰 괴테, 『괴테 자서전』, 이관우 옮김, 우물이 있는 집, 2006, pp. 407-410.

48) 괴테, 『이탈리아 기행』, 1786년 9월 8일, p. 29.

49) 같은 책, 1786년 9월 8일, p. 29.

50) 같은 책, 1786년 9월 8일, p. 30.

51) 괴테가 파라켈수스를 비롯하여 당대의 연금술사에 대해 공부했던 점에 대해서는, 괴테, 『괴테 자서전』, pp. 516-518.

52) 필자가 2007년 7월에 방문했던 파도바 식물원에는 괴테의 방문 기념을 보여주는 팻말이 있다.

53) Peter Tomkins and Christopher Bird, *The Secret Life of Plants*(1973). 『식물의 정신세계』, 황금용, 황정민 역, 정신세계사, 2006. 「제7장 괴테: 식물의 변태와 영혼 불멸」, pp. 134-153. 특히 pp. 141-142

54) 괴테, 『이탈리아 기행』, 1787년 2월 19일, pp. 236-237.

55) 같은 책, 1787년 4월 17일, p. 410.

56) Humphrey Trevelyan, *Goethe and the Greeks*, Cambridge: Cambridge University Press, 1941.

57) Stephen Jay Gould, *The Structure of Evolutionary Theory*, Cambridge: Belknap Press of Harvard University Press, 2002, pp. 282-284.

58) 아르놀트 하우저, 『문학과 예술의 사회사 3』(개정판), 염무웅, 반성완 옮김, 창작과 비평사, 1999, p. 162.

59) 요한 볼프강 폰 괴테, 『괴테 자서전』, pp. 594-602.

60) 헤르더는 괴테 전집의 발간 작업에 참여하여 원고를 교열하고 교정하는 작업을 맡았는데, 괴테는 헤르더의 "호의와 정성에 대해 수천 번 감사를" 표시하였다.

61) 괴테, 『이탈리아 기행』, 1787년 10월 27일, p. 487.

62) 같은 책, 1787년 5월 17일, p. 338.

63) Umberto Eco, *Storia Della Bellezza*, 『미의 역사』, 이현경 옮김, 열린책들, 2005, p. 282.

64) 괴테, 「빙켈만」, 『예술론』, pp. 125-164.

65) 18세기 후반 유럽 미술사 분야에서 빙켈만의 공헌 및 헤르더, 레싱, 괴테 등에 미친 영향에 대해서는 Udo Kulterman, *The History of Art History*(1966). 『미술사의 역사』, 김수현 옮김, 문예출판사, 2001. 「5장 빙켈만이 일으킨 혁명」, pp. 128-154; Humphrey Trevelyan, *Goethe and the Greeks,* Cambridge: Cambridge University Press, 1941, pp. 42-49.

66) Udo Kulterman, 『미술사의 역사』, p. 128.

67) Udo Kulterman, 「7. 미술사가 괴테」, 『미술사의 역사』, pp. 173-191.

68) Humphrey Trevelyan, *Goethe and the Greeks,* p. 77.

69) Humphrey Trevelyan, *Goethe and the Greeks.* pp. 286-287.

70) 괴테, 「빙켈만」, 『예술론』, p. 129.

71) 괴테, 『색채론, 자연과학론』, 장희창, 권오상 옮김, 민음사, 2003, p. 239.

72) 같은 책, p. 246.

73) 같은 책, p. 97.

74) 괴테는 뉴턴 물리학뿐만 아니라, 인간 뉴턴에 대해서도 비판적이었다. 하이젠베르크와 바이츠제커의 뉴턴과 괴테의 색채론 비교에 대해서는, 장희창, 괴테, 『색채론』의 구조와 그 현대적 의미」, 괴테, 『색채론, 자연과학론』, pp. 19-21을 볼 것.

75) Peter Tomkins and Christopher Bird, *The Secret Life of Plants*(1973), 『식물의 정신세계』, 황금용, 황정민 옮김, 정신세계사, 2006, 「제7장 괴테: 식물의 변태와 영혼 불멸」, pp. 134-153, 특히 p. 140.

76) 괴테, 「빙켈만」, 『예술론』, p. 129.

77) 괴테, 『색채론, 자연과학론』, p. 348.

78) 아당송의 분류 체계에 대해서는 Michel Foucault, *Les mots et les choses*(1966), 『말과 사물』, 이광래 옮김, 민음사, 1997, 「5장 분류학기」, p. 183을 볼 것.

79) 괴테, 『색채론, 자연과학론』, p. 349.

80) Peter Tomkins and Christopher Bird, 「제7장 괴테: 식물의 변태와 영혼 불멸」, 『식물의 정신세계』, pp. 134-153.

81) Robert J. Richards, *The Romantic Conception of Life: Science and Philosophy in the Age of Goethe,* Chicago: University of Chicago Press, 2002. 이 책의 지식 틀에서 괴테의 식물형태학에 대한 낭만주의적 해석을 풀어 쓴 글로는 정혜경, 「괴테의 식물형태학」, 『한국과학사학회지』, 2006, Vol.28(2), pp. 227-254을 볼 것.

82) 헤르더의 스승이었던 하만에 의하면, 시(Poesie)는 산문(Prose)보다도 더 오래된 것으로 본원적인 것으로 "인류의 모어母語"이다.

83) Heinrich Heine, *Die romantische Schule*, 『낭만파』, 정용환 옮김, 한길사, 2004, p. 27.

84) 형은 August Wilhelm Schlegel(1767-1845)이며, 동생은 Friedrich Schlegel(1772-1829)이다.

85) 본명은 프리드리히 폰 하르덴베르크(Friedrich von Hardenberg)이다. 노발리스의 자연과학적 낭만주의에 대해서는 이온화, 「노발리스 문학과 자연과학」, 『괴테연구』, 2007(Vol. 20), pp. 139-158.

86) Isaiah Berlin, *The Roots of Romanticism*(1999). 『낭만주의의 뿌리』, 강유원, 나현영 역, 이제이북스, 2006, 「2장 계몽주의에 대한 최초의 반격」, pp. 39-75. 벌린은 특히 하만이 독일 낭만주의의 선구자임을 강조하였다.

87) Robert J. Richards, *The Romantic Conception of Life,* Chicago: University of Chicago Press, 2002, p. 114.

88) F. W. J. Schelling, 『조형미술과 자연의 관계』, 심철민 옮김, 책세상, 2002, pp. 32-33.

89) Gaston Bachelard, 「제10장 공기나무」, 『공기와 꿈: 운동에 관한 상상력』, pp. 361-399.

90) Ernst Haeckel, *Art Forms in Nature: The Prints of Ernst Haeckel*, Munich & New York: Prestel, 1998.

91) Olaf Briedbach, "Brief Instructions to Viewing Haeckel's Pictures", Ernst Haeckel, *Art Forms in Nature: The Prints of Ernst Haeckel*, Munich & New York: Prestel, 1998, p. 15.

92) Karl Blossfeldt, *Urformen der Kunst,* Dortmund: Harenberg Kommunikation, 1982. 블로스펠트의 그림은 http://www.soulcatcherstudio.com/exhibitions/blossfeldt/(2008년 5월 29일)에 거의 모두 나와 있다.

93) Susan Buck-Moss, *The Dialectics of Seeing*(1991), 『발터 벤야민과 아케이드 프로젝트』, 김정아 역, 문학동네, 2004, p. 199.

94) Ernst Cassirer, *Die Philosophie der Aufklärung*(1932). 『계몽주의 철학』, 박완규 역, 민음사, 1995, 「미학의 근본문제」, pp. 367-474, p. 460.

95) 같은 책, pp. 455-474.

96) Edmund Burke, *A Philosophical Enquiry into the Origin of Our Ideas of the Sublime and Beautiful*(1756). 『숭고와 아름다움의 이념의 기원에 대한 철학적 탐구』, 김동훈 역, 마티, 2006, p. 84.

97) 같은 책, p. 105.

98) 같은 책, pp. 123-125.

99) 이마누엘 칸트, 『아름다움과 숭고함의 감정에 관한 고찰』, 이재준 역, 책세상, 2005. p. 16.

100) William Vaughan, *Romanticism and Art*(1978; 1994). 『낭만주의 미술』, 마순자 역, 시공사, 2003, 「제5장 초월적 풍경화」, pp. 148-206, 특히 p. 148.

101) 마순자, 『자연, 풍경 그리고 인간』, pp. 132-133.

102) E.H. 곰브리치, 『서양미술사』, p. 497.

103) William Vaughan, 『낭만주의 미술』, p. 208.

104) 형 빌헬름 훔볼트(Wilhelm Humboldt)는 언어학자이자 철학자였는데, 훔볼트 형제는 괴테, 헤르더 등 당대의 독일 지식인들과 교류를 하였다.

105) Alexander Humboldt, *Cosmos: A Sketch of a Physical Description of the Universe* (1858), Vol. II, p. 252

106) Katherine Emma Manthorne, *Tropical Renaissance: North American Artists Exploring Latin America, 1839-1879*, Washington, D.C.: Smithsonian Institution Press, 1989.

107) Alfred Russell Wallace, *A Narrative of Travels on the Amazon and Rio Negro*(1853), p. 305. David Arnold, *The Problem of Nature*(1996). 『인간과 환경의 문명사』, 서미석 역, 한길사, 2006, p. 234에서 재인용.

108) Gillian Beer, *Darwin's Plots*(2000), 『다윈의 플롯』, 남경태 옮김, 휴머니스트, 2008, pp. 100-104.

109) Michael T. Ghiselin, "The Individual in the Darwinian Revolution", *New Literary History*. 1971, Vol. 3(1), pp. 113-134.

110) Alexander Humboldt and Aime Bonpland, *Personal Narrative of Travels to the Equinoctial Regions of America during the Years, 1799-1804*(1907), 3 Vols, London: BiblioBazaar, 2006.

111) Charles Darwin, *The Voyage of the Beagle*(1839), 『다윈의 비글호 항해기』, 장순근 역, 가람기획, 2006, p. 706.

112) 아르놀트 하우저, 『문학과 예술의 사회사』, p. 218.

113) 콜럼버스(Christopher Columbus)나 베스푸치(Amerigo Vespucci)의 항해와 탐험이 이에 해당한다. 2장을 참고할 것.

114) Raymond Schwab, *Renaissance orientale*(1950), translated by Gene Patterson-Black and Victor Reinking, *Oriental Renaissance: Europe's Rediscovery of India and the East, 1680-1880,* New York: Columbia University Press, 1986, p. 484.

115) 비록 사이드는 오리엔탈리즘의 개념을 창안했지만, 그는 생물지리학의 관점에서 이 개념이 열대의 풍토에서 어떻게 나타나게 되었는지에 대해서는 어떤 논의도 하지 않았다. 이종찬, 「서구적 정체성의 형성에서 風土의 역할: 熱帶에 관한 역사지리학적 관점」, 『서양사론』, 2005, (87): 33-162. 특히 pp. 134-137.

116) Edward W. Said, *The World, the Text and, the Critic*, Cambridge, M.A.: Harvard University Press, 1983. "7. Roads Taken and Not Taken in Contemporary Criticism", pp. 140-157, p. 151.

117) 괴테, 『서동 시집』, 안문영 외 옮김, 문학과지성사, 2006, pp. 393-394. 괴테는 칠순을 맞이할 즈음에, 14세기에 독일에서 처음으로 번역된 페르시아의 시인 하피스의 시에 자극을 받아 『서동 시집』과 『서동 시집의 더 나은 이해를 위한 메모와 논고』를 썼다.

118) Bernard Smith, *European vision and the South Pacific,* New Haven and London: Yale University Press, 1985, p. 1.

119) 열대성을 자연의 관점에서 논의한 연구에 대해서는 Naccy Leys Stepan, *Picturing Tropical Nature*, London: Reaktion Book, 1995; David Arnold. 『인간과 환경의 문화사』,

서미석 옮김, 2006, 「7장 열대성의 창안」, pp. 213-250; Felix Driver & Luciana Martins, eds. *Tropical Visions in an Age of Empire*, Chicago: The University of Chicago Press, 2005.을 볼 것.

120) Mary Louise Pratt, "Romantic Interlude", *Imperial Eyes*, pp. 137-141를 참고할 것. 프래트에 의하면, 독자들은 "낭만주의는 아메리카, 북아프리카, 남태평양에 기원을 두고 있을 수도 있다"는 유혹에 빠질 수 있다고 말한다. p. 138. 하지만 프래트는 '열대'의 지리적 개념을 전혀 언급하지 않았다.

121) Richard H. Grove, "The diffusion of Humboldtian environmental ideas, 1800-37", *Green Imperialism*, pp. 364-379, 특히 p. 366; Anthony Pagden, "Chapter 3. The Receding Horizon", *European Encounters with the New World*, New Haven and London: Yale University Press, 1993, pp. 89-115, 특히 pp. 108-109.

122) '발명'은 여기서 '발견'과 대립되는 의미에서 사용되는 기술적인 용어가 아니다. 발명은 "논리적이고, 철학적이며, 역사편찬적(historiographical)" 용어이다. 이에 대한 상세한 논의에 대해선 Andrew Cunningham, "Transforming Plague", in Andrew Cunningham and Perry Williams. *The Laboratory Revolution in Medicine*. Cambridge: Cambridge University Press, 1992, pp. 209-244를 볼 것. 의학사학자인 커닝햄에 의하면, 특정 세균에 의해 확정된 이후의 특정 질병과 확정되기 이전의 그 질병은 서로 다른 존재이기 때문에, 이후의 질병은 '발명'되었다고 보아야 한다고 주장했다.

123) 훔볼트의 열대 아메리카에 대한 '발명'에 대한 가장 설득력 있는 논의로는 Mary Louise Pratt, "Chapter 6. Alexander von Humboldt and the reinvention of América", *Imperial Eyes*, pp. 111-143을 볼 것.

124) 콘래드에 관한 탁월한 전기로는 Jeffrey Meyers, *Joseph Conrad*(1991), 『콘라드』, 왕철 옮김, 책세상, 1999. 이 글의 주제와 관련하여 콘래드의 작품들을 분석한 책으로는 Christopher GoGwilt, *The Invention of the West: Joseph Conrad and the Double-Mapping of Europe and Empire*, Stanford: Stanford University Press, 1995.을 볼 것. 에드워드 사이드의 콘래드에 대한 논의는 이 글의 주제에 해당하지 않는다. Edward W. Said, *Culture and Imperialism*(1993). 『문화와 제국주의』, 박홍규 옮김, 문예출판사, 2005. 「암흑의 핵심에 나타난 두 가지 비전」, pp. 76-96.

125) 풍토가 서구의 소설 줄거리와 풍경화에 미친 영향에 대해서는 H.H. Lamb, 『기후와 역사: 기후, 역사, 현대세계』, 김종규 역, 한울 아카데미, 2004, pp. 291-293. 저자는 소설가 찰스 디킨스(Charles Dickens, 1812-1870)와 화가 존 컨스터블의 작품과 당대의 풍토적 조건의 상관관계에 대해 주목하고 있다.

126) Joseph Conrad, *Heart of Darkness*(1899). 『암흑의 핵심』, 이상옥 옮김, 민음사, 1998. p. 57.

127) 같은 책, p. 112.

128) 같은 책, p. 15.

129) Claude Levi-Strauss, *Tristes Tropique*. 『슬픈 열대』, 박옥줄 옮김, 한길사, 1998. p. 224.

130) Claude Levi-Strauss, 『슬픈 열대』, pp. 76-77.

131) 같은 책, p. 77.

132) 가라타니 고진에 의하면 '공간의 무한성'을 몰랐던 중세의 인간은 근대 천문학에 의해 발견(또는 발명된) '무한한 공간'을 두려워했다. 柄谷行人, 「내면의 발견」, 『일본근대문학의 기원』, pp. 84-85.

133) Joseph Conrad, 『암흑의 핵심』, p. 156.

134) 같은 책, p. 112.

135) Louis-Ferdinand Céline, 『밤끝으로의 여행』, p. 194.

136) 같은 책, p. 290.

137) Michael Hardt and Antonio Negri, *Empire*(2000). 『제국』, 윤수종 옮김, 이학사, 2001, p. 190.

138) 키플링은 1907년에, 카뮈는 1957년에 각각 노벨상을 수상했다.

139) Albert Camus, *La Peste*(1947). 『페스트』, 김화영 옮김, 책세상, 2004, p. 64.

140) 토마스 만, 「베니스에서의 죽음」, 『토니오 크뢰거, 트리스탄, 베니스에서의 죽음』, 박동자 옮김, 민음사, 1998, pp. 417-530.

141) 같은 책, p. 421.

142) 같은 책, p. 496.

143) 기정희, 『빈켈만 미학과 그리스 미술』, 서광사, 2000, p. 130.

144) 토마스 만, 「베니스에서의 죽음」, p. 524.

145) 같은 책, p. 526.

146) 빙켈만에 의하면, 아름다움을 '본다(sehen)'는 것은 아름다움에 '사로잡힌다(befangen)'을 의미했다. 기정희, 『빈켈만 미학과 그리스 미술』, 서광사, 2004, p. 131.

147) Bronwen Douglas, "Art as ethno-historical texts: Science, Representation and Indigenous Presence in Eighteenth and Nineteenth Century Oceanic Voyage Literature", in Nicholas Thomas and Diane Losche, eds. *Double Vision: Art Histories and Colonial Histories in the Pacific*, Cambridge: Cambridge University Press, 1999, pp. 65-99.

148) Bernard Smith, *European Vision and the South Pacific*, p. 54.

149) http://www.nmm.ac.uk/upload/package/30/explore-matavai-html-meaning.php (2007년 11월 22일)를 참고할 것.

150) Bernard Smith, *Imagining the Pacific: In the Wake of the Cook Voyages*, New Haven and London: Yale University Press, p. 132.

151) Louis Antoine de Bougainville, *Voyage autour du monde*(Paris, 1771; 2001). 이 책은 루소(Jean Jacques Rousseau)의 자연관에 깊은 영향을 미쳤다.

152) Paul Gauguin. *Avant et apres* (1923). 『우리는 어디에서 와서 어디로 가는가』, 최경혜 옮김, 가람기획, 1999. p. 46.

153) 같은 책, p. 116. 굵은 글씨는 원문 그대로 인용.

154) David Arnold. 「Introduction: Tropical Medicine before Manson」, David Arnold, ed. *Warm Climates and Western Medicine: The Emergence of Tropical Medicine, 1500-1900.* Amsterdam: Rodopi, 1996. pp. 1-19, 특히, p. 6; Denis Cosgove. 「Tropic and Tropicality」, Felix Driver and Luciana Martins, eds. *Tropical Visions in an Age of Empire*. Chicago: The University of Chicago Press, 2005. pp. 197-216, 특히, p. 198.

155) David Sweetman, *Paul Gauguin: A Complete Life*(1995), 『고갱, 타이티의 관능 1』, 한기찬 옮김, 한길아트, 2003, p. 320

156) Paul Gauguin, 『우리는 어디에서 와서 어디로 가는가』, p. 185.

157) David Sweetman, 『고갱, 타이티의 관능 1』, p. 322.

158) Griselda Pollock, *Avant-Garde Gambits: 1888-1893*(1992), 『고갱이 타이티로 간 숨은 이유』, 전영백 옮김, 2001, p. 38.

159) Paul Gauguin, 『우리는 어디에서 와서 어디로 가는가』, p. 291.

160) Paul Gauguin. *Paul Gauguin: Letters to His Wife and Friends*, Boston, 2003.

161) 폴 고갱, 『야만인의 절규』, 강주헌 옮김, 창해, 2000, p. 214.

162) George T.M, *Shackleford and Claire Freches-Thory, Gauguin Tahiti,* Boston, 2004, pp. 154-155.

163) David Sweetman, 『고갱, 타이티의 관능 2』, 한기찬 옮김, 한길아트, 2003, p. 301

164) "어쨌든 12월에는 죽을 작정이네. 그래서 죽기 전에, 내 머리 속에 맴도는 대작을 그리고 싶었네. 거의 한 달 동안 밤낮을 가리지 않고 작업에 열중했다네. 자신 있게 말하지만, 퓌비 드 샤반느와 같은 유형의 그림은 아닐세. 자연을 본뜬 것도 아니고, 밑그림도 없었네."(1898년 2월) 폴 고갱, 『야만인의 절규』, p. 191; 폴 고갱은 또 다른 편지에서 다음과 같이 말했다. "퓌비는 문명인이지만, 나는 야만인이야 …… 퓌비와 나는 완전히 다른 세계의 사람이야 …… 그런데 왜 비평가들은 과거의 사상이나 다른 작가와 비교하려는 것일까? 왜 그 작품 자체를 보려하지 않는 것일까?"(1901년 7월), Ibid., pp. 246-247.

165) Vincent van Gogh, *The Letters of Vincent van Gogh*, London: Allen Lane, Penguin Press, 1996, p. 491. George T.M. Shackleford and Claire Freches-Thory, eds. *Gauguin Tahiti*, Boston: MFA Publication, 2004, p. 183에서 재인용.

166) Vidya Dehejia, *Indian Art*(1997). 『인도미술』, 이숙희 옮김, 한길아트, 2001, 「15

장 열대의 로마: 포르투갈 통치의 고아 성당』, pp. 363-372, p. 369.

167) Fatima da Silva Gracias, *Health and Hygiene in Colonial Goa, 1510-1961*, New Delhi: Concept Publishing Company, 1994.

168) Vidya Dehejia, 『인도미술』, pp. 374-375.

169) Jules Verne, *Le Tour du monde en quatre-vingts jours*(1872). 『80일간의 세계일주』, 김석희 옮김, 열림원, 2003.

170) Jules Verne, 「해설」, 『80일간의 세계 일주』, p. 355. 『철도의 역사』(1863)를 쓴 가스티노(Benjamin Gastineau, 1823-1904)가 이 말을 했다.

171) Jean Cocteau, *Mon premier voyage —Le tour du monde en 80 jours*(1936). 『장 콕토의 다시 떠난 80일간의 세계일주』, 이세진 옮김, 예담, 2003. p. 369.

172) 한국의 독자들은 아직도 보들레르를 향유할 권리가 없는 것일까? 독자들 중에 이 시집의 프랑스어판 표지를 본 적이 있는지? 프랑스 문학을 전공하는 학자들에게 번역본을 물어보면 십중팔구 어느 출판사의 번역본을 추천한다. 불행히도 이 번역본에는 프랑스어판의 표지를 볼 수 없다. 다행히도 한국의 독자들이 이 표지를 볼 수 있는 책이 나와 있다. Susan Buck-Moss, 『발터 벤야민과 아케이드 프로젝트』, pp. 258-259.

173) Susan Buck-Moss, 『발터 벤야민과 아케이드 프로젝트』, p. 257.

174) 보들레르, 「슬프고 방황하여」, 『악의 꽃』, 윤영애 옮김, 문학과지성사, 2003. pp. 145-146.

175) 보들레르, 앞의 책, 「어느 말라바르 여인에게」, pp. 371-372.

176) Patrice Higonnet. *PARIS: Capital of the World*, translated by Arthur Godhammer. Cambridge, MA: Harvard University Press, 2002. p. 271. 패트리스 이고네트는 피에르 시트롱(Pierre Citron)의 평을 빌려 말하고 있다.

177) 보들레르, 「크레올 여인에게」, 『악의 꽃』, 함유선 옮김, 밝은 세상, 2004, pp. 82-83. 김붕구에 의하면 "이 시는 보들레르가 발표한 최초의 시"(1845년 5월 25일)이다. 김붕구, 『보들레르: 평전 · 미학과 시세계』, 문학과지성사, 2003, p. 76.

178) 랭보가 네덜란드 군인으로 보낸 시절에 대해서는 Claude Jeancolas, *Rimbaud* (1999), 『바람구두를 신은 천재 시인』, 정남모 옮김, 책세상, 2007, pp. 707-710.

179) 정부 당국은 콜레라로 진단했지만, 랭보는 자신의 체험에 근거하여 페스트라고 생각했다. 앞의 책, p. 779.

180) 랭보, 「나쁜 혈통 — 지옥에서 보낸 한 철」, 『지옥에서 보낸 한 철』, 김현 옮김, 민음사, 1974, pp. 24-53, 특히 p. 30.

181) 랭보, 「나쁜 혈통 — 지옥에서 보낸 한 철」, 『지옥에서 보낸 한 철』, p. 42.

182) Gaston Bachelard, *L'air et les songes*(1943). 『공기와 꿈: 운동에 관한 상상력』, 정영란 옮김, 이학사, 2000, p. 396.

4장 열대질병의 지정학: 질병의 전지구화에 관한 환경지리적 관점

1) H. Harold Scott. *A History of Tropical Medicine*. VOLUME II. London: Edward Aronold & Co, 1939. p. 967.

2) Eric Hobsbawm, *The Age of Empire, 1875-1914*. 『제국의 시대』, 김동택 옮김, 한길사, 1998.

3) Fielding H. Garrison, "Geomedicine: A Science in Gestation", *Bulletin of the History of Medicine*. 1933(Vol.1). pp. 2-9.

4) Hippocrates, "Airs Waters Places", in Hippocrates. Vol. I, translated by W. H. S. Jones. Cambridge: Harvard University Press, 1923, pp. 65-137.

5) Fielding H. Garrison, "Medical Geography and Geographic Medicine", *Bulletin of the New York Academy of Medicine,* 1932(Vol.VIII), pp. 593-612, 607.

6) Sigerist, Henry E, "A History of Medicine", *Primitive and Archaic Medicine*. Vol. I: New York & Oxford: Oxford University Press, 195, p. 68. "Problems of the History and Geography of Disease", pp. 66-85.

7) George Rosen, "Leonhard Ludwig Finke", *Bulletin of the History of Medicine*, 1946(Vol. XX), pp. 527-538.

8) Erwin H. Ackerknect, *History and Geography of the Most Important Diseases*, New York: Hafner Pub. Co, 1965. 아커크네히트는 이 책에서 열대의학에 대해 주목하고 있지만, 그는 열대질병을 제국주의의 맥락에서 분석하지 않고 있다.

9) Stephen Kern, *The Culture of Time and Space*(1983). 『시간과 공간의 문화사, 1880~1918』, 박성관 옮김. 서울: 휴머니스트, 2004, p. 542.

10) 라첼에 대해서는 앞의 책, pp. 541-47; Arne Barkhuus, *Geomedicine and Geopolitics,* Ciba Symposia, 1945(Vol.6), pp. 2017-2020, 2018.

11) Arne Barkhuus, *Geomedicine and Geopolitics,* Ciba Symposia, 1945,(Vol.6), pp. 2017-2020, 2018.

12) 히르슈에 대한 평가로는 Frank A. Barrett, "August Hirsch: As Critic of, and Contributor to, Geographical Medicine and Medical Geography", *Medical History,* Suppl, 2000(Vol. 20), pp. 98-117.

13) August Hirsch, *Handbook of Geographical and Historical Pathology*, Translated from the second German edition by Charles Creighton, 2 Vols. London: The New Sydenham Society, 1883.

14) 핑케의 논문들은 영어로 다음 책에 번역되어 있다. Frank A. Barrett (ed.), *Foreign Primary Sources for Medical Geography and Geographical Medicine*, Toronto: Geographical

Monographs, York University-Atkinson College, 2003, pp. 37-61. 핑케의 의료지리학에 대한 공헌에 관해서는 Frank. A. Barrett, "The History of an Idea. Chapter 8. Finke's Great Contribution to the Development of Medical Geography", *Disease & Geography*, Toronto: Geographical Monographs, York University-Atkinson College, 2000, pp. 139-74.

15) August Hirsch, "Acute Infectious Diseases", Vol.1, 앞의 책, p. 5.

16) Frank G. Clemow, *The Geography of Disease*, Cambridge: At the University Press, 1903. James Stevens Simmons et al, *Global Epidemiology: A Geography of Disease and Sanitation* 3v. Philadelphia J.B. Lippincott Co, 1944. Jacques M. May, "Medical Geography: Its Methods and Objectivesv, *Geographical Review*, 1950(Vol.40), pp. 9-41. Jacques M. May, *The Ecology of Human Disease*, New York: The MD Publications, 1958. James Stevens Simmons, *Global Epidemiology: A Geography of Disease and Sanitation*, Philadelphia J.B. Lippincott Co, 1944(Vol.3) p. 54. Folke Henschen, *The History and Geography of Diseases*: New York Delacorte, 1967.

17) Frank A. Barrett, *Disease & Geography: The History of an Idea*, Toronto: Geographical Monographs, York University-Atkinson College, 2000.

18) 이 책에 포함된 Caroline Hannaway의 논문 「Environment and Miasmata」은 의료지리학을 환경과 관련하여 아주 짧게 다루고 있을 뿐이다. William F. Bynum and Roy Porter, eds. *Companion Encyclopedia of the History of Medicine*, Vol.1. London Routledge, 1993. pp. 300-302.

19) Frank Huisman and John Harely Warner, eds. *Locating Medical History: The Stories and Their Meanings*, Baltimore: The Johns Hopkins University Press, 2004.

20) Micheal A. Osborne, *The Geographical Imperative in the Nineteenth-Century French Medicine*, in Nicolaas A. Rupke (ed.). *Medical Geography in Historical Perspective*. London: Wellcome Trust Centre for the History of Medicine, 2000, pp. 31-51. 의료지리학의 관점에서 쓴 글로는 Frank A. Barrett, "The Role of French-language Contributors to the Development of Medical Geography(1782-1933)", *Social Science and Medicine*, 2002(Vol.55), pp. 155-165.을 볼 것.

21) Fielding Garrison, *History of Medicine*(1913), Fourth Edition. Philadelphia: W.B. Saunders and London, 1929.

22) 앞의 책, p. 716.

23) Richard Harrison Shryock, *The Development of Modern Medicine*, Madison, W.I.: The University of Wisconsin Press, 1979, pp. 287-290.

24) 당시 미국에는 미국의학사학회의 공식 학술지인 Bulletin of the History of Medicine만이 있었는데, 로젠은 Journal of the History of Medicine(and Allied Sciences)를 새로이 창간했고 지금까지 발간되고 있다.

25) George Rosen, *A History of Public Health*(1958; 1993), 『보건과 문명』, 이종찬, 김관욱 옮김, 몸과마음, 2008.

26) Elizabeth Fee, "Public Health, Past and Present: A Shared Social Vision", George Rosen, *A History of Public Health*, pp. ix-lxvii.

27) George Rosen, *A History of Public Health*, Baltimore: Johns Hopkins University Press, 1993, pp. 297-303.

28) Michael Worboys, *The Emergence of Tropical Medicine*, ed by Gerard Lemaine. ed. *Perspectives on the Emergence of Scientific Disciplines*. Chicago: Adeline, 1976, pp. 75-98.

29) Thomas S. Kuhn, *The Structure of Scientific Revolution*. 『과학혁명의 구조』, 김명자 옮김, 동아출판사, 1993.

30) Roy MacLeod and Milton Lewis, eds. *Disease, Medicine, and Empire: Perspectives on Western Medicine and the Eperience of European Expansion*, London and New York Routledge, 1988. 특히 Michael Worboys, Manson, Ross and Colonial Medical Policy: Tropical Medicine in London and Liverpool; 1899-1914, pp. 21-37.

31) Philip D. Curtin, *Death by Migration: Europe's Encounter with the Tropical World in the Nineteenth Century*, Cambridge: Cambridge University Press, 1989.

32) Francois Delaporte, *Histoire de la fievre jaune: Naissance de la medicine tropicale* (1989), translation. *The History of Yellow Fever: An Essay on the Birth of Tropical Medicine*, Cambridge: The MIT Press, 1991.

33) Michael Worboys, "Tropical Diseases", in William .F. Bynum and Roy Porter, eds. *Companion Encyclopedia of the History of Medicine*, Vol.1.; Roy Porter, "Tropical Medicine in the Era of Imperialism", Roy Porter, (ed.) *Cambridge Illustrated History of Medicine,* Cambridge: Cambridge University Press, 1996, pp. 184-189; Roy Porter, "Chapter XV. Tropical Medicine, World Diseases", *The Greatest Benefit to Mankind: A Medical History of Humanity from Antiquity to the Present*, London: Harper Collins, 1997, pp. 462-492. Michael Worboys, "Imperialism", in Irvine Loudon (ed.) *Western Medicine. An Illustrated History*. Oxford: Oxford University Press, 1997, pp. 252-260.

34) George Wateson, *The cures of the diseased, in remote regions : Preventing mortalitie, incident in forraine attempts, of the English nation*(1598): Reproduced in facsimile, with introduction and notes by Charles Singer, Oxford, Clarendon Press, 1915.

35) 네덜란드가 해외의 식민 사업을 효율적으로 수행하기 위해 1602년에 설립한 회사로 1798까지 존속되었다.

36) Jakob de Bondt, *An account of the diseases, natural history, and medicines of the East Indies*, Translated from the Latin To which are added annotations by a physician: London T. Noteman, MDCCLXIX. 원래 1629년에 라틴어로 씌어졌다.

37) 네덜란드와 같은 목적을 수행하기 위해 영국이 1600년에 세워서 1858년까지 경영했던 회사였다. 하마우즈 데쓰오, 『대영제국은 인도를 어떻게 통치하였는가: 영국 동인도회사 1600~1858』, 김성동 옮김, 심산, 2001; 2004.

38) James Lind, *Essays on the Diseases Incidental to Europeans in Hot Climates with the Method of preventing their fatal Consequences*, London Printed for T. Becket and p. A. De Hondt, MDCCLXVIII.

39) Benjamin Moseley, *A Treatise on Tropical Diseases, on Military Operations; and on the Climate of the West Indies*, London: T.N. Longman and O. Rees, 1787; 1804, 4th ed. 이런 논의에 대해서는 Nancy Leys Stepan, *Picturing Tropical Nature*, London: Reaktion Books, 2001, p. 17.

40) Robert Jackson, *A Treatise on the Fevers of Jamaica, with Some Observations on the Intermitting Fever of America, and an Appendix, Containing Some Hints on the Means of Preserving the Health of Soldiers in Hot Climates*, London: Printed for J. Murray, 1791.

41) 같은 책, pp. 391-401.

42) 같은 책, pp. 406.

43) Henry Marshall, *Notes on the Medical Topography of the Interior of Ceylon; and on the Health of the Troops Employed in the Kandyan Provinces, during the Years 1815, 1816, 1817, 1818, 1819, and 1820*, London: Burgess and Hill, 1821, p. 106.

44) James Johnson, *The Influences of Tropical Climates on European Constitutions; Being a Treatise on the Principal Diseases Incidental to Europeans in the East and West Indies, Mediterranean, and Cost of Africa*, 1821: 3rd edition. London: Thomas & George Underwood, 1821.

45) 같은 책, p. 496.

46) 같은 책, pp. 22-23.

47) 같은 책, pp. 40-84.

48) 같은 책, pp. 496.

49) 曺吉泰, 『인도사』, 민음사, 1994, pp. 367-73. 공리주의의 영향을 받은 영국의 식민주의자들은 인도에 대한 효율적인 통치를 위해 영어만을 사용해야 한다는 '영어파'와 인도와의 공존을 위해 산스크리트어도 사용해야 한다는 '동양어파' 사이에 논쟁이 있었다.

50) 매콜리는 "유럽의 좋은 도서관에 있는 서가 한쪽의 책들은 인도와 아라비아의 전통 문학을 합친 것에 맞먹는다"라고 말했다. Thomas Babington Macaulay, *Prose and Poetry*. Cambridge, M.A.: Harvard University Press, 1970, p. 722. Christopher GoGwilt, *The Invention of the West: Joseph Conrad and the Double-Mapping of Europe and Empire*, Stanford: Stanford University Press, 1995, p. 221에서 재인용.

51) Brahmanada Gupta. Indigenous Medicine in Nineteenth - and Twentieth - Century Bengal. Charles Leslie(ed.), *Asian Medical Systems: A Comparative System*, Berkeley: University of California Press, 1976, in pp. 368-378, p. 369.

52) Mark Harrison, *Medicine and Orientalism*, Biswamoy Pati and Mark Harrison, eds. *Health, Medicine and Empire: Perspectives on Colonial India*. New Delhi: Orient Longman, 2001, pp. 37-87, p. 65. 해리슨은 이 논문에서 캘커타 의과대학 교수였던 굿이브(Henry H. Goodeve)의 기록을 인용하면서, 당시 영국 의사들이 인도 전통 의술을 경시하는 풍조를 보여준다. Henry H. Goodeve, "A Sketch on the Progress of European Medicine in the East", *Quarterly Journal of the Medical and Physical Society of Calcutta*, 1937(Vol.1), pp. 152.

53) James Ranald Martin, *Medical Topography of Calcutta*, London, 1837, pp. 13-45.

54) James Ranald Martin, *Influences of Tropical Climates on European Constitutions, including Practical Observations on the Nature and Treatment of the Diseases of Europeans on Their Return from Tropical Climates*, London John Churchill, 1856.

55) 같은 책, p. 100.

56) 같은 책, p. 109.

57) 카바니는 "자연사가 지리학을 필요로 하듯이, 인간 과학도 의료지리학을 필요로 한다"고 말했다. Michael A. Osborne, *Resurrecting Hippocrates: Hygienic Sciences and the French Scientific Expeditions to Egypt, Morea and Algeria*, in David Arnold (ed.), Warm Climates and Western Medicine: Amsterdam Atlanta, G.A. Rodopi, 1996, pp. 80-98, 90.

58) James Ranald Martin, *Influences of Tropical Climates on European Constitutions, including Practical Observations on the Nature and Treatment of the Diseases of Europeans on Their Return from Tropical Climates*, London John Churchill, 1856, p. 109.

59) 같은 책, p. 117.

60) 같은 책, p. 102.

61) Michel Foucault, Colin Gordon, ed. *Power/ Knowledge: Selected Interviews & Other Writings, 1972-1977*(1972). 『권력과 지식』, 홍성민 옮김, 서울: 나남, 1991, p. 186.

62) William James Moore, *Health in the Tropics or, Sanitary Art applied to Europeans in India*. London John Churchill, 1862, p. 13.

63) 같은 책, p. 255.

64) 같은 책, p. 277.

65) 같은 책, p. 54. 여기서 직접적으로 발생한 비용이라 함은 (i) 질병으로 사망한 사람의 비용, 병원에 입원한 사람이 노동력을 상실한 데 대한 비용 (iii) 병원에 입원한 환자에 소요되는 치료 및 숙식비용 (iv) 각종 치료제 및 재활 비용을 일컫는다.

66) 같은 책, p. 55.

67) William James Moore(Surgeon-General), "Is the Colonization of Tropical Africa by Europeans Possible?", *Transactions of the Epidemiological Society of London*, 1890-1891(Vol.X), pp. 27-45, p. 29.

68) Henry E. Sigerist, *A History of Medicine: Primitive and Archaic Medicine.* Vol. I. New York & Oxford: Oxford University Press, 1951, p. 68. "Problems of the History and Geography of Disease", pp. 66-85. 지거리스트의 이 부분은 의학사학자들에 의해 한 번도 제대로 검토된 적이 없었던 것으로 보인다.

69) Frank A. Barrett, "The Role of French-language Contributors to the Development of Medical Geography (1782-1933)", *Social Science and Medicine,* 2002(Vol.55), pp. 155-165, p. 157.

70) Robert William Felkin, *On the Geographical Distribution of Some Tropical Diseases and Their Relation to Physical Phenomena,* Edinburgh and London Young J. Pentland, 1889.

71) A.M. Davies, "What is Tropical Disease?", *Transactions of the Epidemiological Society of London*. 1902-1903, Vol. XXII, pp. 1-10, p. 2.

72) 인류학에서 이에 대한 대표적 논의로는 Ann Laura Stoler and Frederick Cooper, "Between Metropole and Colony: Rethinking a Research Agenda. in Frederick Cooper and Ann Laura Stoler", eds. *Tensions of Empire: Colonial Cultures in a Bourgeois World*, Berkeley, C.A.: University of California Press, 1997, pp. 1-56. 의학사의 경우에는 David Arnold, *Colonizing the Body: State Medicine and Epidemic Disease in Nineteenth-Century India*, Berkeley, C.A.: University of California Press, 1993, pp. 17-18. pp. 46-47. 또한 Mark Harrison, *Tropical Medicine in Nineteenth-Century India,* Bull. Jour. Hist. Sci, 1992(Vol.25), pp. 299-318. 과학사의 경우에는 Paolo Palladino and Michael Worboys, 신현준 "Science and Imperialism", *Isis*, 1993(Vol.84), pp. 91-102를 볼 것. 후자의 글은 파이엔슨(Lewis Pyenson)의 책 *Cultural Imperialism and Exact Sciences: German Expansion Oversees; 1900-1930*(New York: Lang, 1985)를 비판적 관점에서 논의하고 있다.

73) Michael Worboys Tropical Diseases in William F. Bynum and Roy Porter, eds. *Companion Encyclopedia of the History of Medicine*, Vol.1. London: Routledge, 1993, pp. 512-536, p. 520.

74) 이종찬, 「보건대학원 모델의 역사성: 1910년대 미국을 중심으로」, 『醫史學』, 1996(Vol.5), pp. 111-127. Elizabeth Fee, *Disease & Discovery: A History of the Johns Hopkins School of Hygiene and Public Health, 1916-1939,* Baltimore: The Johns Hopkins University Press, 1987.

75) Louis W. Sambon, "Acclimatization of Europeans in Tropical Lands", *Geographical Journal*, Vol.12. 1898. Vol.6, pp. 589-599, p. 589.

76) 같은 글, p. 593.

77) Edwin Chadwick, *Report on the Sanitary Condition of the Labouring Population of Great Britain*(1842). Edinburgh: Edinburgh University Press, 1965. 채드윅에 대한 평전으로는 Samuel E. Finer, *The Life and Times of Sir Edwin Chadwick*, London and New York: Methuen, 1952.

78) 그는 1848년에 처음으로 런던의 의무행정관이 되었으며, 1855년에 영국 정부 내에서 의무행정의 최고직(Chief Medical Officer of Health to the General Board of Health)을 맡았다.

79) 사이먼은 의회를 설득하여 1864년, 1866년, 1869년에 전염병 관리법(Contagious Diseases Acts)를 마련하였으며, 1866년에는 환경위생법(Sanitary Act)을, 1875년에는 공중보건법(Public Health Act)을 각각 제정하였다.

80) John Snow, *On the Mode of Communication of Cholera,* London: Churchill, 1855.

81) Southwood Smith, *The Common Nature of Epidemics, and Their Relation to Climate and Civilization, also Remarks on Contagion and Quarantine : from Writings and Official Reports*, edited by T. Baker. London: N. Trubner, 1866. 특히 pp. 25-34.

82) William Farr(compiled), *Great Britain. General Register Office: Report on the mortality of cholera in England; 1848-49,* London: Printed by W. Clowes, 1852. 파르에 대한 평전으로는 John M. Eyler, *Victorian Social Medicine : The Ideas and Methods of William Farr,* Baltimore: Johns Hopkins University Press, 1979.

83) 위생주의란 사회적 질서와 국가적 안녕을 유지하기 위해 질병을 예방하고 공중보건을 증진시켜야 하는데 이를 위해서는 삶의 모든 분야가 의학적 · 도덕적 의미를 가져야 한다는 것을 의미한다. Ann La Berge, *Mission and Method : The Early-Nineteenth-Century French Public Health Movement*, Cambridge : Cambridge University Press, 1992, p. 316.

84) Journal de Hygiene(1875), Bulletin de la Societe de Medicine Publique(1879), Revue d'hygiene et de police sanitaire(1879).

85) Martha Hildreth, *Doctors, Bureaucrats, and Public Health in France, 1888-1902,* New York: Garland, 1987. 힐드레스는 파리의 공중위생 지도자들과 지방의 의사들 사이의 갈등을 설득력 있게 묘사하고 있다.

86) Bruno Latour, *Les Microbes: guerre et paix suivi de irreductions*(1984), Translated by Alan Sheridan and John Law. *The Pasteurization of France*, Cambridge, M.A.: Harvard University Press, 1988. 라투르에 의하면 디프테리아 혈청이 효력을 갖는다고 판명된 1895년이 되어서야 프랑스 의사들이 파스퇴르 과학을 수용하였다.

87) Max von Pettenkofer, *Value of Health to A City: Two Lectures Delivered in 1873*. Translated from the German, Baltimore: Johns Hopkins Press, 1941.

88) George Rosen, "Expanded Edition", *A History of Public Health*(1958), Baltimore and London: The Johns Hopkins University Press, 1993, pp. 234-235.

89) 프랑스의 주도로 처음으로 국제위생회의(International Sanitary Conferences)가 1851년에 파리(1859년에 2차 회의, 1894년에 9차 회의, 1903년에 11차 회의가 다시 열림)에서 열린 이후로 콘스탄티노플(1866), 비엔나(1874), 워싱턴(1881), 로마(1885), 베니스(1892, 1897), 드레스덴(1893) 등지에서 열렸다. Norman Howard- Jones, *The Scientific Background of the International Sanitary Conferences, 1851-1938*, Geneva: World Health Organizations, 1975.

90) 기존의 검역이 항구의 전면적인 폐쇄만을 의미했던 데 반해, 새로운 검역 방식은 항구를 폐쇄하지 않고 콜레라 환자의 검사와 분리, 여행자에 대한 감시, 선박을 포함한 모든 하역 물품에 대한 소독 및 살균, 항구 도시의 소독 및 살균 등을 포함한다. 1860년대 이후 유럽에 발생했던 콜레라에 대한 유럽 각국의 대응에 대해서는 Peter Baldwin, "Contagion and the State in Europe, 1830-1930", Cambridge: Cambridge University Press, 1999.를 볼 것.

91) Frank G. Clemow, *The Geography of Disease*. p. 94의 대접면.

92) 앞의 책, p. 93-4. 콜레라의 전파 경로를 연구하는 현대의 역사학자들은 이와는 다소 다른 견해를 갖고 있다. 이에 대해선 Richard J. Evans, Chapter 7 "Epidemics and Revolutions: Cholera in Nineteenth-Century Europe", pp. 149-173. 특히 p. 151(in Terence Ranger and Paul Slack, eds. *Epidemics and Ideas: Essays on the Historical Perception of Pestilence*, Cambridge: Cambridge University Press, 1992.)을 볼 것.

93) 로젠버그는 1960년대 미국 역사학의 주류였던 위스콘신에서 역사학으로 박사학위를 받고 미국 동부의 펜실베니아 대학 과학사 및 과학사회학 교실의 주임교수로 재직한 후에 지금은 하버드 대학교 과학사학과의 석좌교수로 초빙되어 현재까지 재직하고 있다. Charles E. Rosenberg, *Explaining Epidemics and Other Studies in the History of Medicine*, Cambridge: Cambridge University Press, 1992, pp. 109-21. 이 글은 원래 *Comparative Studies in Society and History,* 1966(Vol.8), pp. 135-162에 실렸다.

94) Francois Delaporte, *Disease and Civilization: The Cholera in Paris; 1832*, translated by Arthur Goldhammer, Cambridge, M.A.: The MIT Press, 1986, pp. 5-6.

95) 같은 책, p. 16.

96) 같은 책, p. 17.

97) 이 책의 1장을 볼 것.

98) Mary Douglas, *Purity and Danger: An Analysis of Concept of Pollution and Taboo*(1966). 2nd edition. London and New York: Routledge, 2002.

99) 그는 1920년대에 런던 열대위생의학대학원의 원장이 되었다. Andrew Balfour and Henry Harold Scott, *Health Problems of the Empire: Past, Present and Future*, New York Henry Holt & Company, 1924.

100) Andrew Balfour, "The Problem of Hygiene in Egypt", *Lancet*, 1919(Vol.6), pp. 507-512, p. 507.

101) Peter Baldwin, "Contagion and the State in Europe. 1830-1930", Cambridge : Cambridge University Press, 1999, p. 230.

102) 루(Emile Roux), 튀리에(Louis Thuilier), 스트라우스(Isidore Strauss), 노카르(Edmond Nocard) 등 파스퇴르 연구소의 핵심 인물들이 위원으로 참여했다. Thomas D. Brock. p. 153.

103) 코흐가 가장 신임했던 가프키(Georg Gaffky)와 코흐 연구소의 피셔(Bernhard Fischer) 등이 참여했다. Thomas D. Brock, *Robert Koch : A Life in Medicine and Bacteriology*, p. 141.

104) 같은 책, p. 142.

105) 같은 책, p. 151.

106) Roy Porter, "Chapter XV. Tropical Medicine, World Diseases", *The Greatest Benefit to Mankind: A Medical History of Humanity from Antiquity to the Present*, London: Harper Collins, 1997, pp. 462-492. 특히 pp. 467-468; William F. Bynum, *Tropical Medicine*, pp. 146-152. 특히 pp. 148-149.

107) 중국의 음식 위생에 크나큰 공헌을 했던 헵번(James C. Hepburn)도 이 병원에 1843년에서 1845년 사이에 머물렀다. 맨슨의 아모이 생활에 대해서는 Philip Manson-Bahr, "The Cradle of Tropical Medicine", *Patrick Manson: The Farther of Tropical Medicine*, London: Thomas Nelson and Sons, 1962, pp. 10-16.

108) 그의 연구는 「Medical Reports of the China Imperial Maritime Customs」에 발표되었다.

109) Patrick Manson, *Tropical Diseases: A Manual of the Diseases of Warm Climates*, New York: William Wood, 1898. 이 책은 21판을 거듭하면서 지금도 출간되고 있다. Gordon C. Cook and Alimuddin I. Zumla, eds. *Manson's Tropical Diseases*, 21th ed. London: Saunders, 2003.

110) 라베랑(Alphonse Raveran, 1845-1992)은 보불전쟁에 육군 군의로 참여하였고, 1897년까지 군의관으로 남아 군진의학을 가르쳤으며 이후로는 파스퇴르 연구소에 참여하였다. 그는 말라리아의 원인균을 발견한 공로로 1907년에 노벨 생리의학상을 받았다.

111) 노르웨이의 한센(Gerhard Henrik Armauer Hansen, 1841-1912)은 오슬로에서 의학을 공부하였으며, 1873년에 '나병'의 원인균을 발견했다.

112) 기타사토 시바사부로(北里柴三郎, 1853-1931)는 코흐 밑에서 공부를 하고 돌아와 일본의 근대 세균학 연구를 개척하였다.

113) 호주 태생의 브루스(David Bruce, 1855-1931)는 영국의 군의가 되어 아프리카

로 파견되었는데, 여기서 그는 체체파리를 연구하였다. 그는 런던의 열대의학이 맨슨을 중심으로 이루어지는 것에 대해 비판적이었다. 그에 대해서는 Paul de Kruif, *Microbe Hunters* (1926). 『미생물 사냥꾼 이야기』, 데이비드 브루스, 이미리나 옮김, 몸과마음, 2004, pp. 319-347.

114) 이탈리아의 사나렐리(Giuseppe Sanarelli, 1864-1940)는 파스퇴르 연구소에 근무했으며, 1897년에 황열병의 원인균을 발견하였다.

115) Patrick Manson et al, "Acclimatization of Europeans in Tropical Medicine: Discussion", *The Geographical Journal*. 1898(Vol.12), pp. 599-606, p. 599.

116) William Moore, *Is the Colonization of Tropical Africa by Europeans Possible?*, p. 44.

117) British Medical Association Report, "Tropical Diseases", *Lancet*, 1898(Vol.ii), p. 376.

118) Patrick Manson et al, "Acclimatization of Europeans in Tropical Medicine: Discussion", *The Geographical Journal*, 1898(Vol.12), pp. 599-606, p. 599.

119) 이런 관점에서 쓴 책으로는 Douglas M. Haynes, *Imperial Medicine: Patrick Manson and the Conquest of Tropical Medicine*, Philadelphia: University of Pennsylvania Press, 2001.을 볼 것.

120) Ian A. McGregor, "Patrick Manson 1844-1922: The Birth of the Science of Tropical Medicine", *Transactions of the Royal Society of Tropical Medicine and Hygiene*, 1995(Vol.89). pp. 1-8, 특히 p. 7.

121) Ronald Ross, "Reports of Societies: The Future of Tropical Medicine", *British Medical Journal*. 1909(Vol.26), p 1545.

122) 같은 글.

123) Andrew Balfour and Henry Harold Scott, "Sanitas sanitatum, omnia sanitas.", *Health Problems of the Empire: Past, Present and Future*, New York: Henry Holt & Company, 1924.의 첫 페이지 'Four Notable Dicta'에 이 구절이 나와 있다.

124) Ronald Ross, *Memoirs: with a Full Account of the Great Malaria Problem and Its Solution*, New York: Dutton, 1923, p. 186.

125) Ronald Ross, "Reports of Societies: The Future of Tropical Medicine", *British Medical Journal*, 1909(Vol.26), p. 1545.

126) 이런 로스를 달갑게 여겼을 리가 없었던 맨슨은 로스의 최대 경쟁자였던 그라시(Battista Grassi, 1854-1925)가 쓴 책의 서문을 써주자, 로스는 노골적으로 맨슨을 비판했다. Michael Worboys, "Manson, Ross and Colonial Medical Policy: Tropical Medicine in London and Liverpool, 1899-1914", in Roy MacLeod and Milton Lewis, eds. *Disease, Medicine, and Empire: Perspectives on Western Medicine and the Eperience of European Expansion*. London and New York: Routledge, 1988, pp. 21-37, 특히 pp.

22-4. 로스와 그라시 사이의 경쟁에 관해서는 Paul de Kruif. Microbe Hunters(1926). 『미생물 사냥꾼 이야기』, 「로널드 로스와 바티스타 그라시」, 이미리나 옮김, 몸과마음, 2004, pp. 351-387.

127) 로스는 인도에서만 말라리아로 일 년에 백만 명이 죽는다고 말하는 등 열대질병이 초래하고 있는 처참한 상황을 소개하고 있다. Ronald Ross, "Medical Science and the Tropics", *Bulletin of the American Geographical Society*. 1913(Vol.45), pp. 435-438, p. 436.

128) 같은 글, pp. 436-437.

129) 19세기 후반, 기생충학과 열대의학의 관계에 대해서는 John Farley, "Parasites and the Germ Theory of Disease", *The Milbank Quarterly*, Suppl. 1989(Vol.67), pp. 50-68.

130) Francois Delaporte, *Histoire de la fievre jaune. Naissance de la medicine tropicale* (1989), translation. *The History of Yellow Fever: An Essay on the Birth of Tropical Medicine*, Cambridge, M.A.: MIT Press, 1991, p. 117.

131) 앞에서 논의했던 지거리스트의 글처럼 오슬러의 이 글 또한 한 번도 주목을 받은 적이 없었다. 특히 그가 캐나다 매길 의과대학을 졸업했고 영국 캠브리지에서 교수로 지내다가 미국 존스홉킨스 대학에서 의학 활동을 했다는 점에서 이 글은 상세한 검토를 필요로 한다.

132) William Osler, "The Nation and the Tropics", *Lancet,* 1909(Vol.13), pp. 1401-1405, p. 1401.

133) 같은 글.

134) 같은 글.

135) 1793년부터 1796년 사이에 카리브 해에 주둔하였던 영국 군대는 거의 8만 명의 병사를 잃었는데, 그 이유는 황열로 인한 사망 때문이었다. 이 숫자는 웰링턴 공작이 반도 전쟁(1808~1814년)에서 사망한 영국군의 전체 병사보다 많은 것이었다. Alfred Crosby, *Ecological Imperialism*(1986). 『생태제국주의』, 안효상, 정범진 옮김, 지식의 풍경, 2000, p. 164.

136) 한 예로, 뉴욕과 미국 서부의 항구 도시들은 파나마운하를 이용하게 되면 무려 8415마일이나 거리가 단축된다. 리버풀은 파나마운하를 통과하면 미국 서부의 항구 도시들까지 6,046마일이 단축된다. Henry Harold Scott, *A History of Tropical Medicine*, London: Edward Arnold, Vol.II, p. 976.

137) William Osler, "The Nation and the Tropics", *Lancet,* 1909(Vol.13), pp. 1401-1405, p. 1403.

138) Henry Harold Scott, *A History of Tropical Medicine*, Vol.II, p. 981.

139) Ronald Ross, "Medical Science and the Tropics", *Bulletin of the American*

Geographical Society, 1913(Vol.45), pp. 435-438, p. 437.

140) Patrick Manson, "The Relation of the Panama Canal to the Introduction of Yellow Fever into Asia", *Transactions of the Epidemiological Society of London*, 1902-1903(Vol.XXII), pp. 60-91, p. 61.

141) 같은 글, p. 69.

142) 필리핀이 미국의 식민지가 되었을 때 스트롱은 필리핀의 열대질병에 대해 연구했으며, 중국과 만주 등지에서 역학 연구를 수행했다.

143) Patrick Manson, "The Relation of the Panama Canal to the Introduction of Yellow Fever into Asia", *Transactions of the Epidemiological Society of London*, 1902-1903(Vol.XXII), pp. 60-91, p. 72.

144) Ronald Ross, "Medical Science and the Tropics", *Bulletin of the American Geographical Society,* 1913(Vol.45), pp. 435-438, p. 438.

145) William Crawford Gorgas, *Sanitation in Panama*, New York: Appleton, 1915, p. 1.

146) 같은 책, p. 3.

147) 유럽인들은 이집트야말로 인도와 동남아시아에서 발생한 열대질병이 차단될 수 있는 완충 지대라고 보았다.

148) William Crawford Gorgas, *Sanitation in Panama*, New York: Appleton, 1915, p. 73

149) 같은 책, p. 71

150) Francois Delaporte, *Histoire de la fievre jaune: Naissance de la medicine tropicale*(1989), translation. *The History of Yellow Fever: An Essay on the Birth of Tropical Medicine*, Cambridge, M.A.: MIT Press, 1991.

151) Esteban Valderrama, <미국 군진의학위원들에게 전염매개체에 대한 설명하는 핀레이>(Finlay entregando a la comision medica militar americana, huevos del mosquito transmisor de la fiebre amarilla 1900)

152) Dean Cornwell, <황열의 정복>Conquers of Yellow Fever, 1900.

보론: 한국에서 열대학 연구의 한계와 가능성

1) 이성형 (편), 『라틴아메리카의 역사와 사상』, 까치, 1999. 최금좌, 「제13장 질베르투 프레이리: '인종 민주주의론'에서 '열대학'까지」, pp. 265-284. ; Gilberto Freyre, "Chapter X. Why a Tropical China", *New World in the Tropics: The Culture of Modern Brazi*, New York: Alfred A. Knopf, 1959, pp. 257-284.

■ 참고 문헌

1차 사료

학술잡지

Annals of the Association of American Geographers
British Medical Journal
Bulletin of the American Geographical Society
Bulletin of the History of Medicine
Bulletin of the New York Academy of Medicine
Geographical Journal
Geographical Review
Lancet
Nature
Science
Transactions of the Epidemiological Society of London
Transactions of the Royal Society of Tropical Medicine and Hygiene

서구적 정체성과 열대 풍토

和辻哲郎, 『風土-人間學的 考察』(1935). 『풍토와 인간』, 박건주 옮김, 장승, 1993.

Louis Antoine de Bougainville, *Voyage autour du monde*(Paris, 1771; 2001).

Joseph Conrad, Last Essays. Garden City, N.Y. : Doubleday, Page & Company, 1926.

Hippocrates, “Airs Waters Places”. in *Hippocrates*, Vol.I, translated by W. H. S. Jones, Cambridge: Harvard University Press; 1923, pp. 65-137.

Ellsworth Huntington, *Civilization and Climate*, 3rd ed. New Haven: Yale University Press, 1915; 1971.

James Johnson, *The Influences of Tropical Climates on European Constitutions; Being a Treatise on the Principal Diseases Incidental to Europeans in the East and West Indies,*

Mediterranean, and Cost of Africa, 1821: 3rd edition. London Printed for Thomas & George Underwood; 1821.

Montesquieu, Book 17 "How the laws of political servitude are related to the nature of the climate?", *De l'esprit des lois,* 1748.

Max von Pettenkofer, *Value of Health to A City: Two Lectures Delivered in 1873*, Translated from the German. Baltimore: Johns Hopkins Press, 1941.

Southwood Smith, *The Common Nature of Epidemics, and Their Relation to Climate and Civilization, also Remarks on Contagion and Quarantine : from Writings and Official Reports*, edited by T. Baker. London: N. Trubner, 1866.

Alfred Wallace, *Tropical Nature, And Other Essays*. London: Macmillan and Co, 1878.

열대의 생물지리학과 서구적 정체성

Joseph Banks, *Journal of the Right Hon. Sir Joseph Banks*, London: Elibron Classics, 2005.

Neil Chambers, ed. *The Letters of Sir Joseph Banks: A Selection, 1768-1820*, Lodnon: Imperial College, 2000.

James Cook, *The Journals*(1768-1780), London: Penguin Books, 1999.

Charles Darwin, *The Voyage of the Beagle*(1839), Washington: National Geographic, 2004.

John Dunmore, ed. *The Pacific Journal of Louis-Antoine de Bougainville, 1767-1768*(1771), translated from the French(1977), London: The Hakluyt Society, 2002.

Alexander von Humboldt and Aime Bonpland, *Personal Narrative of a Journey to the Equinotical Regions of the New Continent, 1799-1804*(1851), translated from the French(1907), 4 Volumes, London: Bibliobazaar, 2006.

Carl von Linné, *Linnaeus' Philosophia Botanica*(1751), translated from the Latin by Stephen Freer, Oxford: Oxford University Press, 2003.

열대의 미학美學과 낭만주의

Edmund Burke, *A Philosophical Enquiry into the Origin of Our Ideas of the Sublime and Beautiful* (1756).『숭고와 아름다움의 이념의 기원에 대한 철학적 탐구』, 김동훈 역, 마티. 2006.

Joseph Conrad, *Heart of Darkness*(1899). 이상옥 옮김,『암흑의 핵심』, 민음사, 1998.

James George Frazer, *Golden Bough*(1922). 『황금가지』(전 2권), 박규태 역주, 을유문화사, 2005.

Paul Gauguin, 『슬픈 열대』, 박찬규 옮김, 예담, 2005; 『우리는 어디에서 와서 어디로 가는가?』, 최경해 옮김, 가람기획, 1999.; 『영혼을 불태우며』, 최경혜 옮김, 나래원, 1982.

Paul Gauguin, *Paul Gauguin: Letters to His Wife and Friends*, Boston: Museum of Fine Arts. 2003.

Johann Wolfgang von Goethe, *Italian Journey*(1816-1817), 『이탈리아 기행』, 박영구 옮김. 푸른 숲, 1998.; 『색채론, 자연과학론』, 장희창, 권오상 옮김, 민음사, 2003.; 『예술론』, 정용환 옮김, 2008.

________, *Goethe's Botanical Writings*, translated by Bertha Mueller, Woodbridge, CT: Ox Bow Press, 1952.

Alexander von Humboldt, *Cosmos: A Sketch of A Physical Description of the Universe (1845-1847)*, translated from the German by E.C. Otté, 2 Volumes, Baltimore and London: Johns Hopkins University Press, 1997.

Thomas Mann. *Death in Venice*(1912; 1925). 『토니오 크뢰거, 트리스탄, 베니스에서의 죽음』, 박동자 옮김, 민음사, 1998.

John Milton, *Paradise Lost*(1667). 『실낙원』, 이창배 옮김, 범우사, 1989.

Herbert George Wells, *The War of the Worlds*(1898). 임종기 옮김, 『우주전쟁』, 책세상, 2003.

열대 질병의 지정학地政學과 환경위생

Andrew Balfour and Henry Harold Scott, *Health Problems of the Empire: Past, Present and Future,* New York Henry Holt & Company, 1924.

Frank G. Clemow, *The Geography of Disease*, Cambridge: At the University Press, 1903.

William Crawford Gorgas, *Sanitation in Panama*, New York: Appleton; 1915.

August Hirsch, *Handbook of Geographical and Historical Pathology*, Translated from the second German edition by Charles Creighton, 2 Vols, London: The New Sydenham Society; 1883.

Patrick Manson, *Tropical Diseases: A Manual of the Diseases of Warm Climates*, New York William Wood, 1898

Ronald Ross, *Memoirs with a full account of the Great Malaria Problem and Its Solution*,

London: John Murray, 1923

H. Harold Scott, *A History of Tropical Medicine: Based on the Fitzpatrick Lectures Delivered before the Royal College of Physicians of London, 1937-38*. 2 Volumes, London: Edward Arnold & Co; 1939.

John Snow, *On the Mode of Communication of Cholera,* London: Churchill, 1855.

George Wateson, *The cures of the diseased, in remote regions: Preventing mortalitie, incident in forraine attempts, of the English nation*(1598), Reproduced in facsimile, with introduction and notes by Charles Singer, Oxford: Clarendon Press, 1915.

2차 문헌

서구적 정체성과 열대 풍토

姜尙中 著, 이경덕, 임상모 옮김, 『오리엔탈리즘을 넘어서』(1996), 이산, 1997.

박형지, 설혜심, 『제국주의와 남성성』, 아카넷, 2004.

李相華, 『20세기 영국 유토피아 소설연구』, 중앙대학교 출판부, 1996.

한국서양사학회(편), 『서양문명과 인종주의』, 지식산업사, 2002.

Samir Amin, *Eurocentrism*(1989), 『유럽중심주의』, 김용규 옮김, 세종출판사, 1989.

Morag Bell, Robin Butlin, and Michael Heffernan, eds. *Geography and Imperialism*, Manchester and New York: 1995.

James M. Blaut, *The Colonizer's Model of the World: Geographical Diffusionism and Eurocentric History*(New York, 1993.)

Gerard Delanty, *Inventing Europe: Idea, Identity, Reality*(New York, 1995.)

Harold Dorn, *The Geography of Science*(London, 1991.)

Brian Fagan, *The Little Ice Age: How Climate Made History, 1300-1850*(2000), 윤성옥 옮김, 『기후는 역사를 어떻게 만들었는가』, 중심, 2002.

Michel Foucault, Colin Gordon, ed., *Power/Knowledge: Selected Interviews & Other Writings*, 1972-1977(1972). 『권력과 지식』, 홍성민 옮김, 나남, 1991.

Andre Gunder Frank, *ReOrient: Global Economy in the Asian Age*(1998). 『리오리엔트』, 이희재 옮김, 이산, 2003.

J. Glacken, *Traces on the Rhodian Shore: Nature and Culture in Western Thought from Ancient Times to the End of the Eighteenth Century*(California, 1967.)

John M. Hobson, *The Eastern Origins of Western Civilization*(2004). 『서구 문명은 동양에서 시작되었다』, 정경옥 옮김, 에코리브르, 2005.

H.H. Lamb, *Climate, History and the Modern World*, 2nd ed. (1982; 1995). 『기후와 역사: 후,역사, 현대세계』, 김종규 옮김, 한울 아카데미, 2004.

Claude Levi-Strauss, *Tristes Tropiques*(1955). 『슬픈 열대』, 박옥줄 옮김, 한길사, 1998.

Claude Levi-Strauss, *De pres et de loin*(1988). 『가까이 그리고 멀리서: 클로드 레비스트로 회고록』, 송태형 옮김, 강, 2003.

Ernst Rodenwaldt and H.J, *Jusatz, World Maps of Climatology*(Berlin, 1963.)

Edward W. Said, *Orientalism*(New York, 1978; 2003.)

Edward W. Said, *Culture and Imperialism*(New York, 1993.)

열대의 생물지리학과 서구적 정체성

David Arnold, *The Problem of Nature*(1996). 『인간과 환경의 문명사』, 서미석 옮김, 한길사, 2006.

Ilan R. H. Baker, *Geography and History: Bridging the Divide*(Cambridge, 2003.)

Jorge V. Crisci, Liliana Katinas, and Paula Posadas, *Historical Biogeography : An Introduction*(Cambridge, M.A., 2003.)

Felix Driver & Luciana Martins, (eds.), *Tropical Visions in an Age of Empire*, The University of Chicago Press; 2005.

Anne Godlewska and Neil Smith, eds. *Geogrpahy and Empire*(Oxford, 1994.)

Richard H. Grove, *Green Imperialism: Colonial Expansion, Tropical Island Edens, and the Origins of Environmentalism, 1600-1860*(Cambridge, 1995.)

David N. Livingstone, *Putting Science in Its Place: Geographies of Scientific Knowledge*(Chicago, 2003,)

Roy Macleod, ed. *Nature and Empire. Osiris.* Vol.15, 2000.

David Philip Miller and Peter Hanns Reill, eds. *Visions of Empire : Voyages, Botany, and Representations of Nature*(New York, 1996.)

Londa Schiebinger & Claudia Swan, *Colonial Botany*, University of Pennsylvania Press Philadelphia, 2005.

N. Jardine J. A. Secord & E. C. Spary, *Cultures of Natural History*, Cambridge University Press, 1996.

Naccy Leys Stepan, *Picturing Tropical Nature*, Reaktion Book, 1995.

Beth Fowkes Tobin, *Colonizing Nature*, Philadelphia: University of Pennsylvania Press, 2005.

열대의 미학美學과 낭만주의

이상옥, 『조셉 콘래드 연구』, 서울대 출판부, 1986.

Alan Bewell, *Romanticism and Colonial Disease*(Baltimore, 1999.)

Peter Burke, 『이미지의 문화』, 박광식 옮김, 심산, 2001.

Christopher GoGwilt, *The Invention of the West: Joseph Conrad and the Double- Mapping of Europe and Empire*(Stanford, 1995.)

George T.M, *Shackleford and Claire Freches-Thory, Gauguin Tahiti*(Boston, 2004.)

Stephen F. Eisenman, *Gauguin's Skirt.* 『고갱의 스커트』, 정연심 옮김, 시공사, 2004.

W.J.T. Mitchell, *Iconology: Image, Text, Ideology.* 『아이코놀로지: 이미지, 텍스트, 이데올로기』, 임산 옮김, 시지락, 2005.

Griselda Pollock, 『고갱이 타히티로 간 숨은 이유』, 전영백 옮김, 조형교육, 2001.

Geoff Quilley and John Bonehill, eds. *William Hodges, 1744-1797: The Art of Exploration*, New Haven and London: Yale University Press, 2004.

Bernard Smith, *European Vision and the South Pacific*, 2nd ed.(New Haven, 1985.)

Bernard Smith, *Imagining the Pacific: In the Wake of the Cook Voyages*(Hong Kong, 1992.)

Barbara Maria Stafford, *Voyage into Substance: Art, Science, Nature, and the Illustrated Travel Account, 1760-1840*, Cambridge: The MIT Press, 1984.

열대 질병의 지정학地政學과 환경위생

Alfred Crosby, *Ecological Imperialism*(1986), 『생태제국주의』, 안효상, 정범진 옮김, 지식의 풍경, 2000.

Erwin H. Ackerknect, *History and Geography of the Most Important Diseases*. New York: Hafner Pub. Co; 1965.

Peter Baldwin, *Contagion and the State in Europe, 1830-1930*, Cambridge: Cambridge University Press; 1999.

Frank. A. Barrett, *Disease & Geography. The History of an Idea*, Toronto: Geographical Monographs, York University-Atkinson College; 2000.

Philip D. Curtin, *Death by Mirgration: Europe's encounter with the Tropical World in the*

Nineteenth Century(Cambridge and New York: 1989).

Philip D. Curtin, *Disease and Empire: The Health of European Troops in the Conquest of Africa* (Cambridge and New York: 1998).

Francois Delaporte, *Histoire de la fievre jaune. Naissance de la medicine tropicale*(1989), translation. *The History of Yellow Fever: An Essay on the Birth of Tropical Medicine,* Cambridge: The MIT Press; 1991.

Michael Hardt and Antonio Negri, *Empire*(Cambridge, M.A., 2000.)

Biswamoy Pati and Mark Harrison, (eds.). *Health, Medicine and Empire: Perspectives on Colonial India*, New Delhi: Orient Longman; 2001.

Mark Harrison, *Climates and Constitutions: Health, Race, Environment, and British Imperialism in India,* 1600-1850(New Delhi and New York, 2002.)

Jacques M. May, "Medical Geography: Its Methods and Objectives", *Geographical Review*, 1950;40:9-41.

Nancy Leys Stepan, *Picturing Tropical Nature*, London: Reaktion Books, 2001.

열대학 연구에 관심이 있는 독자들을 위한 문헌 소개

1) 서구적 정체성 및 오리엔탈리즘

사이드의 『오리엔탈리즘』(1978; 2003)은 이 주제의 출발점이다. 일본의 재일교포 역사학자인 강상중姜尙中은 『오리엔탈리즘을 넘어서』(1996; 1997)에서 베버, 푸코, 사이드의 이론들을 적절하게 혼합함으로써, 오리엔탈리즘을 넘어설 수 있는 가능성을 보여준다.

역사학 분야에서는 프랑크Andre Gunder Frank가 쓴 『리오리엔트*ReOrient*』는 서구 중심주의적 역사를 강하게 비판하고 있다. 프랑크의 책에서 특히 관심을 보이는 것은, 과학사와 기술사에서도 서구 중심주의적 역사를 극복해야 한다는 점이다. 홉슨John Hobson은 『서구 문명은 동양에서 시작되었다*The Eastern Origins of Western Civilization*』(2004)에서 서구 문명의 동양적 기원을 논의하였다. 서구 중심주의를 비판하는 학자들은 제국주의가 가장 발달했던 19세기 후반에서 20세기 초기에 서구의 정체성이 확립된 것에 대해 깊은 관심을 보여 왔다. 클라크J.J. Clarke는 『동양은 어떻게 서양을 계몽했는가*Oriental Enlightenment*』에서 20세기

오리엔탈리즘의 다양한 측면들을 분석하면서 종교적, 철학적, 심리학적, 생태적 차원들을 검토한다.

국내에서는 한국 서양사학회가 2006년에 『우리에게 서양이란 무엇인가: 유럽 중심주의 서양사를 넘어』라는 주제로 학술 대회를 개최했다. 여기서 발표된 논문들은 그동안 한국 서양사학계에서 논의된 내용들을 집약하고 있다. 아울러 국내의 서양사 전공자들은 『창작과 비평』, 『역사비평』, 『역사와 경계』 등에 발표한 논문들에서 서구 중심주의적 역사를 비판해왔다.

2) 열대의 지리학

1980년부터 싱가포르에서 발간되고 있는 『싱가포르 열대지리학 학술지*Singapore Journal Tropical Geography*』는 열대 지리학에 관한 대표적인 학술지로 평가받고 있다. 드라이버Felix Driver는 이 학술지에서 열대 지리학에 관해 중요한 기획들을 주도하고 있는데, 제21권(2000)에서는 '열대의 구성Constructing the Tropics'를 기획했으며, 제25권(2004)에서는 '열대의 이미지Imaginging the Tropics'를 기획하였다. 이 기획 논문들에서 드라이버는 열대와 온대의 차이는 비서구에 대해 서구가 자신의 이미지를 만들어가는 데 가장 중요한 역할을 했다고 말한다. 드라이버는 자신의 이런 입장을 자신의 동료인 마틴즈Luciana Martins와 함께 『제국의 시대에서 바라본 열대적 전망*Tropical Vision in an Age of Empire*』을 출간했다.

3) 열대의 자연사 및 생물학사

이 분야에 관한 선행 연구는 크게 두 가지로 나뉜다. 첫째는 열대의 자연과 제국의 관계를 다룬 연구인데, 맥레오드Roy MacLeod는 『오시리스Osiris』 학술지 15권(2000)에서 '자연과 제국'이라는 주제로 16편의 논문을 실었다. 이 논문들의 공통된 주제는 서구가 비서구에 대해 제국주의적 개입을 하는 과정에서, 서구는 비서구의 자연의 개념을 서구적 이해관계에 맞추어 해석하였다는 점이다. 즉, 열대의 자연은 서구적 틀에 맞게 다시 '발명'되었다.

둘째, 열대의 자연은 서구가 과학적 지식을 생산하는 과정에서 중요한 역할을 했다는 점이다. 드레이튼Richard Drayton은 『자연의 통치 *Nature's Government*』(2000)에서 영국이 열대를 개발하면서, 자연에 대한 과학적 지식을 만들어갔다고 주장한다. 다시 말해서, 서구의 과학적 지식은 서구가 열대의 자연을 정복하는 과정에서 만들어졌다는 것이다. 코에르너Lisbet Koerner는 『린네, 자연과 국가*Linnaeus, Nature and Nation*』(1999)에서 린네가 스웨덴 동인도회사를 통해 열대의 자연을 스웨덴의 경제적 국부로 어떻게 만들어갔는지를 보여준다. 쉬빙거Londa Shiebinger와 스완Claudia Swan은 『식민적 식물학 *Colonial Botany*』(2005)에서 서구의 식물학은, 서구가 열대의 자연을 상품화하는 과정에서 생겨난 지식 체계라고 말한다.

4) 열대의 문학과 미학

비웰Alan Bewell은 『낭만주의와 식민지의 질병』(1999)에서 열대 풍토를 의료지리학적 관점에서 분석하면서 키츠John Keats, 쉘리Percy Bysshe Shelley, 리치Joseph Ritchie 등의 문학 작품에 나타난 열대의 질병과 문학 작품 사이의 관계를 주목한다. 비웰의 연구가 중요한 이유는 그가 다른 문학 연구가들과 달리, 문학과 의료지리학 사이의 동심원적 관계를 설득력 있게 보여주기 때문이다. 고윌트Christopher GoGwilt는 『서구의 발명*The Invention of the West*』(1995)에서 『암흑의 핵심』으로 널리 알려진 영국의 소설가 조셉 콘래드의 작품을 분석하면서, 열대의 지리가 서구의 발명으로 어떻게 이어지는지를 논의하고 있다. 토빈Beth Fowkes Tobin은 『자연의 식민지화*Colonizing Nature*』에서 18세기 서구 예술과 문학은 열대의 토양, 동물, 식물 등에 대한 개념과 관념들을 발전시키는 데 큰 역할을 했다고 말한다.

미술사가인 스미스Bernard Smith가 쓴 『유럽의 전망과 남태평양*European Vision and the South Pacific*』(1985)은 유럽이 남태평양 열대를 통해 유럽 자신의 미학을 어떻게 구축해나갔는지 탁월하게 보여주는 걸작이다. 이후 스미스는 『태평양의 이미지*Imagining the Pacific*』(1992)에서 제임스 쿡의 여행기를 따라 자신도 직접 여행하면서, 서구가 열대를 어떻게 형상화해나갔는지를 자신의 체험을 통해 밝히고 있다.

폴록Griselda Pollock은 『고갱이 타히티로 간 숨은 이유*Avant-garde Gambits, 1888 ~1893*』(1992; 2001)에서 고갱의 타이티 미술을 키플링, 콘래드, 토마스 만의 작품과 같은 위치에 배열한다. 다시 말해서, 폴록은 고갱에게 타이티 섬은 서구 르네상스의 예술을 발견하고 만들어가는 미학적 공간으로 보았다. 아이젠만Stephen F. Eisenman은 『고갱의 스커트*Gauguin's Skirt*』(1997; 2004)에서 고갱이 타이티에서 야만 대 문명의 이분법적 구도를 미학적으로 어떻게 형상화했는지를 논의하였다.

5) 열대 지리의학geo-medicine

커틴은 『인구 이동으로 인한 죽음』(1989)에서 유럽이 19세기에 당면했던 가장 절실한 문제가 열대에 진출했던 유럽인들의 높은 사망률임을 지적하였다. 아울러, 커틴은 『질병과 제국*Disease and Empire*』(1998)에서 유럽의 아프리카 정복에서 가장 중요한 장애 요인이 열대 질병이었음을 규명하였다. 커틴의 영향을 받아, 아놀드David Arnold나 오스본

Michael Osborne과 같은 의학사학자들은 『열대 풍토와 서양의학*Warm Climates and Western Medicine*』(1996; 2003)에서 유럽이 서양의학을 통해 자신의 제국주의적 이해관계를 아시아, 아프리카, 라틴아메리카에 어떻게 관철해나갔는지를 설득력 있게 보여주었다.

해리슨Mark Harrison은 『보건, 의학, 그리고 제국*Health, Medicine and Empire*』(2001)에서 오리엔탈리즘과 의학이 인도에서 어떤 방식으로 작동하는지를 분석하였고, 『풍토와 체질*Climates and Constitutions*』(1999)에서는 영국이 생물학적 개념으로서의 인종을 인도에서 정착화시키는 과정을 탐구하였다. 프랑스의 의학사학자인 들라포르트François Delaporte는 『황열*Yellow Fever*』(1989; 1991)에서 미국이 파나마운하를 장악할 수 있었던 결정적 힘이 열대 의학과 관계있음을 보여주었다. 배쉬포드Alison Bashford는 『제국의 위생*Imperial Hygiene*』에서 열대 질병의 위생적 대책들이 제국의 형성에 어떤 기여를 했는지를 보여준다.

■ 찾아보기

인명

(ㅁ)

(ㅂ)

(ㅅ)

작품명

주제

(ㄱ)

(ㅇ)

(ㅈ)

(ㅊ)

(ㅋ)

(ㅌ)

(ㅍ)

(ㅎ)